LA FAMILLE
DE
JEANNE D'ARC

DOCUMENTS INÉDITS
GÉNÉALOGIE

LETTRES DE P. HORDAL

ET DE

CL. DU LYS A CH. DU LYS

Publiées pour la première fois

PAR

L. DE BOUTEILLER ET G. DE BRAUX

Anciennes Armes des d'Arc.

PARIS

A. CLAUDIN, LIBRAIRE-ÉDITEUR

ORLÉANS

H. HERLUISON, LIBRAIRE

M.D.CCC.LXXVIII.

LA FAMILLE

DE

JEANNE D'ARC

DOCUMENTS INÉDITS

GÉNÉALOGIE

LETTRES DE J. HORDAL

ET DE

CL. DU LYS A CH. DU LYS

Publiées pour la première fois

PAR

E. DE BOUTEILLER ET G. DE BRAUX

PARIS
A. CLAUDIN, ÉDITEUR
3, rue Guénégaud, 3

M.D.CCC.LXXVIII.

ARMOIRIES
DE
JEANNE D'ARC
GRAVÉES PAR
LÉONARD GAULTIER
EN 1612
PLANCHE INÉDITE
Tirée du Cabinet de M. Friry
(de Remiremont)

ETTE planche, dessinée et gravée pour le livre bien connu de J. Hordal : « *Heroinæ nobilissimæ Joannæ Darc Lotharingæ, vulgò Aurelianensis puellæ historia, Ponti-Mussi, Melchior Bernard, 1612* », n'a pas paru, nous ne savons pour quel motif. Ces armoiries ne seront pas déplacées en tête de cet ouvrage, qui contient la correspondance inédite de ce même J. Hordal relative à la famille de Jeanne d'Arc (Voir à la page 13). M. Friry possède aussi le titre gravé que l'on remarque en tête du livre déjà cité de J. Hordal et a bien voulu nous le confier également avec une obligeance parfaite dont nous ne saurions trop le remercier. C'est d'après cette planche que nous avons fait exécuter, par M. H. RIBALLIER, le frontispice allégorique de notre volume. Les dimensions de la planche signée de Léonard Gaultier dépassant de beaucoup la justification de notre édition, nous n'avons pu donner, comme pour la planche des *Armoiries de Jeanne d'Arc*, un tirage exécuté sur le cuivre original, et nous avons donné en place une reproduction faite avec soin, dans laquelle on a dû faire disparaître certaines incorrections de dessin, tout en conservant scrupuleusement le style et le caractère archaïque du modèle. Cependant, afin de satisfaire les curieux, nous avons fait faire un tirage spécial du frontispice de Léonard Gaultier sur la planche du temps, mais ce tirage ne doit se joindre qu'aux exemplaires en GRAND PAPIER, dont les marges beaucoup plus grandes correspondent mieux aux dimensions de la gravure originale. Ce frontispice méritait l'attention comme document historique. Le groupe du haut représente l'ancienne statue de Jeanne d'Arc placée sur le pont d'Orléans et aujourd'hui détruite. Cette gravure constitue la meilleure reproduction authentique qui subsiste de ce monument.

A. CLAUDIN.

PRÉFACE

u commencement du XVIIe siècle, un érudit magistrat, Charles du Lys, descendant d'un des frères de Jeanne d'Arc, fit paraître un ouvrage sur la famille de l'héroïne. C'était pour la première fois que cette question était traitée. Trois éditions en parurent successivement, à des intervalles inégaux. La première, donnée en 1610, ne méritait guère que d'être appelée une esquisse fort imparfaite du sujet. La seconde, en 1612, était une œuvre déjà plus complète, à laquelle la troisième édition, publiée en 1628, apporta encore des modifications non sans importance [1].

1. I. *De l'extraction et parenté de la pucelle d'Orléans, avec la généalogie de ceux qui se trouvent descendus de*

Les divers exemplaires de cet intéressant travail étaient devenus fort rares, lorsque, en 1856, M. Vallet de Viriville, bien connu par ses travaux sur le xv° siècle et sur Jeanne d'Arc en particulier, en comprit la réimpression dans la collection publiée par la librairie Aubry, sous le titre de : Trésor des pièces rares et curieuses.

M. Vallet de Viriville n'a pas manqué de faire ressortir dans son Avertissement *la sérieuse valeur du livre de Charles du Lys, mais il eût insisté davantage encore sur le mérite de l'auteur et de l'œuvre, s'il lui eût été donné de pouvoir apprécier le soin extrême et la délicatesse de conscience apportés par le savant magistrat jusque dans les moindres détails de sa composition. Une aimable obligeance nous a permis d'en juger : M. le comte de Maleissye, arrière-petit-fils de Charles du Lys, a hérité de tous les documents recueillis par son aïeul, pour l'éclaircissement d'une question entourée jusqu'alors d'une si*

ses frères. Paris, 1610. In-4°. Factum de 4 pages sans titre ni marque.

II. *Discours sommaire tant du nom et des armes que de la naissance et parenté de la pucelle d'Orléans et de ses frères.* Paris, 1612, 70 pages in-8°.

III. *Traité sommaire tant du nom et des armes..... etc..... (ut suprà).* Paris, 1628, Edme Martin, 52 p. in-4°. Imprimé à la suite du *Recueil de plusieurs inscriptions....*

profonde obscurité. Il a bien voulu nous en laisser prendre connaissance. Dans ses archives, nous avons trouvé, classées dans un ordre parfait et conservées avec un soin religieux, toutes les pièces qui ont servi d'éléments à la rédaction du Traité sommaire. Rien n'égale l'intérêt de ces documents, si ce n'est leur authenticité.

Ce sont bien là ceux auxquels fait allusion Charles du Lys, quand il dit en parlant de lui-même : « entre les mains du quel sont la plus part des patentes, contracts, enquestes, informations et aultres tiltres desquels est extraict le présent discours. » *Nous avons donc été mis à même de contrôler l'exactitude des déductions auxquelles il s'est arrêté.*

Or, cette vérification faite minutieusement, textes en mains, n'a rien donné qui puisse diminuer la réputation du sagace et consciencieux avocat général. Avec les documents qu'il avait recueillis, il ne pouvait rien faire de mieux que ce qu'il a fait. On peut même dire que malgré les progrès qu'a réalisés la science généalogique depuis le temps où il vivait, son œuvre reste, sur la plupart des points, intacte et même définitive.

Nous disons la plupart des points. Il en est en

effet quelques-uns, au sujet desquels il a dû se faire quelques réserves, et c'est également sous réserves que nous nous conformons à son opinion. Ainsi, il eût été sûrement fort en peine d'expliquer certaines pièces récemment mises au jour par M. de Molandon. Du reste, hâtons-nous de le dire, cet embarras qu'il eût éprouvé, nous le partageons entièrement avec lui, et il est probable qu'il durera, chez nous et chez d'autres encore, jusqu'au moment inconnu où de nouvelles découvertes feront jaillir sur ces obscures questions des lumières décisives.

Mais, quoi qu'il en soit de ce que nous garde de ce côté l'avenir, il est certain que jusque-là le système de Charles du Lys est le seul qui soit rationnel et en même temps conforme à des pièces authentiques et judiciaires, à des enquêtes ayant l'autorité de chose jugée.

Aussi, sous le mérite des observations que nous venons de hasarder, avons-nous dû nous y conformer respectueusement et en faire la base, comme le point de départ de notre travail.

Nous ne croyons donc pas, dans l'état d'avancement où sont parvenues actuellement les études qui nous occupent, pouvoir relever dans le Traité de Charles du Lys aucune erreur prou-

vée et provoquant des corrections positives.

Du côté des omissions, il n'en est pas tout à fait de même. Il y a des branches de la famille du Lys qui, en des temps où les communications étaient rares et difficiles, lui ont échappé, par suite de leur éloignement, peut-être aussi par suite de l'ignorance où elles étaient de ses recherches. C'est ainsi que les Haldat paraissent lui être restés inconnus, malgré l'authenticité de leur position dans la lignée. Il en est d'autres, tels que les descendants d'une branche établie en Bretagne, dont il connaissait l'existence, mais de la filiation desquels il n'avait pas sans doute de preuves assez positives pour les admettre dans son traité. Enfin nous avons constaté différentes lacunes, et nous avons essayé de les combler.

Mais, dans un autre ordre d'idées, il y a un fait dont l'évidence ne saurait être discutée. Depuis 1612 bien des générations se sont succédé : l'œuvre de du Lys, eût-elle été complète au moment où il écrivait, réclame donc en tout cas une suite, qui, à travers deux siècles et demi, prolonge ses indications jusqu'à nos jours. Cette pensée a inspiré le travail généalogique qui constitue la seconde partie de notre ouvrage.

Le programme de ce travail est le suivant :

prendre pour point de départ le traité de Charles du Lys, le rectifier, le compléter en quelques points et continuer jusqu'à notre époque la filiation, arrêtée par lui au premier quart du xviie siècle.

La tâche ne laissait pas que d'offrir des difficultés assez sérieuses, car la descendance masculine, celle qui trouve dans le nom même de la famille le plus sûr comme le plus facile des témoignages, faisait, dès le début, défaut à nos investigations.

Lorsque Charles du Lys, en effet, publiait la première édition de son ouvrage, le nom qu'il portait semblait assuré d'une longue conservation directe. Les descendants masculins des deux frères de Jeanne d'Arc étaient encore nombreux. Claude et Jean-Jacques du Lys, avec les deux fils de ce dernier, représentaient la branche aînée ; Charles du Lys lui-même, ses deux fils et son frère Luc, la branche cadette. On pouvait donc fonder de sérieuses espérances sur la perpétuité de la lignée. Mais un souffle de mort allait passer sur elle : vingt ans plus tard, tous les rejetons mâles avaient cessé d'exister et il ne restait que cinq filles, qui, presque à la même époque, allaient porter dans d'autres races l'hon-

neur de leur glorieuse origine. Elles donnaient par là naissance à des branches féminines et collatérales, de même que l'avaient fait depuis le xv⁰ siècle plusieurs de celles qui les avaient précédées. Depuis tant d'années, ces branches féminines, en se développant, n'ont cessé de produire de nombreux rejets, dans des lieux variés, avec des fortunes diverses. Les uns sont restés stériles, les autres se sont multipliés à leur tour.

C'est à travers ces nombreux changements de races, de noms, de conditions et de pays, qu'il nous fallait chercher les dernières gouttes du sang des du Lys. Cette matière n'avait jusqu'ici tenté aucun explorateur. Elle se présentait donc à nous sans le secours de ces initiateurs de première main, qui, même lorsqu'ils traitent imparfaitement une question, contribuent cependant à alléger la tâche de leurs successeurs.

C'était un champ inculte que nous nous proposions de défricher.

Néanmoins, malgré les difficultés de l'œuvre que nous abordions, nous n'avons pas reculé devant elle; car nous savions que nous rencontrerions de précieux éclaircissements dans les archives publiques et dans celles de plusieurs familles qui, se glorifiant d'appartenir à la lignée de la Pucelle, gardent avec un soin religieux tout ce qui touche à cette illustre origine.

C'est ainsi que notre labeur a été facilité par la communication de pièces originales dont nous avons été redevables à l'obligeance de MM. de Maleissye, d'Ambly, de Haldat, Le Duchat, de Marin..... Il est juste de leur associer dans l'expression de notre gratitude MM. Boucher de Molandon, Doinel et Herluison, d'Orléans, Siméon Luce, des Archives de France, et Lepage, de Nancy, auxquels nous avons dû également d'utiles communications.

Grâce à de patientes informations, soigneusement contrôlées, nous avons pu dresser bien des généalogies de familles, encore existantes, qui descendent des frères de la Pucelle. Nous y avons joint toutes les Preuves authentiques que nous avons pu réunir, afin de donner à notre travail un caractère de certitude scientifique. Nous croyons pouvoir, en toute sûreté de conscience, garantir la sincérité et même aussi l'exactitude du résultat de nos recherches.

Mais il est une autre déclaration que nous croyons devoir faire avant tout : c'est qu'il n'entre aucunement dans notre pensée, en publiant ce livre, de prétendre exclure d'une glo-

rieuse parenté toute famille qui ne figure pas dans nos listes. Nous admettons même, comme chose certaine, qu'il doit en exister d'autres, restées ignorées de nous, mais ayant droit, néanmoins, à prendre place auprès de celles que nous avons citées.

Ces familles, si, comme nous le pensons, il s'en trouve, ne doivent attribuer notre silence à leur égard qu'à l'absence de documents établissant leur existence et leurs droits. Les lacunes que l'on pourrait relever de ce chef, nous sommes tout disposés à les combler, si l'on veut bien nous donner les moyens de le faire. Nous adressons un pressant appel à ceux qui seraient en situation de nous éclairer sur ce point. Ils se créeraient des titres à toute notre gratitude, en contribuant ainsi à rendre notre œuvre moins imparfaite et à la rapprocher de la vérité absolue, but suprême de nos efforts.

Disons maintenant un mot des lettres qui précèdent notre étude généalogique.

L'examen des documents laissés par Charles du Lys, que nous avons dû à la bonne grâce de M. de Maleissye, nous a reportés pour ainsi dire au sein même du labeur de l'érudit magis-

trat. Nous avons pu le voir, dans le feu du travail, multipliant ses recherches de toutes parts, avec un zèle infatigable, pour réunir les renseignements dignes d'être accueillis et capables d'éclairer les parties encore obscures de son œuvre. Or pouvait-il, dans ce but, se donner de plus sûrs collaborateurs que les membres mêmes de la famille de l'héroïne ? Pour tout ce qui touchait particulièrement aux branches fixées en Lorraine, ne devait-il pas donner la préférence à ceux dont l'âge, la position et les connaissances rendaient le témoignage plus sérieux ?

A ces titres, il trouva un concours exceptionnellement précieux dans un digne magistrat, comme lui membre de la branche cadette, Jean Hordal, conseiller d'État de Lorraine et professeur à l'Université de Pont-à-Mousson.

Hordal était précisément occupé alors à élever de son côté un monument historique à la mémoire de la glorieuse Pucelle. Pendant que son parent appliquait tous ses soins à démêler les obscures origines d'une lignée rendue tout à coup illustre, puis redevenue modeste et presque effacée dans son nouvel état social, il consacrait ses veilles et les rares loisirs d'une carrière bien remplie à écrire en l'honneur de l'héroïne l'ouvrage le plus véritablement savant qu'elle eût encore inspiré [1].

Jean Hordal, par ses titres d'auteur érudit, de conseiller de son prince, de docte professeur, mérite d'être mis en lumière. Il le mérite encore plus par son caractère plein d'honneur, ses vertus privées, son exquise délicatesse de conscience. Dans ses lettres à Charles du Lys, il se révèle tout entier.

Mais ce n'est pas seulement par la connaissance qu'elles donnent du caractère et de la vie de leur auteur que les lettres de Jean Hordal se recommandent. Elles contiennent encore des indications intéressantes sur plusieurs points de bibliographie et d'histoire; la vie de famille du temps y est dépeinte d'une manière touchante; c'est un tableau de mœurs tracé avec une saisissante fidélité.

Pour toutes ces raisons, il nous a paru que ces lettres, indépendamment même du vif attrait attaché à tout ce qui touche de près ou de loin à l'immortelle martyre, méritaient, avec leur style naïf et leurs confidences intimes, de voir le grand jour de la publicité.

Nous avons cru dignes du même honneur, et

---

[1]. *Nobilissimæ heroinæ Johannæ Darc....., historia.* Ponti-Mussi, Bernard, MDCXII.

pour des raisons analogues, deux autres lettres, écrites par Claude du Lys, qui respirent la franchise et la sincérité. Charles du Lys faisait grand cas de son cousin de la branche aînée, qu'il appelait « un gentilhomme de singulière érudition, un des plus capables et recommandés du pays ».

La réunion de ces lettres, intéressantes sous le rapport du style et des mœurs de l'époque, présente encore, au point de vue spécial du travail qui nous occupe, un supplément de Preuves *d'une incontestable valeur.*

Quel que soit ce livre, nous espérons que, malgré l'aridité à peu près inséparable de toute recherche généalogique, le public voudra bien le prendre en bonne part. Il se présente à lui avec la recommandation du grand nom de Jeanne d'Arc. S'occuper de la famille de la Pucelle, c'est encore s'occuper d'elle, en rappelant son souvenir. Aussi est-ce sous le patronage de ce souvenir sacré que nous plaçons nos modestes études.

LETTRES INÉDITES

DE JEAN HORDAL ET DE CLAUDE DU LYS

PETITS-NEVEUX DE JEANNE D'ARC

A LEUR COUSIN CHARLES DU LYS

Tirées des archives du Marquis de Maleissye.

Armes données à Jeanne d'Arc par Charles VII.
D'après le ms. de la Biblioth. nat., fonds fr., n° 5524,
registre daté de 1559.

*Lettre de Jean Hordal à Charles du Lys,
du 19 juillet 1609.*

Monsieur,

Je me réputerois trop mesconnoissant et peu mémoratif de la bonne affection dont il vous plaist m'honorer, si, ayant receu vos lettres avec plusieurs mémoires singuliers concernant l'histoire de la vertueuse Pucelle d'Orléans, notre bonne parente, je retardois à correspondre à vostre amytié, vous priant de croire que les ay receu de bon cœur et m'ont esté d'autant plus aggréables que par iceulx ay cogneu qu'aviez receu quelque contentement de ce que vous avois escry. Quant au nom de l'imprimeur d'Orléans que désirés sçavoir touchant le livre contenant la *justification de la dicte Pucelle*, c'est *Eloy Gibier*, imprimeur juré de l'université d'Orléans, et le titre du livre est : *Joannæ Darciæ obsidionis Aurelianæ liberatricis res gestæ, imago et judicium, 1583.* Il y a un autre livre plus ample, imprimé au dict Orléans chez *Olyvier Boynard* et *Jean Nion,* libraires, demeurant au *Cloistre de Sainte-Croix, 1606,* le titre duquel est : *l'Histoire et discours au vray du siège,* qui fut mis devant la ville d'Orléans par les Anglois, etc., et à la fin se trouvent *le jugement et la justification* de la dicte Pucelle. J'ay tous les livres et autheurs suscités avec plusieurs autres, exceptée l'histoire en françois de Monsieur Trippault, cons^r d'Orléans, imprimée l'an 1576, que tascheray d'avoir avec le temps, et si Dieu me fait la grace de vivre encore quelques années et ayant *plus de loysir que n'ay à présent,* je pourray faire paroistre *de la curieuse recherche qu'ay faicte touchant la vérité de l'histoire* de la vertueuse Pucelle.

Quant au doute que faictes de la *fille de Pierre nommée Hauvy qui espousa Estienne Hordal* (que Dieu absolve), duquel suis descendu, c'est chose du tout vérifiée par le tesmoignage de ceux qui l'ont veue, il y a proche de 80 ans, aynsi qu'ils l'ont déposé après avoir presté le serment en tel cas requis. Et quand il n'y auroit que le tesmoignage de Monsieur le grand doyen de Toul, encor vivant, qui est irréfragable et *omni exceptione majus,* je ne pourrois estre induict à croire le contraire, iceluy disant et assurant se souvenir très-bien de la dicte Hauvy, son ayeulle, pour avoir esté porté par elle entre ses bras souventefois, et avoir receu d'elle plusieurs pièces d'argent, et qu'elle estoit fille de Pierre, troisième frère de la dicte Pucelle, et par conséquent sa niepce, ce que feu Monsieur le grand doyen et mon ayeul, son frère, et fils de la dicte Hauvy, ont tousjours maintenu avec plusieurs autres. Et ne sert de dire que la dicte Pucelle ayant eu une sœur que la dicte Hauvy la pourroit avoir esté, car il s'ensuyvroit que ceux qui ont assuré et déposé avoir veu la dicte Hauvy se seroient trompés et abusés, et auroient soustenu chose fauce, ce qui ne peut estre (soub corrections). Et faire se pouroit que la *déposition du comte de Dunois se devroit entendre de la femme* de quelques-uns des frères de la dicte Pucelle, laquelle, parlant d'une sœur, entendoit parler d'une belle-sœur et femme d'un de ses frères. Car il ne se lit ailleurs la dicte Pucelle avoir eu une sœur germaine.

Quant à l'arbre de généalogie qu'avois dressé, je le trouve fort pertinent et me persuade du tout, *le dict Pierre, après avoir eu Hauvy de sa première femme espousée en Lorraine,* elle estant morte, avoir eu en France *convolé en secondes nopces,* et avoir par grâce et concession du Roy pris le surnom du Lis, considéré qu'il portoit le lis en ses armes, et que de ce second mariage Messieurs du Lis sont descendus : et de cest advis sont plusieurs qui ont cognoissance de la dicte histoire. Quant à *Jean, prévost de Vaucouleurs*, je suis à present *du mesme advis que vous*, suyvant les authorités contenues en vos mémoires et par autrefois ay esté de mesme, et ce néantmoins quelque personnage d'authorité et digne de foy m'en avoit faict croire le contraire. Ainsy il n'y aura eu que Jacquemin et Pierre qui aient faict leur résidence en France.

Au surplus, quelqu'un de mes amys m'a envoyé depuis peu un livre intitulé : *Puellæ Aureliensis causa adversariis orationibus disceptata, authore Jacobo Jolio : Parisiis, apud Julianum Bertaut, in monte divi Hilarii prope collegium de la Mercy, 1609.* Lequel livre m'a merveilleusement despleu, attendu les impostures, faucetés et calomnies que l'on objecte à nostre bonne et saincte parente, et déclamations faictes au collége de Navarre contenues au dict livre, joincte la sentence qui est en ces mots : *Video placere senatui ut publice in hac civitate ultimo supplicio puniatur et viva flammis ultricibus absumatur.* Je m'estonne grandement qu'en France et en une ville si célèbre et fameuse et remplie de doctes personnages et bons François, qu'on tolère que publiquement *déclamations* se fassent contre l'honneur de la France, du Roy Charles 7 et de son conseil, et contre la réputation d'une saincte fille envoyée de Dieu pour délivrer la France de la tyrannie des Anglois, comme tesmoignent infinis autheurs, et entre autres Guydo-Pap, *in decisionibus senatûs gratianopolitani, in dec. 84*. C'est en cela un grand déshonneur des François approuver et ratifier (au lieu de détester et execrer) l'injustice des Anglois qui en ont esté punis divinement *(prout exitus acta probavit)*, pour avoir esté chassés et exterminés de la France avec leur confusion et grand préjudice de leurs biens et perte de leurs fauteurs, adhérents et satellites. C'est aussy en cela soustenir les anciens ennemis de la France perfides et desloyaux, comme il appert par ces deux versets que Philippe de Valois composa en taxant Edouard, Roy d'Angleterre, qui, contre sa foy et promesse, avoit assailly et invadé le Royaume de France.

Anglicus angelus est cui nunquam credere fas est :
Dum tibi dicit ave, sicut ab hoste cave.

Quod si Anglici vocantur angeli, il faut dire que c'est par antiphrase, *quod minime sunt angeli, quod si sint angeli, oportet intelligere esse infernales et diabolicos et eos minime amabiles Deo*. Comme il est dict au canon: *Si gens Anglorum*, 56 dist. Lequel canon faict grandement contre les

Anglois, les taxant de plusieurs abominations.

Communément aussy la trahyson leur est objectée, tesmoing le poëte Bellay, et comme ordinairement l'on dict en France :

> Recipe, si vous le trouvés,
> Deux Bourguignons de conscience,
> Deux Périgordins de science
> (N. B.) *Et, sans trahisons, deux Anglois,* etc.

Voylà pourquoy il ne s'y faut pas fier, veu mesmement qu'ils ont une queue sur le derière (sauf vostre honneur), comme l'on tient assurément, *et quidem credere animali bisforato est committere se diabolo,* comme disoit un ancien, *ita et homini bis caudato.* Et si en bonne compagnie j'ay ouy objecter aux Anglois que Judas, le prototipe des traistres, estoit Anglois, et que les Anglois représentoient les traistres et desloyaux et injustes, comme ils monstrèrent en la sentence de nostre divine Pucelle, laquelle ils condamnèrent au feu contre toute équité divine et humaine, et contre le droit des gens, sans vouloir déférer à l'appel interjecté par ladicte Pucelle à Sa Saincteté. En quoy ils se sont montrés pires que les payens : *Juxta illud ad Cæsarem appellasti, ad Cæsarem ibis : actor. cap.* 25. Et quant à la sentence de mort si cruelle, et contre une prisonnière de guerre, la plus excellente amazone, la plus illustre fille qui ayt esté et qui sera jamais sans évident miracle, les payens aussy se sont monstrés autant pitoyables et gratieux que les Anglois détestables et inhumains, veu que les payens pardonnoient aux femmes dignes de peine, *teste Tiraquello in tractatû de Pœnis, causa 9; quo pertinet illud Virgilii, 2 Æneidos.*

. . . . nullum memorabile nomen
Fœminea in pœna est, nec habet victoria laudem.

Et que les Anglois avec toute injustice et cruauté ont fait mourir une vierge innocente, la vie de la quelle a esté miraculeuse, et tous ses faicts miraculeux, et qui a esté choisie de Dieu pour le restablissement et confirmation du Royaume de France, de la quelle on chante ces beaux versés prins d'un poëte nommé *Humbertus Moremontana*, qui a descry la vie de la glorieuse Pucelle d'Orléans en 7 beaux livres intitulés *Bellorum Britannicorum*, et au livre 6 lui donne ces titres :

Virgo pudiciciæ specimen gratissima mundo,
Grata polo, quam blanda Venus mollisque Cupido
Flectere non potuit.

Nous rapporte F. Crespet, célestin de Paris, au livre intitulé *le Jardin de playsir et recréation spirituelle*, parlant de la virginité, fol. 498 :

« Pour mon resgard j'ay ceste foy et confiance qu'elle s'eslevera au jour du jugement contre ses juges mesmes et leurs partisants et contre les mesdisants et calumniateurs de sa vie qui, à vray dire, a esté irrepréhensible selon la plus saine opinion de tous ceux qui en ont escry, pour les faire punir esternellement de leurs injustices, calumnies, faucetés et tyrannie. Comme aussy je m'assure qu'elle assistera en la vie et en la mort ceux qui l'honorent et qui désirent estre assurés de ses intercessions. »

En après, l'autheur des dictes déclamations et les acteurs mesmes répugnent diamétralement au St-Siége apostolique, contredisant à la sentence des delegués d'icelle par laquelle est dict : que le tout meurement consideré et comme il appartenoit que la sentence de condamnation donnée contre la dicte Pucelle est desclarée abusive et tortionnaire par sages et droicturiers juges, 1456, le 7 de juillet, et que la présente sentence sera notifiée aux villes et lieux plus notables du royaume de France ; en quoy les dicts autheurs et acteurs sont repréhensibles, ne se monstrant fils obéissants du Saint-Siége, comme ils disoient, ny recognoissants des biens et services que la dicte Pucelle a faits à la France, sans le ministère de laquelle ils seroient à présent peut-estre Anglois, non François. Et bien que *le dit autheur promette une apologie*, si ne devoit-il *mettre en lumière les fauces raysons* et injuste condamnation des Anglois qu'il *n'apportât l'entière justification* de la dicte Pucelle. Vous excuserés, s'il vous plaist, l'honneste liberté dont j'use en vous escrivant de la dicte histoire, pour le soustenement de la verité et pour l'intérest que nous y avons, y estant porté d'affection et poussé de zèle, comme il appartient à un bon et entier parent.....

Si à l'advenir je peux descouvrir autre chose, ne faudray à vous en advertir, attendant que quelque bonne commodité se présente pour vous aller visiter, pour de bouche vous faire offre des services que par lettres vous voue, m'estimant heureux et grandement honoré de votre cognoissance, amytié et alliance, à rayson des quelles vous chériray et honoreray à jamais et tous ceux qui vous appartiendront. Que si estiez d'avis que Monsr vostre fils vienne estudier en droict en nostre université, où sans doute il y pourroit plus profiter qu'en plusieurs autres, moyennant qu'il suyve les bons conseils qu'on luy despartiroit, je m'asseure qu'en auriés contentement, et à ceste occasion vous fais offre de tous les bons offices que pourriés souhaiter de moy, et d'aussy bon cœur qu'après vous avoir baizé les mains bien humblement et à mademoizelle vostre femme, et à ceux qui vous appartiennent, je prieraî Dieu,

Monsieur, vous octroyer ce que sçavés trop mieux desirer,

Vostre très humble et très assuré serviteur et parent,

HORDAL.

De notre maison de Pont-à-Mousson, ce 19 de juillet 1609.

P. S. Monsieur, je vous envoye et à Monsr vostre fils, qui a parachevé ses estudes en phil^{ie} comme j'ay entendu, deux copies des thèses que mon fils aisné a dédiées à Monsr nostre Evesque, son parrain, et qu'il soustint publiquement avant-hier à son honneur et au contentement de ceux qui l'ont ouy, en une très belle assemblée, dont je loue Dieu. Je desire d'en faire un jurisconsulte, mais il a plus d'inclination à la théologie ou à la médecine. Je tascheray, Dieu aydant, de le rendre capable, et trois frères qu'il a, de vous faire service et à tous les vostres.

*Autre lettre, du même au même,
du 25 mars 1610.*

Monsieur,

L'EXTRÉMITÉ de plusieurs afflictions, angoisses, infortunes et pertes qui m'ont couru sus depuis la fin de juillet dernier, m'a réduict en tels termes que j'ay esté contrainct de donner treusve à plusieurs de mes affaires, et entre autres j'ay différé de rendre response aux vostres et à celles de Monsieur de Roully, bien que j'en aye eu très bonne souvenance et volonté d'y satisfaire. Mais pour plusieurs empeschements qui me sont survenus en ay esté, *à mon grand regret, destourné;* de quoy vous supplie tous deux m'excuser en attribuant la cause du retardement de ma réponse à vos lettres aux fascheries, desplaysirs et indispositions desquelles ay esté visité de Dieu et me suis envieilly de dix ans, et me sens à présent plus mal à mon ayse pour la santé corporelle que n'ay jamais faict. Et pour vous en escrire clairement, seurement et en parent et amy, j'ay esté en *14 jours privé de trois enfants*, que j'aymois autant et plus que moy mesme et desquels avois autant d'espérance pour leurs bonnes qualitez qu'eusse sceu desirer. Le 28 de juillet ma petite fille, qui estoit les délices de ma mayson, estant morte ayant esté malade 15 jours, mon fils ayné, aagé de 20 ans, non-seulement versé aux lettres, ayns prest à tout faire, le 2 d'aoust, estant party de ma mayson contre mon gré et sans mon consentement pour se faire jésuiste et entrer au noviciat de Nancy, un jour après m'avoir desclaré sa volonté, laquelle n'estimois estre telle, et de faict n'y avoit aucune apparence, pour plusieurs considérations qu'aymerois mieux vous desduire de bouche que par escrit. Et mon second fils, aagé de 18 ans, martial, courageux et qui promettoit beaucoup, après avoir l'espace de 19 jours resisté virilement *acutissimo morbo*, estoit allé de vie à trespas le 20 d'aoust, à mon grand regret et non sans infinis gémissements et pleurs de leur bonne mère, grand'mère et autres, leurs parents et amys.

Depuys, je tombay malade, ma femme aussy, et n'avons esté sans appréhension de la mort.

Enfin Dieu, par sa bénigne grâce, nous regarda de ses yeux de miséricorde en nous renvoyant la santé. Ce néantmoins ne pus me contenir en mon logis, et pour changer d'air et me recréer, m'en

allay visiter Messieurs nos parents et amys de
Toul, et delà à Barisey-au-plein, où feu Estienne
Hordal, mon bisayeul, et la bonne Hauvy, sa
femme (que Dieu absolve), ont faict leur résidence et sont morts, et de là à Domremy, lieu de
la nativité, baptesme et nourriture de la céleste
Pucelle d'Orléans, nostre bonne parente, et puis
à Rup, Neufchateau, la Motte et autres lieux où
la dicte Pucelle avoit hanté et fréquenté et où
trouvay plusieurs de ma cognoissance et de mes
bons amys et d'où sortis avec une consolation in-
térieure et contentement extérieur pour le bon
recueil qu'y avois receu. Et en retournant en ma
maison, rencontray ma femme qui retournoit de
Nancy, où elle estoit allée pour voir son jésuiste
et sçavoir comme il se portoit et quelle résolution
il avoit pris. Et me dict l'avoir trouvé have et
defaict et fort maigre, et qu'il continuoit en sa
délibération, et ainsy qu'elle n'avoit rien pour ce
regard advancé, me protestant au reste que se
voyant privée de ma compagnie et de celle de ses
enfants, elle avoit esté saysie de telle tristesse
qu'elle ne s'estoit peu tenir en ma mayson; de
quoy fus fort ayse, principalement la trouvant
avec nos petits enfants en bonne santé, par la
grâce de Dieu. Où depuis, ay eu tant d'affaires,
d'empeschements et de procès pour mon particulier en plusieurs lieux circonvoisins et de diverses

juridictions, que n'ay esté sans beaucoup d'exercices, outre plusieurs commissions qu'ay receu de Son Altesse, tant à la ville qu'aux champs. Et nouvellement, depuis un mois, Sadite Altesse m'a deslégué avec sept autres Conseillers d'Estat des siens, pour une révision de procès de très grande importance jugé par Messieurs de la Cour souveraine de Saint-Mihiel; et commandement nous est faict, incontinent après Pasques, à sçavoir le 29 d'apvril, d'arguer conjoinctement à la dicte révision. Et sy depuis un mois ay esté distraict de mes estudes et autres affaires pour voir toutes les pièces du dict procès, exceptées les secrètes, qui sont en la dicte cour. Et d'ailleurs *ay receu lettres depuis deux mois de Monsr de la Saussaye, doyen de Ste-Croix d'Orléans*, que j'ai cogneu pour un vénérable personnage et qui m'a traicté en sa mayson d'Orléans fort honorablement, et aussy luy suis-je obligé ; par les quelles lettres il me prie bien fort *ipsi indicare testim^a exterorum authorum de Aurelianensi Puella scribentium, ut totum ex beneficio meo habeat*. Je vous envoye copie des dictes lettres, de mot en mot avec ma réponse, laquelle vous ayant leu, Monsr Hordal, mon cousin, la fera tenir au dict sieur de la Saussaye, en laquelle réponse vous verrez plusieurs bons autheurs allégués.

Sy néantmoins, j'en ay encore reservé quelques

uns cogneus de peu de gents, pour s'en servir en temps et lieux, et *sur ce, il vous plaira m'escrire ce qu'il vous en semble.* Je m'assure que remarquerés ce que luy escris sur la fin de ma dicte responsec : *Quibus omnibus præmissis ut ratione corum excusatione dignus videor ob moram in respondendo a me extracta.* Je respondray briefvement au contenu de vos dernières, au commencement desquelles est inséré le tesmoignage du respect qu'on rend à la mémoire de la dicte Pucelle et à ceux qui sont descendus de sa parenté et ligne féminine. Et c'est la response à ce que je vous ay escry en la fin de mes premières. Sur le milieu aussy desquelles faictes mention de *Monsieur de Tournebus et de Monsieur Feron,* qui sont contenus en l'arbre de généalogie qu'il vous a pleu m'envoyer, dont vous remercie bien humblement et dont pourrons, Dieu aydant, quelque jour discourir.

Touchant le doubte que faictes de la dicte *Hauvy, ma bisayeulle,* je vous supplie de croire qu'il est *très bien verifié,* qu'elle est fille de Pierre Darc, troisiesme frère de la dicte Pucelle, et non de Jean Darc, prévost de Vaucouleurs, et de ce vous en jure en homme d'honneur. Et si, pour preuve de ce, Monsieur le grand doyen de Toul, mon cousin, avelet de la dicte Hauvy, m'a dict et asseuré qu'il mettroit, si besoing estoit, sa teste sur un bloc pour estre coupée, desquels termes il a usé, et pour sa grande preudhomie et fidelité, fais autant d'estat d'un tel tesmoing, qui est *omni exceptione major*, que si plusieurs autres en déposaient. Et sy le dict sieur Doyen et autres m'ont assuré le dict Pierre avoir esté marié en Lorraine, c'est à sçavoir *en un village proche de Toul, appelé Buré;* de sorte qu'il faut inférer nécessairement que, puisqu'il appert qu'il a été résident en France avec femme et enfants, ou qu'il a mesné en France la femme qu'il avoit prise en Lorraine, dont est sortie la dicte Hauvy qui demeura en Lorraine et fut mariée au dict feu Estienne Hordal, et que messieurs vos defuncts prédécesseurs en sont descendus, ou bien que la mère de la dicte Hauvy estant morte, le dict Pierre auroit convolé, en France, à de secondes noces, dont messieurs vos prédécesseurs sont extraicts seulement. D'une chose pouvons-nous estre assurés, qu'estes descendus du dict Pierre en ligne masculine, et nous en ligne feminine, et crois en ma conscience estre chose très véritable. Au surplus, estant dernièrement à Metz, je trouvay en la bibliothèque d'un de mes amys les *Mémoires du sieur du Tillet*, et en la vie de Charles 7, mention est faite de la dicte Pucelle, et sa mère est appelée *Isabeau de Vouthon, et non Romée,* ce que n'avois encore remarqué et qui est pour respondre à un de vos premiers mémoires. Semblablement au dict lieu de Metz, m'informant de *feu Monsr Pinguet*, dont m'avez escry, je trouvay sa tombe tout proche de la porte du chœur de l'esglise de St-Estienne, qui est de cuivre et bien gravée, avec 4 vers :

Martinus Pinguet sensu mirandus et annis, etc.

Il est aussy peint en deux lieux des vitres de la dicte Esglise, et ayant rencontré Monsr le Prévost de St-Thibault de Metz, qui a cognoissance de la vie du dict Pinguet, le priay qu'estant à Paris, où il devoit aller bientost, *il vous allast voir de ma part* pour vous desclairer ce qu'il sçavoit du dict Pinguet, duquel je me souvenois avoir leu quelque chose. Mais pour avoir donné le livre où j'avois veu une description d'une partie de sa vie, j'en doutois aucunement, et voilà pour quoy ne vous escry rien pour lors. Du depuis j'ay descouvert l'autheur du dict livre, qui est *Wassebourg, archidiacre de Verdun, aux Antiquités de la Gaule Belgique,* dedans lequel est à sçavoir *au livre 7, fol. 539 et seqq., vous voirez merveilles du dit Pinguet,* qui est dit estre Poitevin...

Finablement, je vous rends mil et mil remerciements de l'honneur et bonnes offres qu'il vous a plu me faire par vos dernières, de vouloir assister mon fils aisné (à present jésuiste), au cas qu'il voulust estudier en théologie ou en médecine. Mon dessein estoit, dans deux ans, iceluy ayant estudié aux lois et pris son degré, le conduire à Paris pour hanter le barreau et *jouyr de vostre honorable compagnie, s'il vous eust pleu*, et de faire suyvre aussy mon second fils, pour, avec votre faveur, le mettre avec quelques gentilshommes de Normandie de nos alliez, veu qu'il n'estoit né aux lettres, ayns plus fort aux armes ; *mais il a pleu à Dieu d'en disposer autrement*, à quoy nous ne pouvons penser, ma femme et moy, sans un resentiment et regret inénarrable. Ce néantmoins nous nous conformons à la volonté de Dieu, qui sçait ce qui nous est nécessaire. Et sy depuis la mort de mon dict fils, ay sceu d'un P. capucin, mien amy, iceluy avoir pris resolution (tant il avoit appréhention des jugements de Dieu) d'estre des leurs, bien qu'il fit le fendant à la ville et aux champs, où il alloit souvent : et estoit doué d'une grande force et agilité, de laquelle ayant abuzé en traversant plusieurs fois à nage nostre fleuve de Moselle en temps mal propre, il fut surpris d'une fièvre et dissenterie dont il mourut, nonobstant le bon soing que nous avions de le garantir avec l'ayde de Dieu et l'assistance de plusieurs médecins et apothicaires. Que s'il fût revenu en santé et qu'il eust entré en la Religion des Capucins, n'eusse esté si mal content, (les capucins ne prétendant aucunement à la succession de leurs parents) comme j'ay esté pour l'entrée de mon aysné aux Jesuistes, qui ne veullent seulement avoir les enfants des gents d'honneur, mais aussy leurs biens. De quoy me suis assuré de plusieurs de ces quartiers icy. Pour mon regard, je tascheray d'y mettre ordre, eu esgard qu'ay encore, par la grâce de Dieu, trois petits fils : le premier desquels n'a que huict ans, le second six, et le troisième trois mois, avec une fille de 9 ans et demy, reste d'unze enfans, auxquels le bien de leur frère appartiendra, puisqu'il ne pourra les assister, comme il devroit et pourroit s'il fût demeuré au monde. Ce qu'ay desclaré assés souvent, mesme en la présence du Provincial des Jésuistes, auquel je dis ma volonté estre de priver mon fils de tous mes biens, veu que contre ma volonté il estoit entré en leur compagnie. Et comme il m'eust demandé si je pourrois estre si cruel, je respondis qu'il n'y avoit pas en cela de cruauté, veu la désobéissance de mon fils et son ingratitude en mon endroict ; et que j'avois d'autres enfants qu'il falloit advancer et nourrir aux estudes, et que les Jésuistes estoient riches et opulents, comme ils sont en ces quartiers icy, et plus qu'on ne pense, et y on, tel crédit qu'il fault temporiser.

J'ay entendu que le roy a pourveu et ordonné

sagement à son accoustumé sur ces biens et successions que prétendent ceux qui se font jésuistes. *Je vous prie me faire avoir copie de telles ordonnances à votre commodité.* Et encor que sois privé de l'espérance que j'avois d'aller en France avec les deux premiers des miens, sy néantmoins je serois marry de mourir que ne vous aye veu, honoré, caressé, embrassé, et Monsieur de Roully et autres de notre parenté, *qui se présenteront*, avec autant de sincérité et d'affection cordiale qu'il y en puisse avoir entre frères germains bien nés et d'amitiés entières. *Et ce, dans un an et demy ou environ, lorsque j'auray, Dieu aydant, esbauché ou parachevé la description de l'histoire de la Pucelle,* ne voulant rien du tout, pour ce subject, mettre en lumière, que de vostre advis et approbation. Que si l'occasion se présentoit de nous visiter en ces quartiers, je vous recevray d'aussy bon cœur que pourriez souhaiter et de telle sorte que vostre honnesteté en auroit contentement. Et si telle félicité m'arrivoit, *renovaretur juventus nostra ut aquilæ.*

Vous baizant les mains et à Mademoizelle vostre femme, à Monsieur votre fils, à Monsieur le conseiller, à Mademoiselle vostre fille et à tous autres qui nous peuvent assurément appartenir, *comme aussy faict ma femme,* et d'aussy bon cœur que desire vivre et mourir en vos bonnes grâces, et que suis, Monsieur, vostre très humble et très affectionné serviteur et parent.

HORDAL.

De notre maison de Pont-à-Mousson, le 25 de mars 1610.

---

*Autre lettre, du même au même,
du 2 avril 1611.*

MONSIEUR,

Pour vallablement m'excuser d'avoir tant tardé à vous rescrire, je vous prieroy de croire que depuis plusieurs mois n'ay cessé, aux heures qu'ay peu desrober à l'exercice de ma charge et à plusieurs autres affaires qu'ay ordinairement, de rechercher auprès d'une infinité de bons autheurs, jour et nuict, et non seulement en ceste ville, mais en d'autres, ce qui peut appartenir à l'histoire de la vertueuse Pucelle d'Orléans, nostre bonne parente. Et à rayson de mes peines, veilles et travaux, et *pour avoir négligé tout exercice corporel*, j'ay esté longuement mal disposé. J'ay de la dicte histoire 25 feuilles, esquelles en adjouteroy encore plusieurs d'autres, Dieu aydant; le tout à l'honneur et grandes louanges d'icelle Pucelle et pour monstrer l'injustice, la tyrannie et cruauté des Anglois. Je confirme le tout par l'authorité, non seulement des François et Lorrains, mais des Italiens, Espagnols, Allemands, Anglois, Escossois, Polonois, Grecs, Flamands, Bourguignons, Piedmontois et autres. Entre lesquels il y a Pape, Cardinal, Archevesque, Evesque, plusieurs Prélats, Docteurs en théologie, Chanceliers, bons et doctes religieux et prestres et autres théologiens, jurisconsultes et médecins, poëtes et plusieurs historiens, les propos desquels je couche, *ad longum, sine requie*, comme l'on dit communément, pour ce qui touche la dicte histoire.

J'insère aussy la cause de la guerre des Anglois contre les François et fais mention assez ample de la loy salique excluant les femmes et leurs descendants du Royaume de France, et ce à propos de l'histoire que traicte. Je n'obmets la justification de la dicte Pucelle et *vice coronidis*, sur la fin, j'adjouteroy une apologie pour la dicte Pucelle contre tous ses détracteurs, au moyen de quoy j'aurois besoing de veoir une copie de l'apologie *Domini Eliæ episcopi Petrogoricensis pro*

Joanna, qui est en la Saincte Chapelle de Paris, comme ay remarqué en un mémoire que m'avés envoyé. Je désire grandement vous communiquer la dicte histoire et la *soubmettre à vostre censure*. Je voudrois qu'elle vous soit autant aggréable que le souhaitte, l'ayant entrepris *selon vostre volonté* et pour vostre contentement, et pour agréer à Messieurs de nostre parenté qui sont en Normandie : que si la dicte histoire paroit aggréable, la rayson voudra que *pour l'impression et autres frays, iceux y contribuent, s'il leur plaist*, qui seront du parenté, et qui en auront des copies, selon que m'en avés escry par autres fois. D'une chose je me doubte, que dirés qu'en la dicte histoire manque la *généalogie de la dicte Pucelle*. Mais de ce dernier point, comme de tous autres qu'il vous plaira, en pourons discourir, Dieu aydant, au prochain mois d'aoust à Paris : si ce n'est que les troubles, maladies ou autres empeschements et occasions m'en détournent. Que si je suis empesché d'aller à Paris au dict temps, la dicte histoire sera mise au croc, sans espérance de la faire imprimer que ne l'ayés advoué. Au surplus, je serois fort ayse de sçavoir par vostre moyen de Messieurs les chanoines de Beauvay *la vie, les mœurs et la mort de Pierre Cochon, leur évesque*, qui condamna injustement nostre saincte parente, pour luy en donner quelque atteinte selon ses desmérites et à l'exemple d'autres : si ce n'est qu'il soit dict : *mortuo non esse detrahendum :* lequel Cochon j'ay leu avoir esté excommunié pour son injustice par le Pape Calixte, en la *Description de la France*, faicte par le sieur des Rues, parlant de la fondation de Compiègne, *fol. 174.*

Et d'autant que par vos pénultiesmes me priés d'uzer mutuellement d'une liberté entière et sans cérémonies, je vous diray que Monsieur le grand doyen de l'Eglise de Toul, mon cousin, personnage vénérable et véritable, aagé de 80 ans ou environ, et trois autres miens cousins, chanoines au dict Toul, et moy, sommes *grandement estonnés et extrêmement marrys que révoquiés en doute que soyons sortis de Hauvy, fille de Pierre d'Arc*, troisiesme frère de la dicte Pucelle : et laquelle Hauvy fut mariée à Estienne Hordal, desquels sommes descendus, comme souvent vous ay escry. Veu que ce est la mesme verité que cela et que vous en ay juré en homme d'honneur par mes dernières. Une fois pour toutes, proteste devant Dieu, que receus avanthier faisant mes Pasques, par sa saincte grâce et miséricorde, et jure sur la damnation de mon âme que ce que vous ay escry de nostre extraction de la dicte Hauvy, fille de Pierre d'Arc, et d'Estienne Hordal (que Dieu absolve), dont nous sommes descendus en légitime mariage, est selon ma conscience et *la tradition que nous en avons eue*, indubitablement de nos prédécesseurs, et comme je prétends l'avoir *verifié par l'enqueste* qui en a esté faicte, lorsqu'obtins de feu Son Altesse de Lorraine, d'heureuse mémoire, déclaration d'ancienne noblesse, avec permission de porter les armoiries de la dicte Pucelle. Et n'eusse jamais obtenu la dicte permission, si je n'eusse faict paroistre les Hordals estre du parenté de ladicte Pucelle, c'est à sçavoir descendus du 3º frère d'icelle, qui eut une fille appelée Hauvy, mariée au dict Estienne Hordal, à *Buré proche de Vaucouleurs*.

Et bien que le dict Pierre ayt esté en France avec sa sœur, tant avant sa mort qu'après, vous escrivis, et c'est la verité, ne s'ensuit pas qu'il n'aye pas esté marié en Lorraine et qu'ayant eu la dicte Hauvy qui auroit demeuré en Lorraine, il ne s'en soit allé en France avec sa femme ; aussy ne designés vous pas qu'il se soit marié en France. Que si il s'y est marié, la mère de Hauvy estant morte, il faut conclure que Messieurs du Lis sont descendus du second mariage du dict Pierre en ligne masculine et les Hordal du premier mariage en ligne féminine. En somme, il conste que le dict Pierre a esté marié au dict Buré, soit devant la mort de la Pucelle, soit après. Et de faict, entre la dicte mort et justification de la dicte

Pucelle il y a eu 25 ans, pendant lesquels il auroit peu se marier en Lorraine ; car un mariage est bientost faict et consommé. Et depuis, sa première femme estant morte en Lorraine, en auroit espousé une autre en France, dont estes descendus, comme je vous ay escry en mes dernières. Et comme depuis quelques mois avois prié un mien amy, homme d'honneur et d'authorité et de grand sçavoir, de s'informer à Vaucouleurs de la généalogie des frères de la Pucelle et spécialement de Pierre, son 3º frère, il luy fut rendu par plusieurs personnes qualifiées qu'il n'y avoit personne en Lorraine qui en sceut plus que moy à rayson de l'enqueste qui en avoit esté faicte à ma poursuite et à mes frays. Et sy vous asseure que depuis 4 ou 5 mois un gentilhomme de ces quartiers, mon amy, m'a envoyé *une copie semblable aux trois que m'avez envoyées et m'escrivoit qu'il s'estonnoit que nous y estions obmis.* Le mesme m'a esté dict par un mien amy de robe longue et qu'il vous en falloit advertir pour y remédier, iceux estimants que ne vous en avois escry. Pour mon regard, il n'y a pas d'intérest pour la Lorraine, à cause que suys bien cogneu estre du parenté de la Pucelle par le moyen de son 3º frère et de sa niepse Hauvy, mariée à Estienne Hordal, comme j'en ay des patentes expresses avec le grand sceau de feue sa dicte Altesse de

Lorraine, mais eu esgard à Messieurs de nostre parenté de Normandie, qui estimeront qu'en Lorraine il n'y a d'autres parents de la Pucelle que ceux qui sont contenus en l'extraction qu'en avés dressée et que leur avés envoyée, comme il appert par les lettres de Monsieur de Troismonts, *si ce n'est qu'il vous plaise y remédier*, si tant estoit que changiez quelque chose en la dicte extraction, y adjoutant ou diminuant. Ce que, s'il advenoit, pourriés mettre, s'il vous plaist, et avec vérité et conscience (car autrement je ne parleroy ny escriroy jamais; *contra quam conscientiam qui facit, ædificat ad gehennam : cap. Iras de rest. spol.*) : « *que du mariage du dict Pierre d'Arc, contracte à Buré proche de Vaucouleurs, il y auroit eu une fille nommée Hauvy qui auroit esté mariée à Estienne Hordal*, duquel mariage sont issus ceux qui en Lorraine se sont appelés Hordal, ou sont extraits de femmes portant le nom de Hordal. » Ce que vous asseure sur les mesmes protestations et serments que vous ay escry cy dessus, que si cela estoit faulx ne voudrois faire telle protestation et serment pour tous les empires et royaumes qui sont au monde. Au demeurant, puisque me conjurés d'adjouter ou changer ce que je trouveray pertinent à *l'extraction* qu'avés faict imprimer, bien que j'aymerois mieux *verbis dictis et scriptis adstipulari et suffragari quam adversari seu refragari*, toutefois, pour vous satisfaire, je vous envoie une copie où j'ay adjouté ce qu'ay trouvé bon (sauf meilleur advis) pour le présent.

Touchant les autres points de vos lettres, j'y répondray quelque autre fois, ne pouvant pour le présent, faute de loysir, et non de très bonne volonté en vostre endroit, vous remerciant, au reste, de toutes vos offres honorables et courtoysies, me réservant de vous en rendre actions de grâces plus amples, lorsque j'auray l'honneur et le bonheur de jouyr de vostre présence, et d'aussy bon cœur que vous baize très humblement les mains, à Mademoizelle vostre femme, à Monsieur vostre fils, à Monsieur le Conseiller, à Mademoizelle vostre fille, à Monsieur de Roully et tous autres du parentage, et que suis, Monsieur, votre très humble et très affectionné serviteur et parent,

HORDAL.

De nostre maison au Pont-à-Mousson, ce 2 d'Apvril 1611.

P. S. M. le R. P. Chastelier, docte Jésuiste mien amy, chancelier de l'Université du Pont-à-Mousson, s'est bien voulu charger des présentes pour me faire playsir et avoir occasion de vous aller faire la révérence et vous saluer de ma part.

Finablement, je suis fort ayse que les lettres qu'ay envoyées à M. de *la Saussaye* luy soient esté agréables. Par sa réponse, que j'ay reçue par le moyen de vostre grâce, il m'escrit en ces termes :

Hoc vero dicam nihil mihi accuratius visum quam ita te accurate ad me de gentili vestrâ Johannâ puellâ Franciæ rescripsisse. Litteras tuas mihi reddidit D. du Lys quas ita facio ut pluris nullas. Interea vero dum annales ecclesiæ nostræ refero, meminero suo loco tibi gratias referre de tuo munere singulari. Et ajoute : *Si quid præterea fueris nactus quod faciat ad rerum Aurelianarum historiam, cujus ad te mitto tabellam, rem mihi gratissimam feceris si me admonueris. Vale, nobilissime doctor, et me laboresque meos complectare*

Je désirerais luy satisfaire en cela et en toutes autres choses, mais, pour le présent, il n'y a moyen, que n'aye du tout paraschevé l'histoire qu'ay entreprise, vous suppliant à vostre commodité luy présenter mes recommandations et l'asseurer que je luy suis fort affectionné serviteur. Je vous renvoye aussi, selon vos lettres, les extraicts de la Chambre des comptes.

*Lettre de Claude du Lys à Charles du Lys,
du 12 août 1609.*

Monsieur,

 yant cheu communication par les mains de Monsieur du Puits d'un mémoire venant de vostre part, touchant la généalogie de la Pucelle, dont je suis descendu, j'ay par iceluy recogneu, Monsieur, l'honneur que j'ay de vous appartenir, et en ceste considération beaucoup regretté d'en avoir ignoré le bien, en quinze ou seize mois de séjour que j'ay fait à Paris, où j'eusse réputé à faveur singulière de pouvoir en personne vous offrir les vœux de mon bien humble service, lesquels je vous supplie très-humblement recepvoir autant agréables que ces lignes, comme dextreusement ils partent du mieux de mes plus sincères affections. Pour donc contribuer au contentement que souhaités en cette affaire, j'ai recueilly les fragments que le vice des guerres assidues en nostre pays de frontières n'avoit desrobé à la tradition de mes ancestres, lesquels néanmoins,

pour avoir de tout temps esté recogneus directement extraicts de ceste famille, jouy sans controverse des honneurs et prérogatives à elle concedées, et habité les lieux et maisons dont ladicte Pucelle estoit issue, ont apporté moins de curiosité à contenter les desirs de leur posterité en la notice de leur estat qu'il ne suffisoit à vous apporter une entière satisfaction. Quant aux *père, mère et frère de la Pucelle*, leurs noms et acheminement en France en la compagnie d'icelle leur sœur, nous en avons toute telle croyance que porte vostre susdit mémoire, ce que nous justifie *un volume escrit à la main à nous laissé par tradition et en idiôme latin*, dans lequel sont recueillis à la diligence de *Jehan, frère d'icelle la Pucelle*, duquel nous sommes issus, les deux procédures intentées, tant à l'encontre d'elle à la poursuite des Anglois pardevant l'évesque de Beauvais, et avant à cour de justice, que autre de révision poursuyvie à la diligence de *Isabelle*, mère, assistée de *Jean et Pierre*, ses enfants, frères de la d^{te} Pucelle, *le tout extraict des registres et cayiers originaux* des ressorts où sont esté faictes les poursuyttes, et le volume estant *in secundo* espais de quatre doigts, où, tant par la déposition de plusieurs tesmoings, ouys des lieux mesmes de la naissance, que responses émises par elle, faictes aux *interrogata* qu'elle a subi, l'on collige une véritable certitude de son estre, ses mouvements à ses entreprises, ses progrès aux armes, sa fin, l'iniquité du jugement contre elle rendu, par l'arrest subséquent donné à sa justification par les délégués de Sa Saincteté à la révision de son procès. Touchant ce qui concerne le séjour de *Pierre et Jacques ou Jacquemin* en France et establissement de leur demeure en aucunes provinces d'icelle, notamment en Normandie, nous l'avons de tout temps sceu; mesmes aucuns gentilshommes descendus du dict Jacques ont esté dans le pays et fait honneur à maints des nostres de les visiter et recognoistre à parents : comme j'ay sceu par plusieurs personnes encore vivantes, et même d'une mienne tante *résidant pour lors au lieu de Domremy;* lesquels sieurs, *nommés de Mondreville et de Féron,* laissèrent de leurs mains mémoire de leur résidence, que j'ai bien icy voulu rapporter, afin que la cognoissance d'iceux (si tant est que ne l'ayiez) vous peust donner plus ample notion de ce que desirés; le mémoire en ces mots : « Le nom du seigneur parent de la Pucelle est *Lucas du Chemin, s^r du Féron,* de Mesny-Guillaume, Pommelly, la Haule, Brécy et Bonneuille. La residence du dit s^r est à Caen, en Normandie; l'un des oncles dudit s^r qui est porteur de la charte s'appelle le baron de *Tornebus,* recepveur des tailles pour le roy au d^t pays, et son nom est *Robert le Fournier*. L'autre, son frère de père et de mère, s'appelle *Charles Fournier*, lieut. général du vicomté de Caen, tous deux frères, enfants de feu *Jacques Fournier* et de feu *Marie de Villebresmes*, venue d'Orléans demeurer à Caen. Et a eu icelle Marie plusieurs filles, sçavoir : *Françoise, Marie, Charlotte, Jehanne* et *Barbe*, et d'icelle *Jehanne* est issu le dict s^r *de Feron*. »

Qu'est la teneur entière du d^t mémoire, par lequel il est facile de savoir quelle parenté a laissé le dit *Jacques* ou *Jehan, tronc de nostre famille.* Soit ou qu'il n'ait si largement ressenti les fruits de la bonne fortune et de la faveur, ou que la mesme fortune ait plus grassement distribué ses dons au progrès de la maison, comme la vertu en avoit dignement eslevé le principe, a laissé à ses successeurs moins de biens que d'honneur, assés néantmoins pour maintenir en nostre branche le rang que le mérite de la sœur nous avoit acquis, qui nous a tousjours esté afféré aux lieux où ceux de nostre famille ont resídé, tant en France qu'en Lorraine. Aussy avons-nous la charte d'anoblissement, pour nous extraicte de l'original par notaire de la ville d'Orléans, à la diligence de nos prédécesseurs, en l'année mil quatre cent soixante et douze, en laquelle, conformément à un vieil mémoire que j'ay recouvert de nostre descente, elle est nommée *Jeanne Day*, auquel mot a esté, par la corruption du langage (lequel est assés grossier en nostre climat), adjouté une ou deux *l*, en sorte que les uns se sont nommés *Daly* par une *l* simple, les autres deux *l* : *Dally*; erreur en ce cas émanée (à mon advis) du peu de curiosité qu'ils ont eue à en observer l'orthographe, ayant tous esté gens de guerre, sans cognoissance des lettres, fors ung, lequel, ayant esté prestre, curé de Domremy, j'ay trouvé en quelques lettres d'acquits par luy faicts qu'il se nomme *du Lys*, et de faict m'a-t-on affirmé avoir veu aucuns siens escrits latins, ès quels il se nommoit *Claudius a Lilio*, ce qui donne quelque vraisemblance à l'opinion que rapportés en vostre mémoire de *Dally* à *du Lys*. Jean Day, donc, frère de la Pucelle, ainsy que dient les anciens mémoires que j'ay recouverts (la disgrâce des troubles nous ayant apporté la perte de tous nos titres), laissa *Anne* et *Didon Day*, ses filles, en outre desquelles laissa messire *Claude Daly* ou du Lys, prestre curé de Domremy, et *Didier Daly*, gendarme de la compagnie de M. de Guise. Ledit Didier laissa 4 fils et 5 filles : *Claude, Anthoine, Nicolas, François*, et duquel *Anthoine*, lieut. de l'artillerie de Son Altesse de Lorraine, je suis issu. Quant aux armes, bien que les lettres d'octroy ne se trouvent, néantmoins les avons nous tousjours portées en la mesme sorte que vostre mémoire les dépeint, à tymbre ouvert et grillé, et ainsy se voient elles en plusieurs endroits, mesme en l'esglise Saint-Georges de Nancy, ville capitale du duché de Lorraine, sur la sépulture d'un mien oncle, decedé au dit Nancy, estant enseigne de feu Mons.r le C.te de Salm, son maistre d'hotel et cap.ne de ses arquebusiers à cheval. Plusieurs personnes dans le pays ont souhaité de se faire croire descendans de ceste maison, entre autres M. Hordal, professeur de droit en l'université du Pont-à-Mousson, et ce Jehan Royer duquel votre mémoire fait mention. Mais ce n'a esté que par l'alliance qu'ils ont eue en la famille, en laquelle ne restoit plus de masles, synon un *mien frère aisné, marié en Lorraine*, à la fille du lieut.t des gardes de Son Altesse, et moy, qui me suis habitué au lieu de Vaucouleur. L'ung et l'autre égaux en l'extremité d'ung très affectionné désir de vous tesmoigner combien nous est grand l'honneur de vous appartenir, lequel nous accompagnerons de tant de vœux à l'occasion qu'elle nous fournira quelque sujet condigne à mériter la qualité de, Monsieur, votre humble serviteur,

C. DALLY.

A Vaucouleurs, ce 12 d'Aoust 1609.

Autre lettre, du même au même,
du 13 mars 1611.

Monsieur,

Je m'estois cest hyver promis l'honneur de vous baizer les mains, sous la résolution d'un voiage que j'avois dessaigné faire en ceste ville de Paris, et m'estois sous ce respect dispensé de vous satisfaire en l'éclaircissement que desiriés au subject de la généalogie de nostre devancière, la Pucelle. Mais en ce dessein l'opportunité n'ayant satisfait à mon desir, je croirois faire tort au devoir que je vous doibs sy au moins je ne recherchois les occasions de vous itérer par mes lettres les protestations de mon humble service.

C'est la verité, Monsieur, que le peu de curiosité de mes devanciers à laisser quelques monuments par escrit de l'entresuytte de leur naissance me donne le regret de ne pouvoir à souhait et conformément à ce qu'avés dignement remarqué de notre descente, vous figurer en détail les degrés de la nostre, bien recogneus, Dieu mercy, pour estre telle que l'avés estimée, sçavoir descendus de Jehan, frère de la Pucelle; laquelle certitude, jointe à la negligence de mes prédécesseurs, leur a fait (comme je croy) obmettre ce qui m'eût beaucoup contenté, qui est de vous en avoir laissé des enseignements plus particuliers, et s'estre satisfait en l'approbation qu'ils y ont constamment recogneue, sans jamais leur avoir esté revoqués en doubte soit d'estre tels, ou empeschés en la jouyssance octroyée aux descendants d'icelle. Je vous eusse envoyé une coppie dudit privilége qui est entre mes mains si je n'eusse esté certain qu'en avés tout tel que je le sçaurois avoir. *Seulement vous suppliay-je bien humblement que si nous recepvons l'honneur d'estre jugés de vous tels qu'un chascun nous estime, descendus de la ditte Pucelle et par conséquent vos alliés, vous recepviés agréables les vœux de toute nostre maison*, lesquels, par mon organe, elle jure à l'honneur de la vostre pour lui estre éternellement servante, et en mon particulier je desire devancer tous les autres, au tesmoignage de mon très affectionné service. J'ay receu *du desplaisir* que l'on m'ait faict rapport qu'un vautnéant (soubs vostre respect) *se soit advoué des nostres* pour mendier le port de vostre assistance en quelques siennes affaires. Je vous supplie croire que ceux qui ont l'honneur de vous appartenir en nostre climat sont personnes d'autre estoffe : non que je voulusse dedaigner à parent un homme de bien pour pauvre qu'il fût, mais cestui-ci ne fut jamais ni en effet ni par croyance tel, ce qui m'oblige, *après en estre plus à plein informé*, à punir son outrecuidance, comme, Dieu aydant, je feray, et vous supplieray, n'adjoutés foy à plusieurs qui, soubs le bénéfice qu'ils recepvroient de la libérale communication que daignés faire de vostre authorité à tous ceux qui se disent tels, vous pourroient indiscrétement aborder et vous apporter de l'importunité. Et que lorsque l'occasion rendra nécessaire à quelques uns de nous l'entremise de vostre faveur, je l'accompagneray de mes humbles prières, qui vous seront ostages au ressentiment que je debvray à vos bons offices, lesquels, bien qu'ils soient desjà tels en mon endroit que mes services ne les puissent égaler, je surchargeray encore de cest aultre qui sera, s'il vous plaist, de croire que je demeureray éternellement, Monsieur, votre très humble serviteur et parent.

C. DALLY.

A Veaucouleurs, ce 13 de mars 1611.

NOTES

ET ÉCLAIRCISSEMENTS

Anciennes armes des d'Arc,
conservées
par Jacquemin du Lys, et Jean du Lys, échevin d'Arras.

NOTES ET ÉCLAIRCISSEMENTS

Page 15, ligne 17 : *Éloy Gibier...*

Éloy Gibier est mentionné, dès 1553, dans un registre des recettes du chapitre de Saint-Pierre-le-Puellier d'Orléans, à cause d'une rente de quarante sous tournois, payée par lui audit chapitre pour une maison, sise rue du Colombier, que sans doute il habitait. Il est dit en 1558, sur les mêmes registres, époux de Marie Aignan. *Gibier* est, avec Saturnin Hottot, celui des libraires d'Orléans du XVIe siècle dont il nous est resté le plus de productions. Sa marque ne paraît au frontispice de ses livres que vers 1565; elle offre, dans un ovale, le *prelum*, avec cette devise : *In sudore vultus tui vesceris pane tuo.*

Page 16, ligne 1 : *Joannæ Darciæ...*

Le *Discours des antiquités d'Orléans*, par L. Tripault, qui fait partie des diverses éditions de l'*Histoire et Discours au vray...* du même auteur *(vide infrà)*, avait d'abord été imprimé séparément. Orléans, 1573, in-8º. L'auteur de cet opuscule a également publié à Orléans, chez *Éloy Gibier*, en 1583, un petit volume in-8º intitulé : *Joannæ Darciæ obsidionis Aurelianæ liberatricis res gestæ, imago et judicium, cum versione gallicâ* (avec les faict, pourtraict et jugement).

Page 16, ligne 4 : *Olyvier Boynard...*

Rien ne prouve que *Boynard* ait été imprimeur. Les actes et les livres qui portent son nom ne lui donnent au contraire que le titre de libraire. Il épousa Jeanne Giraud le 23 septembre 1576 et mourut le 26 septembre 1619. Il maria l'une de ses filles au libraire *Jean Nyon*, qui fut associé quelque temps avec lui.

Sa marque représente un personnage agenouillé devant un calvaire et porte à l'entour la légende : *Adoramus te christe et benedicimus tibi quia per sanctam crucem redemisti mundum.*

Page 16, ligne 7 : *Histoire et discours au vray....*

L'Histoire et discours au vray du siège qui fut mis deuant la ville d'Orléans par les Anglois, le mardi 12º jour d'octobre 1428, régnant alors Charles VII, auec la venue de Jeanne la Pucelle, et comment, par grâce divine et force d'armes, elle fist lever le siège de deuant aux Anglois : prise de mot à mot d'un vieil exemplaire escript à la main, en parchemin, et trouvé en la maison de ladicte ville d'Orléans. Plus un Écho contenant les singularités de ladicte ville, par Léon Tripault (éditeur de ce livre). Orléans, Saturny Hottot, 1576, pet. in-4º de 4 et 50 ff.

Cet ouvrage est intéressant et très-recherché. Il est fort rare dans l'édition de 1576.

Il fut reproduit dans une forme différente et avec quelques additions trente ans plus tard.

Histoire et discours au vray... (ut suprà), *et en cette édition a été adjoustée la harangue du roy Charles VII à ses gens et celle de la Pucelle au roy, auec la continuation de son histoire jusqu'à sa mort; ensemble le jugement contre elle donné par les Anglois à Rouen, rescindé par le conseil privé du roy; avec les antiquités de ladite ville d'Orléans.* — *Orléans, Olivier Boynard et Jean Nyon,* 1606, pet. in-8º de 5 ff. préliminaires, y compris le frontispice gravé par L. Gaultier, et 216 p.

Cette édition a été fidèlement reproduite à Orléans, en 1855; in-18, par Alexandre Jacob.

L'*Histoire et discours au vray* avait déjà été réimprimée :

1º Revue et augmentée de nouveau outre les précédentes impressions. *Orléans, Olyvier Boynard et Jean Nyon,* 1611, in-12;

2º Sous le titre de : *La Vie et déplorable mort de la Pucelle d'Orléans, contenant l'histoire du siége d'Orléans par les Anglois, tirée d'un manuscrit.* Lyon, 1619, in-12;

3º *A Orléans, chez Saturnin Otto,* 1621, in-12; feuillets non chiffrés; sign. A.-N. On y trouve quelquefois une grande planche intitulée : *Vray pourtraict de la ville d'Orléans;*

4º Sous le titre de : *Jeanne d'Arc, native de Vaucouleur, en Lorraine, dite la Pucelle d'Orléans.* Orléans, Louis Foucault, 1621. Au verso du dernier feuillet, on lit : *Achevé d'imprimer le 15 juillet 1622, en la maison d'Edme Briden, à Troyes;* pet. in-8º de 28 ff. et 199 p. chiffrées.

Page 16, ligne 12 : ... *exceptée l'histoire en françois...*

Le livre dont Hordal parle ici est la première édition de l'*Histoire et discours au vray...,* citée ci-dessus. Il est déjà en possession de l'édition de 1600, qui est, d'ailleurs, plus complète. C'est donc simplement un *desideratum* de bibliophile qu'il énonce.

Page 16, ligne 17 : *la curieuse recherche qu'ay faicte...*

Il est question ici du livre latin composé par J. Hordal, sur l'histoire et pour la glorification de Jeanne d'Arc, qui devait paraître quatre ans plus tard sous le titre de : *Heroinæ Nobilissimæ... historia.* Il résulte des indications contenues dans les lettres suivantes, que l'auteur en était encore en ce moment à une élaboration assez éloignée de la mise en œuvre, et qu'il était même incertain s'il le ferait paraître, quelque peine qu'il eût prise à le composer. Nous en reparlerons en son temps.

Page 16, ligne 24 : *aynsi qu'ils l'ont déposé...*

Voir, aux *Preuves* du chapitre III, l'enquête ouverte, sur la demande de Jean Hordal, les 8 juin et jours suivants de l'année 1596, par Balthazar Crok, poursuivant d'armes de Lorraine, pour établir les preuves de sa parenté avec la Pucelle, enquête où l'on voit figurer *dame Isabeau Albert*, veuve d'*Antoine du Lys*, ainsi que ses belles-sœurs, et divers autres membres de la famille.

Page 16, ligne 26 : *Monsr le grand doyen de Toul...*

Étienne Hordal, grand doyen de la cathédrale de Toul, né en 1529, était fils de Jean Hordal, auteur de la branche établie à Toul, oncle, à la mode de Bretagne, de notre Jean Hordal; il était de sa part l'objet d'une vénération bien justifiée. Tout le monde, en effet, le considérait comme un ecclésiastique du plus haut mérite dans le diocèse, où sa piété l'avait porté à fonder plusieurs chapelles en l'honneur de la sainte Vierge. Il mourut en 1613, âgé de 84 ans, et, de même qu'il avait succédé, en 1569, à son oncle Claude Hordal en qualité de grand doyen, il eut pour successeur son neveu Étienne Hordal, qui remplit ces éminentes fonctions jusqu'en 1636.

Page 17, ligne 16 : *la déposition du comte de Dunois.*

Les souvenirs de Hordal ne sont pas exacts. Il n'est question dans la déposition de Dunois que d'*Isabelle, Pierre et Jean*. Il s'agit donc uniquement de la mère de la Pucelle et de ses deux frères pour lesquels il comparaissait comme témoin dans le procès de réhabilitation. (Voy. Quicherat, Procès, t. III, p. 2).

Nous avons en vain cherché dans le texte de la déposition de Dunois cette prétendue allusion à une sœur dont se préoccupe mal à propos le méticuleux Hordal. Il n'est question d'elle, par un mot, que dans la déposition de Colin de Greux.

En dépit du doute exprimé par Hordal, il est certain que Jeanne d'Arc avait une sœur, qui passe généralement pour avoir porté le nom de Catherine. Il est aussi certain que cette sœur n'existait plus au moment de l'anoblissement de la famille, car son nom ne figure pas dans cet acte, à côté de celui des autres membres de la famille. Il ne nous paraît aucunement prouvé ni même croyable qu'elle ait été plus jeune que la Pucelle : car, n'existant plus en 1429, elle serait à peine parvenue à l'âge de dix-sept ans ; or, elle avait été mariée, ainsi que l'indique formellement une enquête faite à Domremy, en 1502, et précisément à Colin, le maire de Greux, celui-là même qui fait allusion à son existence dans sa déposition au procès de réhabilitation. (Voir aux *Preuves* du chapitre III.)

Page 17, ligne 24 : *Hauvy de sa première femme...*

On ne sait, en vérité, pourquoi Hordal imagine cette hypothèse d'un premier mariage de Pierre du Lys, d'où serait issue Helwide. Cette supposition est inadmissible au premier chef. Que sait-on, en effet, sur l'âge de « la bonne Hauvy » ? C'est qu'elle mourut en 1530, âgée d'environ 80 ans, ce qui reporte approximativement sa naissance à 1450 ; or, l'aîné de ses frères, Jean du Lys, se mariait en 1456 avec Marie de Vesines ; le contrat en existe [1]. Ayant sans doute alors plus de vingt ans, il était donc né au plus tard en 1436. On voit combien l'hypothèse de Hordal, d'un premier mariage de Pierre, en Lorraine, faisant de Helwide Hordal l'aînée de la famille, est absolument renversée par des faits positifs.

[1]. Le contrat de Jean du Lis vient d'être publié par M. Doinel dans les *Mémoires de la Société d'archéologie et d'histoire de l'Orléanais*.

Page 18, ligne 2 : ... *Messieurs du Lis sont descendus.*

Jeanne de Prouville est partout indiquée comme mère de Helwide Hordal et de Jean du Lys, échevin d'Arras. Nous avons quelque raison de croire que ce nom de *Prouville* n'était pas un nom de famille, mais une indication de lieu d'origine, comme celui de *Vouthon* appliqué aux Romée. Nous n'avons, en effet, trouvé aucune famille dans les listes de noblesse lorraine ni champenoise qui portât ce nom. L'origine barrisienne de Jeanne est au moins vraisemblable. Or, *Proville, Prouvil'e, Prosvilla,* aujourd'hui *Proiville* appartenait, en effet, au Barrois. C'est une ferme, autrefois village, dont l'existence est constatée dès le xiie siècle, aujourd'hui annexe de Doulcon. Cette dernière commune, village sur la gauche de la Meuse, à 2 kilomètres à l'ouest de Dun, est une localité très-ancienne, autrefois fortifiée et chef-lieu du pays et comté de Dormois (pagus Dulmensis ou Dulcomensis), qui faisait au xve siècle partie du Barrois mouvant, et fut plus tard, ainsi que son annexe, transféré dans le Clermontois avec la prévôté de Dun; aujourd'hui *arrondissement de Montmédy, canton de Dun*.

Le nom de Prouville n'est porté en France par aucune autre localité, sinon deux villages des départements du Nord et de la Somme, où il est plus qu'invraisemblable que Pierre ait été contracter alliance.

Page 18, ligne 10 : ... *que Jacquemin et Pierre...*

Il est assez malaisé de savoir où Jacquemin du Lys a passé et fini sa vie, car il n'a laissé aucune trace dans l'histoire ni, autant qu'on a pu le croire jusqu'ici, d'héritier de son nom. Il vivait en 1429, puisqu'il figure dans l'acte d'anoblissement; il n'existait plus lors de l'instance en réhabilitation : on en a conclu qu'il survécut peu à sa sœur. Quant à son rôle dans les événements auxquels elle prit une part si merveilleuse, il fut si effacé qu'on peut dire qu'il fut nul.

Voilà tout ce qu'on savait de lui avant la découverte de l'enquête de 1502 et de celle de 1551. Or, il résulte des dépositions contenues dans ces enquêtes que Claude du Lys avait pour mère la nièce de Pierre, le chevalier du Lys, et pour grand-père Jacquemin du Lys. Il ne semble pas possible d'expliquer cette double affirmation autrement qu'en faisant de Jean du Lys, prévôt de Vaucouleurs, le mari de sa nièce, fille de son frère aîné. Les données de la chronologie s'accordent bien avec cette hypothèse. Claude du Lys se déclare né en 1452. On peut très-bien comprendre que Jean, tout entier à ses fonctions de capitaine de Chartres et de bailli de Vermandois, ait tardé à prendre alliance et qu'il ne l'ait fait qu'après avoir atteint sa maturité, vers 1450, en épousant une jeune nièce, parfaitement nubile à cette époque. Ce mariage ne pouvait que lui faire désirer davantage son rapprochement du pays natal, où il avait à remplir le rôle de chef de famille, en y perpétuant une race désormais entourée de tant d'honneur; aussi dut-il solliciter activement et accepter avec joie l'emploi de prévôt de Vaucouleurs, auquel il fut appelé vers 1454.

A partir de ce moment, il renoua et resserra sans doute de plus en plus les liens qui l'unissaient à son pays natal, à sa famille et à ses amis d'enfance. Nous ne saurions dire si, lorsqu'il fut remplacé, comme prévôt de Vaucouleurs, en 1468, par le Bâtard de Calabre, et reçut à cette occasion 25 livres de récompense, il revint à Domremy finir paisiblement sa vie auprès de ses enfants; mais ce qui est certain, c'est que ses fils y étaient établis, que leurs descendants restèrent en Lorraine, y prirent leurs alliances et se rattachèrent au duché par les fonctions qu'ils remplirent, tout en conservant des relations étroites avec la France.

Il y a quelque raison de croire que lors de l'admirable intervention de la Pucelle, Jacquemin était déjà marié et peut-être père. On le voit, en effet, rester silencieusement au logis, retenu sans doute par des devoirs sacrés, pendant que ses jeunes frères n'hésitent pas à marcher à la suite de leur sœur, et à courir les aventures guerrières. Il avait, en qualité d'aîné, conservé la maison paternelle. Sa fille, héritant de lui, la transmit à ses enfants et Claude du Lys, devenu à son tour maître de cette maison désormais sacrée où Jeanne d'Arc avait vu le jour, la décora, en 1481, de ses armes associées à celle de Nicole Thiesselin, sa femme. Et en même temps, il manifestait son ardent amour pour la France en y joignant l'écu fleurdelisé et l'invocation en l'honneur du roi Louis. Il était digne du petit-neveu de Jeanne d'Arc de faire ainsi parler à la pierre cette perpétuelle profession de foi du patriotisme français!

(Voir, au sujet de *Jacquemin*, la *note* afférente à la page 47 et, au sujet de *Jean*, la *généalogie*, chap. II.)

Page 18, ligne 13 : *un livre intitulé* : Causa puellæ...

Causa Puellæ Aurelian. adversariis orationibus disceptata, auctore Jacobo Jolio; cum ejusd. Jolii variis poematibus. Paris, 1608-1609, 2 tom. en 1 vol. pet. in-8º. Ce livre, très-rare et très-recherché, attire à tort la colère de J. Hordal. Ce n'est qu'une discussion d'école.

Page 19, ligne 5 : *Guydo-Pap....*

Guy Pape, jurisconsulte célèbre, président au parlement de Grenoble, destitué à l'avénement de Louis XI, mort en 1436, est l'auteur de l'ouvrage cité par J. Hordal.

Guido Papa. Decisiones : (in fine). Hoc opus decisionum excellentissimi parlementi Dalph. fuit Gracionopoli per Stephanum Forets Deo favente ante ecclesiam sancte Clare impressum et finitum die penultima mensis aprilis anno Domini MCCCCLXXXX. Petit in-folio goth. de 400 ff. chiffrés; premier livre imprimé à Grenoble.

L'article relatif à Jeanne d'Arc se trouve à la question 84.

Page 19, ligne 16 : *ces versets de Philippe de Valois...*

L'indignation causée au roi Philippe de Valois contre Édouard d'Angleterre, et à laquelle ce distique aurait dû naissance, fut excitée par une menace d'invasion en France, entreprise sans aucun motif en 1337 et dont une attaque des fidèles Écossais parvint seule à détourner le danger.

Il paraît seulement assez peu d'accord avec les habitudes, fort médiocrement littéraires, du roi Philippe de lui attribuer un distique latin. On serait plus dans la vraisemblance en supposant qu'il fut l'œuvre de son fils, le dauphin Jean, car ce prince affectait beaucoup de goût, et même quelques prétentions pour les lettres. Ce qui est certain, c'est que pendant tout le moyen âge le rapprochement des mots *angelus*, *angelicus* et *anglicus*, dans un sens toujours ironique et blessant, était en France on ne peut plus à la mode.

Page 19, ligne 26 : *au canon : Si gens Anglorum...*

Corpus juris Canonici, Antuerpiæ, Meurice, 1648, fol. E, 97. (Voir Catalogue Bibl. du Roi.)

Page 20, ligne 3 : *comme dit le poëte Bellay :*

Voir dans les *Œuvres de Joachim du Bellay, gentilhomme angevin* (édition de Rouen, pour Georges Loyselet, pet. in-8°, 1593) :

1° Chant triomphal sur le voyage de Boulogne, p. 127;
2° Hymne au roy sur la prinse de Calais, p. 185;
3° Exécration sur l'Angleterre, p. 189.

Pièces dans lesquelles respire une haine ardente contre le nom anglais.

Page 20, ligne 14 : *homini bis caudato.*

Il y a là une allusion, un peu lourde et grossière, il faut l'avouer, à l'opinion vulgaire qui prêtait à certains Anglais l'étrange singularité de naître avec une queue, à la façon des animaux. On en trouve la preuve dans le chapitre 30 de l'ouvrage intitulé : *Anglicæ descriptionis compendium*, par Guil. Paradin; Paris, Gaulterot, 1545. Ce chapitre a pour titre : *Anglos quosdam caudatos esse*.

Page 20, ligne 26 : *ad Cæsarem ibis...*

Actes des apôtres, chap. 25, vers. 11. Il s'agit du jugement de saint Paul, qui en a appelé à César et auquel Festus, proconsul de Césarée, fait la réponse rappelée par Hordal.

Page 21, ligne 6 : *teste Tiraquello...*

André Tiraqueau, célèbre jurisconsulte français, originaire du Poitou, mort en 1558, conseiller à la grande chambre du Parlement de Paris, était un des plus honnêtes et des plus savants magistrats de son temps. Michel de l'Hôpital, qui lui portait la plus haute estime, lui a dédié un poëme latin où il fait grandement son éloge. L'existence de cet éminent juriste fut des plus laborieuses; on a dit de lui que chaque année « il donnait à la République un livre et un enfant ». Son *Traité des peines* est le dixième qu'il ait publié.

Page 21, ligne 16 : *Humbertus Moremontana...*

Fratris Humberti montis Moretani poetæ oratorisque clarissimi Bellorum Britannicorum à Carolo Francorum rege eo nomine septimo in Henricum Anglorum regem felici eventu auspice puella franca gestorum prima pars : continens Bellum Cravantinum, Bellum Brossimaricum Bellum Vernolianum et Bellum Aurelianum; premissis quibusdam epigrammatis. Venundantur in ædibus Ascensionis, 1512. Pet. in-4° gothique (très-rare), fol. XLVI, vers. 6° et seq.

Page 21, ligne 24 : *F. Crespet...*

Frère Pierre Crespet, auteur de plusieurs Traités de théologie ascétique et morale, entre autres : *Jardin de plaisir et récréation spirituelle.* Paris, 1587 et 1602, in-8°; Lyon, 1598, in-16.

Pomme de Grenade mystique, ou Instruction pour une vierge chrétienne. Paris, 1585 et 1595, in-8°; Rouen, 1605, in-12; Lyon, T. Rigaud, 1609, in-16.

Discours sur la vie de passion de sainte Catherine, plus un Traité encomiastique de l'estat et excellence de virginité et chasteté, par F. P. C.; Sens, Savine, 1577, in-16.

Page 23, ligne 21 : *nostre université...*

L'Université de Pont-à-Mousson, principal centre d'études de la Lorraine, fut fondée en 1572 par le grand-duc Charles III. Elle comprenait quatre Facultés : celles de théologie et de philosophie, confiées à la Compagnie de Jésus (ainsi que le collège des humanités), et les Facultés de droit et de médecine réservées à des professeurs laïcs. Cette Université jeta un éclat extraordinaire; elle comprenait à la fin du XVI° siècle, lorsque son organisation fut tout à fait complète, près de deux mille élèves, tant étudiants qu'écoliers. Des professeurs éminents y attiraient cette foule, non-seulement de toutes les parties de la Lorraine, mais même de France et d'Allemagne.

Elle fut transférée à Nancy, en 1756, par le roi Stanislas et supprimée par la Révolution. Mais l'article 14 du traité de cession de la Lorraine à la France en stipulait le maintien à perpétuité. On fit valoir ce droit pour obtenir la fondation de la Faculté de Nancy, en 1864.

Page 24, ligne 13 : *nostre Evesque, son parrain...*

Jean des Porcelets de Maillane, quatre-vingtième évêque de Toul, était originaire du Barrois, où son père occupait la dignité de maréchal de la province. Il était né en 1582, à Wally. Il avait fait ses études classiques à Pont-à-Mousson et y retourna, après un premier séjour à Rome, pour y étudier la théologie et le droit, dont il prit la double licence. Il fut ensuite nommé prélat-domestique du pape et son ambassadeur en Angleterre. En 1607, Christophe de la Vallée, évêque de Toul, étant mort, il fut choisi par le Souverain Pontife pour le remplacer et sacré le 27 décembre 1608.

C'est sans doute à l'époque où il suivait à Pont-à-Mousson, bien jeune encore, les classes inférieures de ce collége, qu'il avait tenu sur les fonts baptismaux le fils de Hordal. Il mourut à Nancy en 1624.

Page 24, ligne 18 : *plus d'inclination à la théologie...*

On verra, en effet, dans la lettre suivante, que ce jeune homme, nommé Jean comme son père et né en 1590, avait en ce moment des dispositions beaucoup plus accentuées pour la vie religieuse que pour celle du monde : l'année suivante, en effet, il n'hésitait pas à quitter la maison paternelle pour se retirer au noviciat des Jésuites à Nancy. Mais il paraît qu'il se lassa de cette existence, ou plutôt se décida-t-il à sacrifier sa vocation aux sollicitations de ses parents, car il devint plus tard procureur général de la prévôté de Preny, se maria et eut un fils qui fut, à son tour, docteur en droit et doyen de l'Université de Pont-à-Mousson. Son âge, au moment où il entrait comme novice chez les jésuites, est indiqué par la lettre de son père (vingt ans, en 1610) ; la date de sa naissance est donnée non moins authentiquement, sous son autre titre, par un portrait gravé que possède M. N. Villiaumé, et qui est accompagné des indications suivantes : *1627, ætatis suæ 37.* Ce qui établit, à n'en pas douter, l'identité des deux personnages.

Page 25, ligne 11 : *Monsieur de Rouilly...*

Il s'agit de Jacques de Cailly, sieur de Rouilly, beau-frère de Charles du Lys, avec lequel il vivait, ne formant qu'une famille, où la vénérable octogénaire, madame de Cailly, leur mère, était entourée des soins de tous ses enfants. (Voir Ch. du Lys, *Traité sommaire*, éd. Vallet de Viriville, p. 93.)

Jacques de Cailly était doué de beaucoup d'érudition et

fort ami des lettres. L'ouvrage de Hordal en donne la preuve : car il débute, suivant l'usage, par des témoignages de sympathie et des louanges des lettrés contemporains : or, de ces petites pièces de vers, la première (6 vers latins) est de Charles du Lys; la seconde (18 vers italiens), de Madame Catherine de Cailly, dame du Lys; puis en viennent quatre : la troisième (6 vers espagnols), la quatrième (4 vers latins), la cinquième (14 vers français) et la sixième (4 vers français), qui portent la signature de *Jacques de Cailly, gentilhomme orléanais.* Ces pièces font voir combien il portait d'intérêt à l'œuvre entreprise par Hordal.

Page 27, ligne 2 : *à Barisey-au-Plein...*

Barisey-au-Plain, canton de Colombey-les-Belles, arrondissement de Toul (Meurthe).

Page 27, ligne 8 : *à Neufchâteau, la Mothe...*

Jeanne d'Arc a certainement été à Neufchâteau. Son souvenir y est religieusement gardé et l'on connaît encore la maison où elle habitait.

Quant à la Mothe, ville célèbre par ses deux glorieux siéges et par l'impitoyable destruction dont elle fut frappée, rien, dans la tradition du pays, n'y rappelle le passage de la Pucelle. Les souvenirs qui s'y rattachent ont un caractère exclusivement lorrain.

Page 28, ligne 3 : *de son Altesse...*

C'était le bon duc Henry, fils de Charles III et de Claude de France, digne successeur de son père. Sa bonté et sa libéralité excessives étaient ses seuls défauts. Son règne, encore heureux pour la Lorraine, bien que troublé dans les dernières années par l'ambition de son frère et de son gendre, dura de 1608 à 1624. Après ces derniers beaux jours vinrent de cruels orages.

Page 28, ligne 7 : *la cour souveraine....*

Dans le duché de Lorraine, la justice se rendait devant le tribunal des Assises, comprenant tous les gentilshommes d'ancienne chevalerie des bailliages de Nancy, de Vosges et d'Allemagne ; dans le duché de Bar, c'était par le moyen d'un tribunal qui portait le nom de *Cour souveraine*, et qui siégeait à Saint-Mihiel ; on appelait le fonctionnement de cette Cour, *les grands-jours de Saint-Mihiel*. L'établissement de ces grands-jours paraît dater du xive siècle. Charles III confirma cette Cour, avec plus d'étendue et de pouvoir, par son ordonnance du 8 octobre 1571. La Cour de Saint-Mihiel devint plus tard une des deux chambres de la Cour souveraine de Lorraine.

Page 28, ligne 15 : *Monsr de la Saussaye...*

Charles de la Saussaye, doyen du chapitre d'Orléans, qui, en cette qualité, reçut Henri IV à Orléans le jour de la Nativité de saint Jean-Baptiste 1599 ; le siège étant alors vacant.

On a posé à la cathédrale d'Orléans (1876) un vitrail qui le représente avec le souverain, au moment de la reconstruction de Sainte-Croix.

Charles de la Saussaye fut appelé à la cure de Saint-Jacques-la-Boucherie de Paris. Il mourut dans ces fonctions en 1621. Il est auteur de l'ouvrage intitulé : *Annales ecclesiæ aurelianensis*. Parisiis, H. Drouard, 1615. In-4°.

Page 29, ligne 15 : *MM. de Tournebus et Féron....*

Il s'agit de Robert le Fournier, baron de Tournebut et de Lucas du Chemin, sieur du Féron, son neveu, l'un petit-fils et l'autre arrière-petit-fils de Jeanne du Lys, épouse de François de Villebresmes. (Voir leur *Généalogie*, chapitre III.)

Page 30, ligne 8 : *appelé Buré....*

Burey-la-Côte, sur le ruisseau de Goussaincourt, à

11 kilomètres de Vaucouleurs, canton dudit, arrondissement de Commercy (Meuse).

Page 30, ligne 25 : *du sieur du Tillet....*

Mémoires et recherches touchant plusieurs choses mémorables pour l'intelligence de l'estat des affaires en France. Rouan, 1577, in-fol. ; Troyes, 1578, in-8°, par Jean du Tillet, évêque de Meaux.

Page 30, ligne 29 : *Isabeau de Vauthon....*

Isabeau Romée était désignée par le nom du lieu dont elle était originaire, *Vouthon (haut et bas)*, à 8 kilomètres de Gondrecourt, canton dudit, arrondissement de Commercy (Meuse), à peu de distance de Domremy.

Ce nom fut porté par son frère et ses neveux et nièces, de préférence à leur nom patronymique.

Page 31, ligne 3 : *feu M. Pinguet....*

Il existait un lien de parenté que nous ne saurions définir, entre la famille du Lys et les Pinguet. Nous en trouvons la preuve dans cette phrase du second mémoire de Charles du Lys (p. 75, chap. VII, *in fine*) :

« Les dicts Charles, Luc et Jacqueline du Lys sont entrez en la parenté de plusieurs honnestes et bonnes familles, des *Mariette...* et des Pinguets, tant à Paris qu'en Picardie. »

Page 31, ligne 7 : *sensu mirandus et annis....*

Lorsque le vénérable chanoine Martin Pinguet fut enlevé par la mort, on lui érigea dans la nef de la cathédrale de Metz, au bas du grand escalier qui conduisait au jubé, à gauche, une tombe énorme de cuivre massif, sur laquelle il était représenté à genoux, les mains jointes, la face tournée vers la grande allée ; sur cette tombe se trouvait l'inscription suivante, peinte en lettres d'or, et déjà presque effacée en 1760, époque où fut exécutée la copie que j'ai sous les yeux :

> Martinus Pinguet, sensu mirandus et annis
> Hæc plus accepto reddidit ossa solo.
> Æquum qui coluit, clangore vocandus ab alto,
> Judicii certus, non timet ille diem.

Jusqu'à la Révolution de 1789, les enfants de chœur de la cathédrale allaient, à l'issue de l'office, s'agenouiller sur la tombe du bienfaiteur du chapitre. — Bégin, *Histoire de la cathédrale de Metz*, t. I, p. 265.

Page 31, ligne 19 : *Wassebourg....*

Richard de Wassebourg, archidiacre de Verdun, auteur des *Antiquités de la Gaule Belgique*, 2 tomes en 1 volume in-folio, 1549; on le vend à Paris... par Vincent Sertenas... et aussi se vendait en la cité de Verdun : (ouvrage rare).

Page 33, ligne 8 : *trois petits fils....*

A la suite de la double perte qu'il venait de subir, Hordal dit qu'il lui reste trois petits fils, de huit ans, six ans, trois mois, et une fille de neuf ans et demi.

Ces trois fils étaient : 1° *Charles*, né en 1602, qui devint conseiller d'Etat, et fit souche; 2° *François*, né en 1604, qui fut doyen de l'église de Brisach, après son oncle, et siégea au Conseil souverain d'Alsace; 3° *Christophe*, né en 1609, devenu abbé de Saint-Remy de Lunéville. Sa fille *Catherine* était née en 1601; nous ignorons si elle contracta alliance.

Page 33, ligne 24 : *les Jésuites... en ces quartiers.....*

Dès 1558, les Jésuites avaient été appelés dans le voisinage de la Lorraine, à Verdun, par l'évêque Pseaume, pour y fonder une sorte d'université que le manque de ressources fit réduire à un collège. Peu après, ils avaient établi des maisons à Saint-Nicolas-de-Port, à Pont-à-Mousson et à Sainte-Marie-aux-Mines, et les prédications dont ces lieux étaient devenus le centre n'avaient pas été sans rappeler à la religion catholique beaucoup de protestants. La fondation de l'université de Pont-à-Mousson donna une augmentation considérable à l'influence des Jésuites en Lorraine. Il fut convenu qu'ils y fourniraient un personnel de soixante-dix Pères. Leur noviciat, établi à Saint-Nicolas-de-Port, fut, en 1602, transféré à Nancy, dans une maison qui leur fut généreusement donnée par Antoine de Lenoncourt, primat de Lorraine, et à laquelle le prince Éric de Lorraine, évêque de Verdun, attacha une riche dotation. Le noviciat des Jésuites est devenu, en 1768, le collége et, dans les premières années de ce siècle, l'hospice Saint-Stanislas.

Il ne pas faut oublier de rappeler que ce fut de Pont-à-Mousson que fut envoyée à Henri IV, lors de son voyage à Metz en 1602, une députation de Jésuites, à la tête de laquelle était le célèbre père Cotton, pour solliciter de lui la levée de l'édit d'expulsion qui avait été lancé contre la compagnie en France. Les éloquentes instances des députés trouvèrent le chemin du cœur du roi et ils obtinrent gain de cause.

Page 35, ligne 17 : *l'histoire de la vertueuse Pucelle...*

En se trouvant arrêté à la vingt-sixième feuille de son ouvrage, c'est-à-dire à la page 192, Hordal était fort près de le voir terminé : car ce livre compte en tout 254 pages, y compris le Privilége. Dans les sept feuilles et demie qui lui restaient à publier, figurent, en particulier, les témoignages des auteurs de toute nation et de toute provenance dont il parle à son cousin, sans oublier de nombreux emprunts à l'érudition classique. Nous pouvons, dès à présent, considérer le livre comme assez près d'être livré au public pour pouvoir en donner la description complète.

Le titre, compris sous forme de cartouche dans une superbe gravure de Léonard Gaultier, est le suivant :

Heroinæ nobilissimæ Joannæ Darc Lotharingæ vulgo

Aurelianensis puellæ historia Ex variis gravissimæ atque incorruptissimæ fidei scriptoribus excerpta, Ejusdem mavortiæ virginis innocentia a calumniis vindicata.

Authore Joanne Hordal serenissimi ducis Lotharingiæ consiliario et iv doctore ac professore publico in alma universitate Ponti-Mussana

PONTI-MUSSI
*apud Melchiorem Bernardum
ejusdem ser. ducis. typographum*
M.DC.XII.

In-4°, 2 planches de Léonard Gaultier (la Pucelle à cheval et son portrait d'Orléans), 6 pp., dédicace et pièces de vers à lui adressées; 2 pp. de privilége, en tout 254.

Page 37, ligne 2 : *Domini Eliæ episcopi...*

Elie de Bourdeille, né en 1423, cordelier, évêque de Périgueux, de 1447 à 1467, mort archevêque de Tours et cardinal. A la bibliothèque de l'Arsenal se trouve un manuscrit (fonds latin, Histoire n° 88) qui a appartenu aux Célestins de Paris, contenant la dissertation dont parle Hordal. Elle a pour titre :

Justificatio Puelle Francie que a rege celorum sempiterno, arbitratur Karolo regi Francorum directa ad ipsius consolationem et gubernationem; sed olim per gentem Anglorum capta dignoscitur et morti tradita.

A la suite du procès de réhabilitation qui est à Rome, se trouve ajoutée une transcription du même ouvrage.

L'auteur dit avoir été engagé par lettres-patentes du roi à donner son opinion, qu'il formula sur le sommaire du procès et l'instrument de la sentence. (Cf. Quicherat, *Procès*, t. V, p. 464.)

Page 37, ligne 28 : *Pierre Cochon, leur évêque...*

C'est une croyance qui a été longtemps répandue, que celle d'une prétendue excommunication de Pierre Cauchon par Calixte III. Il faut, au contraire, remarquer les ménagements gardés à son sujet dans la bulle de ce pape, où le prélat est qualifié de « *Petrus, bonæ memoriæ, episcopus Belvacensis* ». Ce qui est certain, c'est que Pierre Cauchon mourut de mort subite, le 18 octobre 1442, en paisible possession de son siége de Lisieux, et que, au moment où Calixte III prit en main la cause de la réhabilitation de la Pucelle, il n'était plus possible d'agir, en tout cas, que contre la mémoire de ce juge détesté. Rappelons-nous d'ailleurs qu'il n'avait pas représenté l'Église dans le procès, mais uniquement les passions politiques de l'Angleterre.

La chapelle de la Vierge, située au chevet de la cathédrale de Lisieux, fut construite sous son épiscopat. La tradition rapporte qu'il l'éleva et fit de nombreuses fondations de services religieux, comme témoignage de son repentir pour le rôle odieux qu'il avait joué. Mais là, encore, il n'y a qu'une tradition.

Page 38, ligne 7 : *le sieur des Rues...*

François des Rues, né à Coutances, est l'auteur d'un ouvrage qui eut un très-grand succès et fut l'objet de diverses éditions sous différents titres.

En 1608, il parut sous celui de : *Antiquités, fondations et singularités des plus célèbres villes et châteaux, et plans remarquables du royaume de France.* Coutances, in-12.

Il fut réimprimé en divers lieux à peu d'intervalle :

1º Sous le même titre : Coutances, J. Le Castel, 1608. — Saumur, P. Colla, 1609;

2º Sous le titre de : *Descriptions contenant toutes les singularités des plus célèbres villes, etc.* Rouen, J. Petit, 1611; — *Ibid.* Rouen, D. Gueffroy, S. D. — *Ibid.* Troyes, Noël Lecoq ou Noël Laudereau, in-8º. — 2º éd. S. D., — 3º éd. 1601;

3º Sous le titre : *Les délices de la France*, Lyon, 1610, in-12;

4º Sous le titre de : *Antiquités des villes de France...* Rouen, J. Cailloué, 1624, petit in-8º. — Autre édition à Troyes, in-4º, fig. sur bois, S. D.

D'après le titre que Hordal donne à cet ouvrage, on voit que c'est une de ses deux premières réimpressions qu'il possédait.

Page 39, ligne 7 : *feu Son Altesse..., d'heureuse mémoire...*

Charles III, duc de Lorraine, de 1545 à 1608, le plus parfait modèle des princes de son temps, sous le long règne duquel le duché goûta une paix et une prospérité cruellement compensées par les horreurs du règne de Charles IV, son petit-fils.

Page 39, ligne 8 : *déclaration d'ancienne noblesse...*

A la suite de l'enquête ordonnée en 1596 pour établir les droits de Hordal à la noblesse et parenté de la Pucelle, le grand-duc Charles III de Lorraine accorda, par lettres enregistrées le 16 février 1597, confirmation de la noblesse de cette famille et du droit de porter les armes du Lis. (Voir ces lettres aux *Preuves* du chap. III.)

Page 40, ligne 20 : *les copies... que m'avez envoyées...*

Il est ici question du premier ouvrage publié par Charles du Lys sur la famille de Jeanne d'Arc, sous le titre de :
De l'extraction et parenté de la Pucelle d'Orléans, avec la généalogie de ceux qui se trouvent descendus de ses frères. Paris, 1610. In-4°. Factum de 4 pages, sans titre ni marque d'imprimeur.

On a lieu d'être surpris, et Hordal a quelque droit d'être blessé, de ce que Charles du Lys, malgré les affirmations et même les preuves que lui avait prodiguées son parent, n'ait pas cru devoir faire figurer les Hordal parmi les descendants de Jean du Lys.

Ce ne fut que dans la seconde édition de son travail, parue deux ans plus tard, édition entièrement refondue et considérablement augmentée, qu'il consacre un chapitre aux Hordal, en se servant des indications qu'il avait reçues et qui étaient conformes à la plus pure vérité.

Cette seconde édition a pour titre :

Discours sommaire, tant du nom et des armes que de la naissance et parenté de la Pucelle d'Orléans et de ses frères. Paris, 1612. 70 pp. in-8º.

En 1628, Charles du Lys publie une troisième édition revue et légèrement augmentée qui a pour titre :

Traité sommaire... le reste *ut suprà.* Imprimé à la suite de l'ouvrage intitulé : *Recueil de plusieurs inscriptions pour les statues du roi Charles VII et de la Pucelle d'Orléans qui sont élevées..... sur le pont de la ville d'Orléans dès l'an M.CCCC.LVIII et des diverses poésies faites à la louange de la même Pucelle, de ses frères et de leur postérité.* Paris, de l'Imprimerie d'Edme Martin, 1628. In-4º. 4 ff. prél. comprennent le frontispice et deux gravures en taille-douce par Léonard Gaultier, datées de 1612 et 1613 et qui ne sont autres que celles qui décorent le livre de Hordal. Il y a là sans aucun doute un bon procédé de parent.

Quelques rares exemplaires possèdent, en outre, une troisième et superbe planche représentant *l'Entrée à Reims.*

Page 41, ligne 5 : *il n'y a d'autres parents...*

Après que Charles du Lys eut admis les justes prétentions des Hordal, il y avait encore une branche de la famille du Lys qui restait absolument oubliée : c'était celle issue du mariage de Catherine d'Arc avec Georges Haldat. Cette branche était cependant déjà depuis quelque temps fixée dans le pays ; mais bien que ses titres soient incontestables, il est certain qu'elle n'avait établi aucun rapport de parenté, ni avec les du Lys, ni avec les Hordal. (Voir la Généalogie G au chap. III.)

Page 41, ligne 8 : *Monsieur de Troismonts...*

Il s'agit de Thomas de Troismonts, sieur de la Mare, conseiller au présidial de Caen, dont les liens de parenté avec la Pucelle, par Charlotte Ribault, sa femme, venaient d'être reconnus par lettres patentes du 1er août 1608, enregistrées à Rouen. (Voir la généalogie Q au chap. III.)

Page 45, ligne 13 : *un volume escrit à la main...*

En marge de cette partie de la lettre de son cousin, Charles du Lys a écrit la mention suivante : « Ce volume est à voir, s'il se peut. »

Il nous paraît à propos de rapprocher cette indication d'un paragraphe de l'intéressante et substantielle notice de M. Quicherat sur les pièces et copies des procès de réhabilitation (T. V, p. 460). Il y est question « d'un original appartenant à M. du Lys, avocat général à la Cour des aides ». On peut, croyons-nous, parfaitement admettre que Claude du Lys n'ait pas hésité à se dessaisir de ce volume en faveur de son parent, haut placé dans la science et dans la hiérarchie sociale. Il serait facile d'expliquer ainsi la présence entre ses mains de la troisième copie originale et authentique sortie du greffe, dont parlent les notaires. Un si précieux document pouvait-il en effet être placé plus naturellement que dans les archives du chef de la famille de l'héroïne ? Mais ce qui serait beaucoup moins aisé à expliquer, c'est qu'il soit arrivé incomplet en la possession de l'avocat général et surtout qu'il ait disparu depuis, sans laisser de traces, alors qu'on voit tous les papiers de cet auteur si soigneusement conservés. N'en avait-il obtenu qu'un dépôt momentané, le mot « appartenant » ne serait-il synonyme que de « entre les mains » ? La copie aurait-elle plus tard repris le chemin de la Lorraine ? Les recherches les plus assidues ne nous ont pas mis à même de répondre à ces questions.

Quoi qu'il en soit, voici le texte de M. Quicherat :

« 13. Edmond Richer, dans l'*Advertissement au lecteur* de son histoire inédite de Jeanne d'Arc, dit avoir consulté, outre le manuscrit de Notre-Dame, un autre original appartenant à M. du Lys, avocat général à la Cour des aides. Il était signé, ajoute-t-il, *Franciscus Ferrebouc* et

Dionysius Comitis et ne contenait en fait de mémoires justificatifs que les suivants : celui de Gerson, celui d'Élie de Bourdeille, un traité souscrit M. E. N., la récapitulation de Jean Bréhal, l'opinion de Robert Cibole, et enfin celle de Guillaume Bouillé.

« Il faut bien croire Richer quand il dit son manuscrit *original* et alors ce texte serait le troisième sorti du greffe, d'après ce que témoignent les notaires dans leur préface, mais comment se fait-il que notre auteur n'ait trouvé là que trois mémoires au lieu de neuf, lorsqu'il est certain que le troisième manuscrit de la réhabilitation était le plus complet de tous? Comment se fait-il encore que Richer ne semble avoir eu aucune connaissance des interrogatoires en français, lorsque le même manuscrit devait les contenir, toutes les pièces de production y ayant été insérées ?

« Trop d'éléments nous manquent pour discuter là-dessus; ou Richer s'est mal expliqué, ou le manuscrit de M. du Lys n'était plus un texte complet. Tout ce que nous pouvons dire, c'est qu'après Richer comme avant lui, la trace du troisième exemplaire authentique de la réhabilitation nous échappe entièrement. »

Page 46, ligne 15 : *une mienne tante résidant à Domremy...*

La vieille tante que les visiteurs normands sont allés voir à Domremy devait être Didon du Lys, veuve de Gérard Noblesse, qui vivait avec son fils Claude Noblesse, curé de Domremy, et prolongea sa vie jusqu'en 1618.

Page 46, ligne 16 : *sieurs nommés de Mondreville et de Féron...*

Il paraît d'après cela qu'il y aurait encore lieu d'ajouter le titre de sieur de Mondreville à ceux dont est revêtu, dans la généalogie de la branche normande, Robert le Fournier, baron de Tournebut, car il ne peut pas y avoir de doute sur l'identité du personnage.

Page 47, ligne 7 : *le séjour de Jacquemin en France...*
Page 47, ligne 9 : *aucuns gentilshommes descendus dudit Jacques...*
Page 48, ligne 11 : *quelle parenté a laissée ledit Jacques...*

Nous appelons une sérieuse attention sur ces différentes paroles de Claude du Lys : elles prouvent qu'il y avait dans la famille une croyance, passée peut-être à l'état de vague mais persistante tradition, d'après laquelle Jacquemin se serait établi en France, y aurait eu postérité, et qu'en particulier les membres normands de la famille devaient le reconnaître pour leur auteur.

Il nous paraît à propos de rattacher à cette importante observation le développement des difficultés assez graves auxquelles nous avons fait allusion dans notre *Préface* et qui sont relatives à la descendance de Pierre du Lys, telle qu'elle a été adoptée dans toutes les pièces officielles, et, à leur suite, dans le *Traité* de Charles du Lys.

Pourquoi, en effet, l'auteur de ce dernier ouvrage a-t-il donné, comme chose assurée, que *Pierre*, de son mariage avec *Jeanne de Prouville*, avait eu deux fils, *Jean*, l'aîné, seigneur de Baigneaux, et *Jean*, le jeune, échevin d'Arras, plus deux filles, *Helwide* et *Jeanne*, mariées à *Étienne Hordal* et à *François de Villebresme* (auxquelles il faut encore ajouter *Catherine*, qu'il a omise, et qui épousa *Georges Haldat*) : disons plus, pourquoi ne pouvait-il pas faire autrement que de l'affirmer ? C'est que, vrai ou non, le fait avait reçu une consécration légale, plusieurs fois répétée : c'est que, dans toutes les enquêtes, les informations, les déclarations faites devant les corps judiciaires de la Lorraine, de l'Orléanais et de la Normandie, dans les arrêts des Cours de ces provinces, de la Chambre des comptes et de la Cour des aides, partout enfin, on trouve invariablement adopté ce principe généalogique, que les lettres patentes de Louis XIII, en 1612, ne manquent pas elles-mêmes de consacrer à leur tour.

Dans tous ces actes, sans exception, *Jean*, échevin

d'Arras, est le second fils de *Pierre*, et *Pierre* n'est autre que le chevalier du Lys, *Pierre Pierrelot*, frère cadet de la Pucelle.

Tel est le système, que nous appellerons légal, authentique, judiciaire, établi par vingt arrêts, auquel s'est conformé Charles du Lys; tel est le système que, dans l'état actuel des actes parvenus jusqu'à nous, nous sommes bien obligés de respecter et d'adopter, mais non sans faire cependant, comme nous l'avons dit, nos plus expresses réserves, et sans réclamer à son sujet le bénéfice de quelque futur inventaire.

Les objections que nous avons à relever sont de diverses natures : la première, que nous nous étions faite sans attendre la découverte de l'enquête décisive de 1502, réside dans le fait de la succession de Jean du Lys, seigneur de Baigneaux. Ce Jean était fils de Pierre, sans l'ombre d'un doute; mais non pas fils de Jeanne de Prouville, comme cela est partout écrit, par une erreur que nous ne pouvons pas nous dispenser de relever. Les pièces du procès sont là : Charles du Lys en a connu et même publié une partie, M. Doinel en a ajouté d'autres, M. Boucher de Molandon les a complétées [1].

Ce Jean du Lys, l'aîné, meurt donc vers 1501; il est à Orléans, où tout ce qui tient à la famille de l'héroïne est connu de tout le monde : là, il ne peut pas y avoir place pour la moindre incertitude sur la qualité des personnes. Or, qui hérite du défunt ? — Son frère et ses sœurs, sans nul doute. — Pas le moins du monde : sa cousine paternelle Marguerite de Brunet et ses cousins maternels les sieurs Tallevart. Et la justice d'Orléans intervient dans le partage, ce qui exclut l'idée de toute fraude et de toute erreur! Qui saura expliquer cela ?

Mais l'enquête de 1502 vient transformer en une sorte de certitude mathématique ce qu'il y avait encore d'hypothétique dans l'objection. Nous y trouvons des témoi-

---

1. Voir l'enquête de 1502 dans les *Preuves* du chap. III due aux recherches de M. B. de Molandon.

gnages précis : la femme de Pierre, le chevalier du Lys, se nomme *Jeanne Baudot*, sa sœur a épousé *Pierson Tallevart*, et c'est ainsi que les membres de cette dernière famille interviennent dans la succession, avec la fille, pour ainsi dire adoptive, que Pierre du Lys a mariée et dotée.

Ce n'est pas tout, et voici qui est plus grave encore : Jeanne Baudot est déclarée n'avoir *qu'un fils, Jean*, seigneur de Baigneaux, de l'authenticité duquel nous avons d'ailleurs des preuves multipliées. Non-seulement il n'est pas question pour lui de frère ni de sœur, mais il est formellement dit et répété dans l'enquête *qu'il n'en avait pas*.

Alors se présente immédiatement à l'esprit une explication qui paraît satisfaisante. Jean était le fils unique de Jeanne Baudot, et ses cousins, par une application de la loi d'hérédité, qu'on peut supposer modifiée par ses dernières volontés, recueillent l'héritage provenant de leur tante; quant à *Pierre*, il s'est remarié après la mort de sa première femme : il a épousé Jeanne DE PROUVILLE, qui se trouve ainsi tout naturellement mise en sa place, et il a pu aisément avoir quatre enfants du second lit, depuis 1450, époque à laquelle nous savons que naquit *Helwide* HORDAL, jusqu'en 1467, année où il n'existait plus. Nous devons même ajouter que le fait de ce second mariage est formellement indiqué dans l'enquête de 1551.

Et cependant les pièces publiées à Orléans présentent de graves objections à ce système qui paraît si rationnel.

En 1442, en effet, *Pierre* figure avec sa femme *Jeanne* et son fils *Jean*, dans le bail qui lui est passé par le chapitre de Sainte-Croix; en 1443, sa femme est désignée dans les lettres patentes portant concession de l'île aux Bœufs, sous le nom de *Jeanne, du pays de Bar*.

En 1457, elle comparaît, *à titre de mère*, au contrat de mariage de *Jean* avec *Marie* DE VEZEINES; en 1467 enfin, *Jean* déclare, par acte authentique, reprendre le bail emphythéotique de Baigneaux, à raison des décès récents de son père *Pierre* et de sa mère *Jehanne, du pays de Bar*.

Est-il possible, entre toutes ces dates, de placer la supposition d'un second mariage ? A moins cependant qu'on admette que dans les deux derniers actes c'est d'une belle-mère qu'il est question.

Eh bien, malgré toutes ces raisons, nous dira-t-on, vous maintenez le système de Charles du Lys ? — Il le faut bien, puisque nous n'avons rien de positif à mettre à sa place. Nous nous sommes fait, il est vrai, une conviction sur cette question si obscure, et nous ne craignons pas de la manifester; seulement, comme rien n'en garantit l'exactitude matérielle, nous regarderions comme une sorte d'outrecuidance de notre part de la substituer à une formule consacrée par les plus hautes juridictions, parlements, cours et chancelleries royales, et revêtue de la signature de la plupart des princes qui ont régné en France et en Lorraine ? Mais si une naturelle réserve ne nous permet pas de la donner *officiellement* dans nos généalogies, à cette place modeste, nous nous enhardissons à livrer notre pensée.

Cette pensée, donc, la voici : Nous n'avons aucune sorte de raison pour mettre en doute que *Jean* du Lys, échevin d'Arras, et ses trois sœurs aient été les enfants de *Pierre* du Lys. Toutes les généalogies et les traditions de famille sont d'accord pour en faire leur auteur; or, nous mettons volontiers confiance dans les indications de faits qui se transmettent traditionnellement dans les familles; au contraire, ce qui a le caractère d'interprétation nous en inspire beaucoup moins.

En appliquant ce principe, nous admettons *Pierre* du Lys comme auteur commun de l'échevin d'Arras et de ses sœurs, mais *nous ne croyons pas que ce Pierre ait été le chevalier du Lys*, dernier frère de la Pucelle, mort à Orléans en 1467. Celui-là, l'enquête nous l'a appris, n'avait qu'un fils, mort sans postérité. La branche dont il était le chef nous paraît mise par cela péremptoirement hors de cause.

Quant à la branche qui reconnaît pour auteur *Jean*, capitaine de Vaucouleurs, elle est très-exactement connue, et il n'y a ni addition ni retranchement à opérer à son sujet.

Que nous reste-t-il donc de la lignée de Jacques d'Arc, pour que nous cherchions à y rattacher ces enfants en ce moment sans auteurs connus? Il nous reste ce mystérieux *Jacquemin*, l'aîné des frères de Jeanne d'Arc, duquel, ainsi que nous l'avons déjà dit, on sait jusqu'à présent si peu de chose. Il vivait en 1430; il n'existait plus en 1455. Des auteurs, qui se sont attendris de confiance à son sujet, ont dit « qu'il était mort de douleur de la funeste destinée de sa sœur chérie ». Cela est possible, comme il est possible aussi qu'il ait prolongé pendant plus de vingt ans son existence.

« Il est mort sans alliance », a-t-on dit et répète-t-on généralement. Quant à ce fait, il n'est plus permis de le croire, puisque nous avons vu que *Claude* du Lys, fils de *Jean*, le qualifiait de *son grand-père* dans l'enquête de 1502, et que la même allégation se répète dans l'enquête de 1551. Il s'est donc marié et a eu une fille, qui a épousé son oncle, sorte d'alliance assez rare à cette époque, mais non pas cependant sans exemple.

Si donc il est certain qu'il s'est marié et qu'il a eu une fille, quelle est la raison qui empêche de croire qu'il ait eu également un fils, et que ce fils, il l'ait nommé Pierre, en l'honneur de son jeune frère, le chevalier du Lys, passé dans la famille à l'état de personnage exceptionnellement illustre? Ce serait ce fils, *Pierre*, de la branche aînée, qui aurait épousé cette *Jeanne* de Prouville (dont il n'est guère possible d'attribuer l'alliance au frère de Jeanne d'Arc), et *Charles* du Lys, et par suite les Maleyssie, ainsi que les Hordal, les Villebresme et les Haldat descendraient de lui, sans qu'il y ait lieu de rien changer du reste à leur généalogie. Ils seraient membres de la branche aînée au lieu d'être de la branche cadette, et chacune de leurs générations serait avancée d'une unité.

Enfin, une dernière observation, et qui n'est pas sans

intérêt. Il est dit, dans les lettres patentes de 1612, que *Jean* du Lys, supposé le second fils de Pierre, le chevalier, « se serait contenté de porter le nom du Lys, retenant les « armes du nom et de leur ancienne famille d'Arc, etc. ». Or, voici un extrait d'une note conservée du *cabinet des titres* (layette Arc), que nous rapprochons de ce texte :

« *Jacques* d'Arc portait les armes de la maison d'Arc; *Jacquemin*, son fils, portait les mêmes armes. *Jean* et *Pierre* portaient les armes de du Lys. » Les conséquences de ce rapprochement nous paraissent aisées à déduire.

Nous nous arrêtons ici, trouvant que c'est assez longtemps marcher dans l'incertain et multiplier des raisonnements fondés sur des hypothèses : on saura sans doute un jour où réside la vérité. Nous n'avons eu, pour notre part, qu'un rôle fort ingrat à remplir, montrer où il est difficile d'admettre, scientifiquement, qu'elle réside; nous nous bornons là sans rien affirmer de plus. Mais nous livrons aux méditations du lecteur les indications de *Claude* du Lys, elles doivent lui suffire pour le convaincre que *Jacquemin* du Lys a prolongé son existence plus longtemps qu'on le dit, et qu'il a peut-être une part fort considérable à revendiquer dans la perpétuité de la race dont il était le chef.

Page 47, ligne 28 : *elle est nommée Jeanne Day*...

Claude du Lys n'est pas le seul qui ait cherché à établir un rapprochement ou plutôt une identité entre les diverses formes du nom d'Arc, Day, Dali, Dailly, Dalis, Dulis. (Voir Viriville et Ch. du Lys.)

Cette forme d'Ailly avait fait compter par les généalogistes ignorants Hector d'Ailly, évêque de Toul (1524-1532) au nombre des descendants de la famille de la Pucelle. Hector d'Ailly de Rochefort était d'une famille noble d'Auvergne. Cette erreur se retrouve dans les dépositions de plusieurs témoins de l'enquête relative à Hordal et même dans le *Mémoire* de Charles du Lys qui parle de « Messire Hector du Lys, évesque de Toul » (éd. Viriville, p. 54).

L'allusion au « langage grossier » du pays lorrain n'a pas été perdue par Charles du Lys. Il s'en sert comme d'un excellent argument.

Quelques auteurs ont cru, à l'exemple de Claude du Lys, que la prononciation des rives de la Meuse aurait imposé au nom d'*Arc* la forme *Day*, et que, de ce dernier nom, en prononçant les deux voyelles, on aurait tiré *Dailly*, *Dally*, *Daly*, *Dalis*, *Dulis*. Nous ne pouvons pas admettre cela : une telle opinion est contredite par le nom de *du Lys*, porté authentiquement par *Pierre* et son fils dès le XVe siècle, non moins que par la traduction *a Lilio* adoptée par le curé de Domremy au XVIe. Il paraît du reste certain que ce fut par ordre du roi, et comme complément de l'anoblissement de la famille de l'héroïne, que le nom de *du Lys* fut substitué de toutes pièces à l'ancien nom patronymique. Le *cabinet des titres* constate, malheureusement sans explication précise, l'existence des lettres patentes, du mois de janvier 1429 (N. S., 1430), en vertu desquelles cette substitution eut lieu.

« Le roy, y est-il dit, par lettres du mois de janvier dudit an, leur permit d'échanger leur nom d'Arc et de prendre celuy de Du Lys. » (Voir aux *Preuves*.)

Le nom noble de la Pucelle et de sa famille n'est autre que le résumé de son glorieux blason, qui peut se lire ainsi : Son épée a soutenu et sauvé la couronne des Lys. Il a été, il est vrai, défiguré et orthographié de bien des manières ; on ne trouve pas, en effet, dans les actes publics et privés de la famille du Lys moins de onze formes différentes à nous connues : *Du Lys*, *Dulis*, *Du Liz*, *Dulix*, *Dalix*, *Dalle*, *d'Aliz*, *Daly*, *Dally*, *Dailly* et *D'Ailly*, sans compter les variantes résultant de l'emploi de l'*y* à la place de l'*i*, et inversement. C'est plus particulièrement en Lorraine, dans la branche qui a Jean pour auteur, que se trouvent le plus fréquemment employées les formes Daly et Dailly.

Mais revenons à cette modification du nom *d'Arc* en *Day* et de *Day* en *Dailly* due au « langage grossier du climat lorrain ». Pour qui a entendu parler les paysans de la vallée de la Meuse et de la Lorraine en général, il est admissible que Darc eût fait *Dairc* et peut-être *Dair* en supprimant la consonne finale ; mais quant à *Day* et *Daix*, nous ne le croyons pas, et encore moins *Daÿ*. La forme *Dalis* est venue sans conteste de la prononciation du pays, où l'on avait coutume de dire une *fleur dalis* pour une fleur de lis, et les sieurs *Dalis*, et à la suite *Dally*, pour les sieurs *Dulis*. Là s'arrête, à notre avis, l'effet de la « corruption du langage ». Ce point admis, le reste ne provient plus que « du peu de curiosité qu'on a eu de respecter l'orthographe ».

Le nom d'Arc, lui aussi, a subi de nombreuses modifications dans son orthographe et sa prononciation. Cette question a été traitée, avec beaucoup de développement, par M. Vallet de Viriville, dans un de ses ouvrages [1], nous n'y reviendrons pas. Seulement, nous croyons devoir faire une observation sur l'importance qu'il y attache à supprimer l'apostrophe du nom *d'Arc* pour l'écrire *Darc*. Nous croyons, quant à nous, que ce nom, soit qu'il rappelle le pays dont la famille de Jacques d'Arc était anciennement originaire, soit qu'il ait du rapport avec l'arme figurée sur son blason primitif, doit se présenter avec l'apostrophe séparative de la particule. Il nous paraît aussi naturel de dire aujourd'hui d'Arc, que de dire d'Orléans et d'Alençon, alors que ces trois noms s'écrivaient au XVe siècle, époque où l'apostrophe n'était pas en usage, Darc, Dorléans et Dalençon.

Si on a cru démocratiser le nom de la Pucelle en lui enlevant cette apostrophe, et démontrer par là son humble origine, on a fait preuve d'une étroite préoccupation. On n'a point compté en effet que, sauf à notre époque, et encore cela principalement en France, la particule n'a jamais passé pour une marque de distinction. Les qualifications nobiliaires de noble homme, écuyer, chevalier, etc., indiquaient seules la position sociale avant 1789, quand la

---

[1]. *Nouvelles Recherches sur la famille et sur le nom de Jeanne d'Arc*..... Paris, Dumoulin, 1854, br. gr. in-8°.

noblesse avait encore des priviléges; on s'appelait du Bois, du Moulin, sans prétendre pour cela à y participer.

Nous laissons donc à ce glorieux nom sa forme la plus rationnelle, reçue et acceptée depuis longtemps, et nous ne cherchons pas à donner par là à ses parents un autre éclat que celui de leurs vertus modestes et une autre noblesse que celle dont ils furent redevables à leur incomparable fille, en étant associés à son immortalité.

Page 48, ligne 13 : *Claudius a Lilio...*

Claude du Lys, petit-neveu de Jeanne d'Arc, était curé de Domremy. Il mourut en 1550. Il était poëte à ses heures et a laissé des vers latins. Il occupait la chambre du premier étage de la maison de la Pucelle, au-dessus de la chambre commune. On voit encore la disposition des lieux. C'était un logis bien modeste.

Page 49, ligne 3 : *l'esglise Saint-Georges de Nancy...*

Collégiale célèbre, fondée par le duc Raoul, en 1330, paroisse des ducs de Lorraine, et détruite par Léopold, en 1743, lors de la reconstruction du palais ducal. La cathédrale actuelle remplaça Saint-George, comme collégiale, pour le chapitre de la Primatiale.

L'église Saint-Georges contenait les mausolées de plusieurs princes lorrains : les ducs Jean et Nicolas d'Anjou, Charles II, les duchesses Isabelle d'Autriche, Marguerite de Bavière, Marie de Bourbon et ceux d'une foule de grands seigneurs. Le corps de Charles le Téméraire y resta déposé de 1496 à 1550. Ce ne fut qu'à partir de René II que les princes de la maison de Lorraine reçurent leur sépulture aux Cordeliers, et à partir de Charles III, dans la chapelle ducale ou chapelle-ronde où tous les débris de cette auguste famille ont été successivement réunis.

Page 49, ligne 7 : *le comte de Salm...*

Jean, comte de Salm, baron de Viviers et de Fénestrange, maréchal de Lorraine, était gouverneur de Nancy en 1580. Il avait pour successeur, en 1605, le comte Charles de Gournay.

Page 49, ligne 12 : *Jehan Royer*...

Le premier *Mémoire* de Charles du Lys contient, au sujet des Romée, une erreur typographique. Il y est question de Jean Roger. C'est Jean le Royer qu'il faut lire. Cette erreur, a du reste, été réparée dans la seconde édition. (Voir la *Généalogie* et les *Preuves* du chap. IV.)

Page 49, ligne 14 : *l'alliance qu'ils ont eue en la famille*...

Mais ils n'ont jamais eu non plus d'autre prétention ! Claude du Lys pourrait être plus gracieux pour des alliés qui, après tout, ne lui faisaient pas déshonneur.

LA

FAMILLE DE JEANNE D'ARC

GÉNÉALOGIE. — ARMORIAL

Timbre des armoiries de Charles du Lys.
D'après les lettres patentes de 1612.

GÉNÉALOGIE

CHAPITRE I

FAMILLE DE LA PUCELLE.

I. — *Jacques* d'Arc, né à Ceffonds, près Montiérender, en 1380, mort en 1431, ép. *Isabelle* Romée, de Vouthon[1], née en 1387, morte le 28 ou 29 novembre 1458, d'où :

1º *Jacques* ou *Jacquemin* d'Arc du Lys, mort après 1430 et avant 1455, ép. *N.*, d'où *Jehanne* du Lys, mariée à son oncle *Jehan* du Lys. (Le reste de sa postérité est inconnu.)

2º *Catherine* d'Arc, ép. *Colin*, maire de Greux (celui qui fut entendu en qualité de témoin dans le procès en réhabilitation), morte sans postérité avant 1429.

3º *Jehan* d'Arc du Lys, écuyer, capitaine de

---

[1]. Nous tenons de l'obligeance de M. Villiaumé la date de la naissance de Jacques d'Arc et d'Isabeau Romée. Il les a reçues d'une tradition de famille.

Chartres, prévôt de Vaucouleurs, rapporté ci-après (chap. II).

4° JEHANNE, *la Pucelle d'Orléans*, née à Domremy, le 6 janvier 1412, brûlée par les Anglais à Rouen, le 30 mai 1431.

5° *Pierre* D'ARC, le chevalier DU LYS, rapporté ci-après (chap. III).

———

Jacques D'ARC, père de la Pucelle, eut deux frères :

1° *Nicolas* D'ARC, mort avant 1411. Sa veuve, nommée *Jeanne*, l'une des marraines de la Pucelle, aurait épousé en secondes noces (selon M. Vallet de Viriville) *Durand* LAXART, qui conduisit l'héroïne à Vaucouleurs. Nous inclinerions plutôt à voir en Jeanne, femme de Durand Laxart, une sœur de Jacques d'Arc. Jeanne mourut avant 1456. Postérité inconnue.

2° *Jehan* D'ARC.

M. Vallet de Viriville identifie ce *Jehan* D'ARC avec celui qui fut nommé par le roi Charles VII en 1436 « arpenteur du Roy pour les bois et forêts au département de France ». Nous n'y faisons pas d'objections.

Rien d'impossible non plus à ce qu'un lien de filiation ou de parenté existât entre la famille de la Pucelle et *Jehan* D'ARC, marchand drapier à Troyes, mort en 1375.

Cf. Vallet de Viriville, *Nouvelles Recherches sur la famille et le nom de Jeanne Darc*, p. 10 et 43, et aussi Ch. du Lis, éd. Vallet de Viriville, p. 28.

Isabelle Romée, mère de la Pucelle, eut un frère et une sœur :

1º *Jehan* Romée, dit de Vouthon;

2º *Aveline* Romée, mariée à *Jehan* de Voiseul. (Voir leur descendance au chap. IV, Gén. AA et BB.) Cf. Ch. du Lis, p. 29.

CHAPITRE II

DESCENDANCE DE JEHAN DU LYS, SECOND FRÈRE DE LA PUCELLE.

II. — *Jehan* d'Arc du Lys, écuyer, capitaine de Chartres et de Vermandois, prévôt de Vaucouleurs, mort après 1468, ép. *Jehanne* du Lys, sa nièce, d'où :

1º *Claude* du Lys, procureur fiscal des seigneuries de Greux et Domremy, né vers 1450, mort vers 1525, ép. *Nicole* Thiesselin, de Trécy, d'où huit filles, savoir : 1º *Jeanne*, ép. *Nicolas* Robinet, dit Hurlot, de Vaucouleurs, d'où : *François* Hurlot, curé de Domremy en 1555, et en deuxièmes noces, avant 1516, *Gérard* Gobin; 2º *Claire*, ép. *Estienne* Morise, de Coussey; 3º *Didon*, née en 1480, ép. *Moricet* Thierret, de Maxey-sous-Void, d'où : *Claude* et *Didier* Thierret, dits Daly; 4º *Anne*, ép. en 1505 *Monget* Gautrinot, de Coussey; 5º *Marguerite*, ép. *Jean* Thiriot, de Horville; 6º *Billon* ou *Sibille*, ép. en 1498 *Jean* de Brixey, d'où : *François* de Brixey, praticien à Vaucouleurs en 1555; 7º et 8º *Catherine* et *Barbe*.

2° *Étienne* ou *Thévenin* du Lys, qui suit.

3° *Marguerite* du Lys, menée à Orléans par sa grand'mère Isabeau chez son oncle *Pierre*, ép. vers 1468 *Antoine* de Bonnet, *alias* Brunet, seigneur de Mont, paroisse de Saint-Denys-en-Val, près Orléans. Elle vivait encore en 1501, époque où elle héritait, avec les sieurs Tallevart, de *Jean* du Lys dit *la Pucelle*, son cousin, et était morte en 1502, époque à laquelle son mari transigeait avec les mêmes cohéritiers.

Du mariage de Marguerite du Lys avec Antoine Brunet naissent plusieurs enfants : 1° *Jean* de Brunet, ép., par contrat du 19 novembre 1519, *Catherine* de Thiville, fille de Guillaume de Thiville et de Marie de Laforest; 2° et 3° *Antoine* et *Jeanne* de Brunet, morts avant 1532 sans postérité connue.

(Antoine de Brunet, veuf de Marguerite du Lys, épousa en secondes noces Marguerite Potin et en eut des enfants parmi lesquels François de Brunet et Claudine qui épousa Luc Desouches [1].)

III. — *Étienne* ou *Thévenin* du Lys, écuyer, vivant en 1549, ép. *Anne* de Séraumont (de la maison de Marchéville), d'où :

1° *Claude* du Lys, prêtre, qui en plusieurs écrits latins est appelé *Claudius Lilius* et *à Lilio*, curé de Domremy, ensuite retiré à Neufchâteau, enterré dans l'église paroissiale de Domremy, en la chapelle *N.-D.-de-la-Pucelle* ;

2° *Didier* du Lys, qui suit ;

3° *Didon* du Lys, ép. *Étienne* Thierel ou Thierely ; vivait veuve en 1557, sans hoirs ;

---

1. Nous devons les renseignements ci-dessus à l'obligeance de M. J. Doinel, d'Orléans.

4° et 5° *Nicolas* et *François* du Lys, morts sans alliance.

IV. — *Didier* du Lys, seigneur de Gibeaumeix, gendarme de la compagnie du duc de Guise, mort en 1557, ép. *Nicole* de Brixey, de Gombervaux, morte aussi en 1557, d'où :

1° *Jeanne* du Lys, épouse, avant 1552, *Olry Colin* des Hazards, écuyer, d'où postérité (voir Gén. A);

2° *Claude* du Lys, écuyer, enseigne, maître d'hôtel et capitaine des arquebusiers à cheval du comte de Salm, mort à Nancy sans alliance, enterré à la primatiale de Saint-Georges;

3° *Antoine* du Lys, qui suit;

4° *Françoise* du Lys, née en 1536, vivant en 1613, ép. *Jean* de Bonnaire, écuyer, demeurant à Vaucouleurs, né en 1531, d'où postérité (voir Gén. B);

5° *Barbe* du Lys, née en 1537, vivant en 1613, ép. en premières noces *Blaise* Vincent et en deuxièmes *Mengin* Hierosme, écuyer à Domremy;

6° et 7° *Nicolas* et *Nicole* du Lys;

8° *François* du Lys, chevalier de Malte, mort en 1580.

Ces trois derniers morts sans alliance.

9° *Didon* du Lys, née vers 1540, morte en 1628, ép. *Gérard* Noblesse, écuyer, demeurant à Domremy, d'où *Claude* Noblesse, curé dudit lieu, vivant en 1610.

V. — *Antoine* du Lys, écuyer, seigneur de Gibeaumeix, commissaire de l'artillerie de Lorraine, reconnu dans sa noblesse en 1573, mort avant 1596, ép. *Isabeau* Albert, née en 1545, d'où :

1° *Jean-Jacques* du Lys, qui suit;

2° *Claude* du Lys, ép. *François* de Naves, écuyer, seigneur dudit lieu, demeurant à Champougny[1];

3° *Claude* du Lys, écuyer, seigneur de Séfonds, demeurant à Vaucouleurs, ép. N., dame de Montigny[2], d'où : *Élisabeth* du Lys, ép. *Jean* le Picard (voir Gén. C);

4° *Catherine* du Lys, ép. *Louis* Massis, lieutenant-général au bailliage de Champigny[3], comté de Bourgogne;

5° et 6° Deux filles, mortes sans alliance connue.

VI. — *Jean-Jacques* du Lys, écuyer, seigneur de Gibeaumeix, exempt des gardes du duc de Lorraine, mort en 1616, ép. *Claire* de Lépine, fille du lieutenant de ces gardes, d'où :

1° *Renée* du Lys, ép., par contrat du 26 janvier 1630, *François* Mynette, écuyer, d'où postérité (voir Gén. D);

2° et 3° *François* et *Hector* du Lys, morts sans alliance après 1630.

GÉNÉALOGIE A. — *Descendance de Jeanne du Lys et de Colin des Hazards.*

V. — *Jeanne* du Lys, ép. *Olry Colin* des Hazards, fils de *Mengin*, frère de *Hugues* des Hazards, évêque et comte de Toul, avec lequel elle vivait en 1552, d'où :

1° *Mengin* des Hazards, rapporté ci-après et

---

1. Canton de Vaucouleurs.
2. Montigny, près Vaucouleurs.
3. Haute-Marne.

dont nous suivrons la postérité jusqu'à nos jours.

VI. — 2° *Gérard* DES HAZARDS, ép. N., d'où :

1° *Olry*, qui suit; 2° *Evrard*, 3° *Idotte*.

VII. — *Olry* DES HAZARDS, ép. *Pierrotte* TRÉVELLE, fille de *Bertinot* TRÉVELLE, d'où : 1° *Olry*, qui suit; 2° *Idotte*, ép. *Didier* COLIN, prévôt de Frouard.

VIII. — *Olry II* DES HAZARDS, ép. *Nicole* DE BOUZET de Gondrecourt, d'où : 1° *Nicolas*, 2° *Mengin*, 3° *Gérard*, postérité nulle ou inconnue.

VI. — *Mengin* DES HAZARDS, seigneur de la Grange-aux-Bois, ép. *Catherine* JEANNOT, d'où :

VII. — *Milo* DES HAZARDS, mort le 27 décembre 1621, seigneur de Chaudeney, du chef de sa femme, ép. *Catherine* DU PASQUIER, fille de *Regnault* DU PASQUIER, échevin de Toul, et de *Libaire* BOILEAU, morte le 17 avril 1622, d'où :

1° *Regnault*, auteur de la branche de Languedoc (ci-après rapportée); 2° *Gérard*, 3° *Hugo*, qui suit; 4° *Marguerite* DES HAZARDS, ép. *Jean* MARESCHAL, seigneur de Saulxerotte en partie, mort le 9 décembre 1624, enterré en l'église paroissiale de Vézelize;

5° *Élisabeth*, 6° *Françoise*, mortes sans alliance.

VIII. — *Hugo* DES HAZARDS, ép. *Madeleine* DES HAZARDS sa cousine, d'où :

IX. — *Jean-Collin* DES HAZARDS, ép. *Marie* DOULCET, d'où :

X. — *Didier* DES HAZARDS, habitant Frouard en 1654, ép. N., d'où :

1° *Charles* DES HAZARDS, curé de Vaux-la-Petite.

XI. — 2° *François* DES HAZARDS, procureur fiscal en la prévôté de Ligny, ép. N., d'où :

XII. — *Catherine* DES HAZARDS, ép. *Charles-Hya-*

cinthe de Piat, cadet de S. A. R. le duc Léopold, mort en 1748, seigneur de Braux et Naives-en-Blois [1].

Branche de Languedoc.

VIII. — *Regnault* des Hazards quitta la Lorraine vers 1623 et se fixa à Foix où il épousa *Anne* de Sabenac, d'où ;

IX. — *Jacques* des Hazards, né à Foix en 1639 (son nom est écrit des Hazards dans l'inventaire des biens de son père du 22 mars 1641 et le testament de sa mère du 10 septembre 1643 ; il est écrit des Azards dans un acte de vente du 15 décembre 1676, et enfin Desazars dans le contrat de mariage et l'acte de mariage de son fils des 9 et 21 juillet 1711 ; cette dernière orthographe a prévalu) : il épousa en 1676 *Jeanne* Cordé, d'où :

X. — *Gérard* Desazars, né vers 1680, consul de la bourse de Toulouse, où il mourut le 10 juin 1745, ép. en 1711 *Bertrande* de Terrenq, morte à Toulouse le 23 mars 1764, d'où :

1° *Jean-François* Desazars, qui suit ;

2° *Jeanne*, née à Toulouse en 1714, ép. N. Montesquieu de Buger ;

3° *Françoise*, sœur jumelle de *Jeanne*, ép. *Joseph* de Boutonier, trésorier de France à Toulouse ;

4° *Jeanne-Thérèse*, née à Toulouse en 1716, ép. J.-B. Borrel de Casque, capitoul de Toulouse en 1752, d'où postérité ;

5° *François Géraud*, prêtre prébendier du cha-

---

1. De ce mariage naquit *Charles-Hyacinthe* de Piat de Braux, qui se rattacha à une autre branche de la famille de Jeanne d'Arc en épousant *Marie-Agnès* Courtois de Morancourt, fille d'*Agathe* Haldat (Voir sa descendance au chap. III, Gén. V.)

pitre Saint-Étienne de Toulouse, né en 1719, mort en 1788;

6° *Marie*, née à Toulouse en 1721, mariée à N. DE MAILHEBIOU en 1751;

7° *Marie-Rose*, née à Toulouse en 1728, ép. N. DALMAS en 1751;

8° *Jeanne-Élisabeth*, née à Toulouse en 1729.

XI. — *Jean-François* DESAZARS, seigneur de Montgailhard, Saint-Christol, etc., né le 4 octobre 1712, capitoul en 1753, mort le 13 mars 1790, ép. *Jeanne-Marie* DE PEYTIEU, morte le 8 juillet 1789, d'où :

1° *Bertrande-Guillemette-Gabrielle*, née en 1752;

2° *Catherine-Françoise*, née en 1753; toutes deux religieuses au couvent de N.-D.;

3° *Guillaume-Joseph-Jean-François*, qui suit;

4° *Joseph-François-Augustin*, né en 1755 et mort avant 1789;

5° *Françoise*, née en 1756, ép. en 1780 *Joseph* D'ANGRÉZAS, avocat au parlement;

6° *Thérèse-Pascale-Joséphine*, née en 1758, décédée avant 1789;

7° *Marie-Anne*, née en 1759, ép. en 1786 *Jean-Emmanuel* LEGENDRE, avocat au parlement;

8° *Louise-Rose*, née en 1760, morte célibataire en 1820;

9° *Jeanne-Marie-Thérèse*, née en 1761, mariée à N. DE MAILHEBIOU;

10° *Raymonde-Élisabeth*, née en 1762, morte en bas âge;

11° *Jeanne-Marie-Joséphine*, née en 1764, ép. *J.-Jacques-Henri* BALLET DE COLOMIÈS;

12° *Joseph-Jean-François-Gabriel*, né en 1765;

13° *Catherine-Guillemette*, née en 1767, ép. *Louis* BOULET, écuyer;

14° *Jean-François*, receveur central des contributions directes à Villefranche;

15° *Marie-Guillemette*, née en 1772, ép. le chevalier *Jean-François* VARENNES DE MONTRÉAL.

XII. — *Guillaume-Joseph-Jean-François*, baron DESAZARS, né en 1754, et premier président de la cour de Toulouse, créé baron par lettres du 22 octobre 1810, mort le 14 novembre 1831, ép. *Marie-Rose-Charlotte* PIETRO DI LOMBARDI, d'où :

XIII. — 1° *Jean-Guillaume-Prosper*, baron DESAZARS, né le 9 février 1796, officier de cavalerie, mort le 27 janvier 1863 à Paris, ép. en 1846 *Aimée-Adélaïde-Louise* DU PRESSOIR, d'où deux filles : 1° *Marie-Blanche*, mariée à *Adrien* DAVY DE VIRVILLE, d'où deux enfants; 2° *Aimée-Fernande-Louise*, mariée en 1870 à *Alexandre*, marquis de PATRAS DE CAMPAIGNO, d'où deux enfants.

2° *Jacques-François-Léon*, qui suit;

3° *Clément-Roger-Eugène* DÉSAZARS, né à Toulouse le 23 août 1804, ép. le 21 février 1841 *Émilie-Anne-Raphaël-Marie-Rose* DE LUGO, d'où *Auguste-Marie-Jules*, né le 31 mars 1842, ép. *Thérèse* DE BRÉMOND D'ARS, d'où deux enfants, *Jacques* et *Andrée*;

4° *Jules*, mort en bas âge.

XIII. — *Jacques-François-Léon*, baron DESAZARS, né le 4 juin 1800, mort le 16 février 1869, chevalier de la Légion d'honneur, confirmé dans son titre par décret du 20 janvier 1864, ép. le 26 mai 1836 *Yolande-Marie-Jeanne-Eudoxie* D'HOLIER, d'où :

1° *Marie-Louis*, qui suit;

2° *Léonie-Prospérie-Marie*, née le 14 juillet 1840, ép. le 28 juin 1869 *Jean-Marie-Édouard*, dit *Paul* DE RAYNAL.

XIV. — *Marie-Louis*, baron DESAZARS, né le 16 mai 1837, procureur de la république à Alby, chevalier de Charles III, ép. le 26 novembre 1872 *Maria-Alexandrine-Telcide-Augustine* DUPLAN, d'où un fils ;

XV. — *Charles-Marie-Guillaume*, dit *Guy*, né le 13 octobre 1873.

GÉNÉALOGIE B. — *Descendance de Françoise du Lys et de Jean de Bonnaire.*

V. — *Françoise* DU LYS, ép. *Jean* DE BONNAIRE, écuyer à Vaucouleurs, d'où :

VI. — 1° *Gaspard* DE BONNAIRE, rapporté ci-après ; 2° *Théode* DE BONNAIRE, chanoine de Vaucouleurs ; 3° *Jacotte* DE BONNAIRE, ép. noble *Nicolas* FRANSQUIN à Vaucouleurs, d'où :

1° *Françoise* FRANSQUIN, qui suit ; 2° *Claude* FRANSQUIN, chanoine à Vaucouleurs ; 3° *Jean* FRANSQUIN, 4° *Anne* FRANSQUIN, ces deux derniers morts sans alliance.

VII. — *Françoise* FRANSQUIN, ép. *Jean* BEGUIGNON, gruyer de Vaucouleurs, d'où deux filles, nées en 1627 et 1628.

VI. — *Gaspard* DE BONNAIRE, écuyer, transigea le 10 décembre 1598 avec *Françoise* DU LYS sa mère, ép. N., d'où :

VII. — *Claude* DE BONNAIRE, ép. en 1608 *Louis* GILLOT, d'où :

VIII. — *Claude* GILLOT DU LYS, ép. par contrat du 30 décembre 1630, *Jean* PERRIN, capitaine et gruyer d'Ancerville et commissaire des guerres, d'où :

IX. — *Nicolas* Perrin du Lys, chevalier, commandeur de Malte, abbé commendataire de Freistroff et auparavant commandant pour S. M. T. C. à Cronendonck, Mazeich, Belfort, Thionville et autres lieux, déclaré gentilhomme par S. A. R. le duc Léopold Ier, au mois de décembre 1700.

GÉNÉALOGIE C. — Descendance d'Élisabeth du Lys et de Jean le Picard.

VII. — *Élisabeth* du Lys, dame de Montigny, ép. *Jean* le Picard, seigneur de Fulaine, originaire de Champagne, président du bailliage de Vaucouleurs, d'où :

VIII. — 1° *Joseph* le Picard du Lys, écuyer, seigneur de Fulaine, mort sans alliance; 2° *Nicole* le Picard du Lys, ép. *François* d'Arbamont, écuyer, conseiller du roi, président et prévôt de Vaucouleurs, qui suit; 3° *N.* le Picard, prêtre, chanoine de Vaucouleurs; 4° *Joseph* le Picard, seigneur de Montigny, ép. la fille du seigneur de Grandpré, capitaine de cavalerie; mort sans postérité.

IX. — Du mariage de *Nicole* le Picard et de *François* d'Arbamont sont issus : *Bertrand, Alexis, Gaspard, Claude, Marie-Anne, Élisabeth, Agnès, Claire* et *Marguerite* d'Arbamont. Ces neuf enfants sont morts sans postérité, la dernière, au commencement de ce siècle, à un âge avancé.

(Les preuves de *Joseph* le Picard ont été produites devant Mgr Larcher, intendant de la province de Champagne au mois de novembre 1699. — Voir ci-après aux *Preuves* du chap. II.)

GÉNÉALOGIE D. — *Descendance de Renée du Lys et de François Mynette.*

VII. — *Renée* DU LYS, ép. le 26 janvier 1630 *François* MYNETTE, fils de *Demenge* MYNETTE, écuyer, clerc juré et greffier au bailliage de Gondrecourt, et de *Marthe* DES HAZARDS, d'où :

1° *Jean-Dominique*, qui suit ; 2° *Louis*, 3° *Claude* ; 4° *Claire* MYNETTE ; ces trois derniers mineurs en 1652.

(Ces trois derniers noms sont tirés d'un acte d'émancipation du 23 avril 1652, fait après la mort de leur père par-devant noble Marchal, maître ès lois, lieutenant particulier au bailliage de Gondrecourt.)

VIII. — *Jean-Dominique* MYNETTE, avocat au parlement, lieutenant particulier au bailliage de Gondrecourt, ép. demoiselle *Charlotte* MARCHAL, fille de noble homme *François* MARCHAL, lieutenant particulier au même bailliage, d'où :

IX. — *Marie-Françoise* MYNETTE, ép. le 22 septembre 1682 messire *Jean* HALDAT DU LYS, écuyer, sieur de Bonnet et de la Tour-Saint-Blaire, capitaine et prévôt de Gondrecourt. (Voir leur descendance, Gén. G.)

CHAPITRE III

DESCENDANCE DE PIERRE DU LYS, TROISIÈME FRÈRE DE LA PUCELLE.

Nota. — Se reporter, au sujet des premières générations de cette généalogie, à la *Note* afférente à la page 47 du présent ouvrage.

II. — *Pierre* d'Arc, le chevalier du Lys, seigneur de l'Ile-aux-Bœufs, près Orléans, mort avant 1467, ép. *Jeanne* Baudot, de Domremy, morte aussi avant 1467, d'où :

1° *Jean* du Lys l'aîné, dit de *la Pucelle*, seigneur de Villiers-Charbonneau, seigneur de Baignaulx, paroisse de Sandillon, mort en 1501 sans hoirs, ép., par contrat du 27 mars 1457 [1], *Macée* de Vesines, fille de *Jean* de Vesines et de *Marie* Gouyonette.

D'après l'enquête de 1551, *Pierre* du Lys aurait épousé une seconde femme, qui serait, selon toute apparence, *Jeanne* de Prouville, d'où :

2° *Jean* du Lys le jeune, qui suit ;

3° *Helwide* ou *Hauvy* du Lys [2], née vers 1450, morte en 1530, élevée en Lorraine par son oncle Jean, ép. en 1467 *Étienne* Hordal (voir Gén. E) ;

4° *Jehanne* (*alias Catherine* l'aînée) du Lys, ép.

---

1. Contrat publié par M. Doinel, dans son travail sur la maison de la famille de Pierre d'Arc. (*Mémoires de la Société d'arch. orléanaise*, 1876.)

2. D. Pelletier, *Nobiliaire de Lorraine*, l'appelle, on ne sait pourquoi, Henriette Du Lys.

François DE VILLEBRESME, d'où postérité (voir Gén. F);

5° *Catherine* DU LYS la jeune, ép. *Georges* HALDAT, d'où postérité. (Voir Gén. G.)

III. — *Jean* DU LYS le jeune, écuyer, échevin d'Arras, reçu bourgeois de ladite ville sans perdre sa noblesse, mort vers 1492, ép. *Anne* DE VILLEBRESME, d'où :

1° *Jean* DU LYS, qui suit ;

2°? *N.* DU LYS, écuyer, ép. *N. Dyrodor* DE LA QUESTERIE, d'où postérité. (Voir au chap. V, Gén. CC.)

IV. — *Jean* DU LYS, écuyer, dit le capitaine *Grand-Jehan* et le *Picard*, compagnon d'armes de Bayard, mort en 1540, ép. à Paris, vers 1515, *N.*, d'où :

V. — *Michel* DU LYS, écuyer, gentilhomme ordinaire de la chambre du roi Henri II, mort en 1562, ép. *N.*, d'où :

1° *Charles* DU LYS, qui suit ;

2° *Luc* DU LYS, né vers 1560, écuyer, seigneur de Reine-Moulin, conseiller secrétaire du roi, mort après 1628, sans postérité de son mariage avec *Louise* COLLIER, veuve DU VIVIER ;

3° *Jacqueline* DU LYS, née vers 1561, morte après 1613, sans postérité de son mariage avec *Jean* CHANTEREL, seigneur de Bezons, Cordon et Champigny, conseiller du roi et auditeur à la Chambre des Comptes.

VI. — *Charles* DU LYS, né vers 1559, avocat général de la Cour des Aides, mort vers 1632, ép. *Catherine* DE CAILLY[1], d'où :

---

[1]. Catherine de Cailly descendait d'un compagnon d'armes de J. d'Arc, anobli pour sa conduite au siège d'Orléans (Cf. le *Traité* de Charles du Lys.)

VII.ᵉ — 1º *Charles* du Lys, né en 1585, principal du collége de Boissy, mort en 1629 sans alliance;

2º *N.* du Lys, fiancé en 1628 à *N.* de Cailly, paraît être mort sans alliance;

3º *Françoise* du Lys, ép. *Louis* Quatrehommes, conseiller à la Cour des Aides, d'où postérité (voir Gén. H);

4º *Catherine* du Lys, ép. *Richard* de Pichon, trésorier de Guyenne, d'où:

François et *Valentine* de Pichon du Lys.

Entrés au Carmel d'après la généalogie empruntée aux papiers de Peyresc et publiée par M. Vallet de Viriville. Selon d'autres, *François* eut postérité. (Voir au chap. V, Gén. DD.)

GÉNÉALOGIE E. — *Descendance de Helwide du Lys et d'Étienne Hordal.*

III. — *Étienne* Hordal, gentilhomme champenois, avait ép. en premières noces *Jehanne* N., de laquelle il eut un fils, *Simonin* Hordal, qui eut une fille, *Édeline* Hordal, ép. *Claudin* Raulin, dont elle était veuve en 1596.

Par contrat du 4 juillet 1467, il ép. en secondes noces *Helwide* ou *Hawy* du Lys, demeurant à Burey-la-Côte, et se fixa avec elle à Barisey-au-Plain, d'où:

1º *Vaultrain* Hordal, qui suit;

2º *Jean-Étienne* Hordal, dont la postérité sera rapportée ci-après;

3º *Claude* Hordal, prieur commendataire de Bleurville, gouverneur du prieuré de N.-D. de Nancy en 1541, archidiacre de St-Nicolas-de-Port en 1542, chanoine et grand-doyen de la cathédrale de Toul;

4° *Comtesse* HORDAL, ép. *Mansuy* BOULANGER, de Barisey, d'où : *Mansuette-Bietrix* BOULANGER, ép. *Jean* PERRIN DE CRÉSILLES, citain de Toul.

IV. — *Vaultrain* HORDAL, né en 1475, ép. N. à Nancy et se fixe dans cette ville, d'où deux filles mortes sans alliance, et :

V. — *Nicolas* HORDAL, né en 1508, ép. N., d'où :

VI. — *Jean I*er HORDAL, né en 1542, docteur en droit, professeur et doyen de l'université de Pont-à-Mousson, conseiller d'État de Lorraine, auteur de l'*Histoire de la Pucelle*, publiée en 1612, mort le 10 août 1618, ép. *Sibile* ESTIENNE, d'où :

1° *Jean II (alias* par erreur *François)* HORDAL, qui suit;

2° *Charles* HORDAL, dont la postérité sera rapportée ci-après;

3° *Nicolas* HORDAL, doyen de l'église paroissiale de Brisach et membre du conseil souverain d'Alsace, bienfaiteur du pèlerinage célèbre de Notre-Dame-des-Trois-Épis;

4° *Christophe* HORDAL, abbé de Saint-Remy de Lunéville; et plusieurs autres morts en bas âge.

VII.— *Jean II (alias* par erreur *François)* HORDAL, né en 1590, procureur général de la terre et prévôté de Prény, conseiller d'État, mort en 1631 à Bruxelles où il avait été envoyé par le duc Charles IV, ép. *Jeannon* MAULJEAN, morte en 1657, d'où :

VIII. — *Jean III* HORDAL, docteur en droit, professeur, doyen de l'université de Pont-à-Mousson, né en 1619 et mort le 21 février 1699, enterré dans l'église du couvent des Clarisses, ép. *Anne* RAULIN, fille d'*Adam* RAULIN et d'*Antoinette* DE SALONES, d'où :

1° *François*, qui suit;

2° *Nicolas*, curé en Alsace ;

3° *Charles*, abbé de Lunéville et doyen de l'église de Brisach après son oncle. Il permuta ce dernier bénéfice contre un canonicat de Strasbourg, et fut enfin nommé chanoine de Saint-Dié, où il mourut en 1625.

4° *Anne-Dieudonnée*, ép. *Michel* MAURIN, chevalier, seigneur de Villeroy, capitaine de cavalerie au service de France.

5° *Catherine*, ép. en 1680 *Nicolas* MANDRE, d'où postérité rapportée ci-après. (Voir Gén. I.)

IX. — *François* HORDAL DU LYS, écuyer, seigneur de Vannecourt, né en 1654, conseiller au parlement de Metz, où il fut reçu le 2 mai 1698, mort en 1732, ép. *Dieudonnée* DE FLAVIGNY, morte en 1703, d'où :

1° *Antoinette*, née en 1689, ép. *Frédéric* LE DUCHAT, écuyer, conseiller au parlement de Metz, d'où postérité rapportée ci-après (voir Gén. J) ;

2° *Pierre-François*, né en 1689 ;

3° *François*, né en 1691 ;

Morts tous deux sans alliance.

Après la mort de sa première femme, *François* HORDAL DU LYS ép. en 1718 *Marguerite* DE TAILLEFUMYR, fille de *Charles* DE TAILLEFUMYR, seigneur de Moranville, procureur général de la Cour souveraine de Lorraine, et de *Henriette* DE MAGERON. Il n'en eut pas d'enfants.

VII. — *Charles* HORDAL DU LYS, second fils de *Jean I*er et de *Sibile* ESTIENNE, écuyer, conseiller d'État de Lorraine, ép., par contrat du 15 décembre 1633, à Pont-à-Mousson, *Marie* RICHARD, petite-fille de *Jean* MAULJEAN, maître-échevin de cette ville, d'où :

VIII. — *Charles II* Hordal du Lys, écuyer, capitaine au régiment de Roze, ép. *Gabrielle* de Jensse; mort sans postérité.

IV. — *Jean-Étienne* Hordal, second fils d'*Étienne* et d'*Helwide* du Lys, mort en 1575, ép. *Alix* de Tannoys, d'où :

1° *Claude*, prêtre, curé de Mézières; 2° *Henry*, 3° *Simon*, 4° *Antoine*, 5° *Érard*, qui suit;

6° *Sébastien*, prêtre, curé d'Andilly;

7° *Marie*, ép. *Didier* Guillot, d'où postérité rapportée ci-après (voir Gén. K);

8° *Jeanne*, ép. *Didier* Aubert, morte sans hoirs;

9° *Étienne*, chanoine et grand-doyen de l'église de Toul en 1569, qui fonda la chapelle de Notre-Dame-de-Consolation à Lucey, celle de Notre-Dame de Barisey-au-Plain, fit son testament le 18 avril 1612;

10° *Barbe*, ép. *Didier* Roger;

11° *Claude*, ép. *Vaultier* d'Ourches, dit de Savigny;

12° *Nicole*, ép. *Bernard* Mauljean, d'où postérité rapportée ci-après. (Voir Gén. L.)

V. — *Érard* Hordal du Lys, ép. *Claudon* Frémy, alias *Claudette* Frémyn, d'où :

1° *Étienne*, chanoine et grand-doyen de la cathédrale de Toul, mort en 1636;

2° *Alix*, ép. *François* Henry;

3° *Sébastienne*, ép. *Claude* de Gratas, écuyer, ingénieur du roi, d'où postérité rapportée ci-après (voir Gén. M);

4° *Mangeon*, ép. *Pierre* Pagel, d'où postérité rapportée ci-après (voir Gén. N);

5° *Claudine*, ép. *Jean* MARCHAL, d'où postérité rapportée ci-après (voir Gén. O);

6° *Pierre*.

VI. — 7° *Nicolas* HORDAL DU LYS, écuyer, ép. demoiselle *Barbe* DESGABETS D'ANCEMONT, d'où :

VII. — *Jeanne* HORDAL DU LYS, morte le 10 décembre 1690, ép. messire *Nicolas* DURAND DE DIEULX, écuyer, lieutenant-général en la mairie du ban de Dugny, d'où postérité rapportée ci-après. (Voir Gén. P.)

GÉNÉALOGIE F. — *Descendance de Jeanne du Lys et de François de Villebresme* [1].

III. — *Jeanne* (alias par erreur *Catherine*) DU LYS, ép. *François* DE VILLEBRESME, receveur du domaine d'Orléans, originaire de Blois, d'où :

IV. — *Marie* DE VILLEBRESME, ép. *Jacques* LE FOURNIER, d'où postérité. (Voir Gén. Q.)

GÉNÉALOGIE G. — *Descendance de Catherine du Lys et de Georges Haldat.*

III. — *Catherine* DU LYS, ép. *Georges* HALDAT, capitaine d'infanterie au service de France, d'où :

IV. — *Jacques* HALDAT DU LYS, écuyer, né le 10 mai 1508, avocat au Parlement de Paris, ép. le 6 juin 1544 *Susanne* RAULIN, fille de *Gaspard* RAULIN et de feue *Françoise* DE BAR, d'où :

---

[1]. La famille du grand poète Alfred de Musset compte parmi ses ancêtres Marie de Villebresme, qui épousa Denis de Musset en 1449. Cette Marie, fille de Macé de Villebresme, était cousine de François de Villebresme.

V. — *Jean* HALDAT DU LYS, écuyer, receveur de la ville et comté de Clermont, ép., par contrat du 12 mai 1590, *Anne* PIÉRAT, fille de feu *Bernard* PIÉRAT, avocat au Parlement, et d'*Élisabeth* MAILLARD, d'où :

VI. — *Antoine* HALDAT DU LYS, né le 2 avril 1597, capitaine de la ville et du ban de Bar-le-Duc, ép. demoiselle *Marie* LALLEMANT, d'où :

    1º *Antoine*, qui suit ;

    2º *Étienne* HALDAT DU LYS, chanoine et official de la cathédrale, conseiller au bailliage de Toul.

VII. — *Antoine II* HALDAT DU LYS, né le 30 juin 1626, écuyer, seigneur de Bonnet et de Moranlieu, commissaire royal de Bar-le-Duc, mort le 25 mars 1693 ép. en premières noces *Anne* PIERROT, morte le 11 février 1671, d'où :

    1º *Anne* HALDAT DU LYS, ép. le 20 septembre 1665 *Georges* MACQUART, d'où postérité (voir Gén. T) ;

    2º *Jean* HALDAT DU LYS, qui suit ;

    3º *Louise Françoise* HALDAT DU LYS, née le 5 avril 1660, mariée 1º à *Jacques* REMY, le 16 février 1673, et 2º à *Joseph* MARCHAND DE MILLY, gendarme de la garde du roi, d'où postérité (voir Gén. U) ;

    4º *Christine* HALDAT DU LYS, née le 16 décembre 1663, ép. *Bernard* BERTRAND, seigneur de Tourailles, d'où postérité (voir Gén. V) ;

    5º *Antoine-François* HALDAT DU LYS, seigneur de Moranlieu, né le 11 janvier 1668, mousquetaire, puis gentilhomme de la chambre du roi, marié à Paris, le 13 décembre 1695, avec demoiselle *Françoise* JOURDAIN, de Châlons, dont une fille N. HALDAT DU LYS, ép. le comte de LAVAULX ;

    6º *Louis-Dominique*, né le 22 avril 1670, chanoine de l'église collégiale de Châblis.

Antoine II Haldat du Lys, ép. en deuxièmes noces *Jeanne-Madeleine* Michaut, d'où :

7° *Madeleine* Haldat du Lys, née le 23 décembre 1679, ép. *Jacques* Desprez, seigneur de la Salle, receveur des traites à Bar-le-Duc, et conseiller du roi à Vitry ;

8° *Jeanne* Haldat du Lys, née le 15 septembre 1680, religieuse à Toul ;

9° *Charlotte* Haldat du Lys, née le 4 décembre 1683, ép. *Hyacinthe* de Thabouret de Crespy, écuyer, capitaine d'infanterie, chevalier de Saint-Louis, d'où postérité (voir Gén. X) ;

10° *Marie* Haldat du Lys, morte sans alliance.

VIII. — *Jean II* Haldat du Lys, né le 20 janvier 1654, écuyer, seigneur de Bonnet et de la Tour-Saint-Blaise, prévôt, gruyer, et receveur de Gondrecourt, ép. en premières noces, le 3 novembre 1673, *Marguerite* Vaillant, d'où : 1° *Anne* Haldat du Lys.

IX. — 2° *Antoine III*, seigneur de la Tour-Saint-Blaise, chevau-léger de la garde de S. A., ép. *Marie-Thérèse* Guillemin, d'où :

1° *Jean III* Haldat du Lys, qui suit ;

2° *Joseph*, ép. N. de Martinet ;

3° *Marie-Josèphe*, religieuse à Notre-Dame de Gondrecourt ;

4° *Thérèse*, ép. *Hyacinthe-Sébastien* de Curel, écuyer, lieutenant de la prévôté de Gondrecourt ;

5° *Angélique*, 6° *Marie-Anne*, mortes sans alliance.

X. — *Jean III* Haldat du Lys, capitaine d'infanterie au service de France, au régiment de Dombasle, ép. *Marguerite* Gérardin, d'où :

1° *Jeanne-Charlotte*, ép. *François-Louis* Lamèche, de Stainville ;

2° *Thérèse*, morte sans alliance ;

3° *Marie-Barbe*, religieuse ;

4° *Marie-Marguerite*, ép. Jean-François-Florentin VAULTIER, de Bar-le-Duc ;

5° *François*, seigneur de la Tour-Saint-Blaise, capitaine au régiment de Normandie infanterie, chevalier de Saint-Louis, mort sans alliance.

VIII. — *Jean* II HALDAT DU LYS, ép. en deuxièmes noces, le 22 septembre 1682, *Marie-Françoise* MYNETTE, fille de *Jean-Dominique* MYNETTE, écuyer, lieutenant particulier au bailliage de Gondrecourt, et demoiselle *Charlotte* MARCHAL, d'où :

3° *Nicolas-Alexandre*, qui suit ;

4° *Jean-Gabriel*, chanoine de Chablis, chapelain de Notre-Dame de Gondrecourt, et curé du Petit-Loupy et Genicourt ;

5° *François-Daniel* HALDAT DU LYS, conseiller au bailliage de Saint-Michel, seigneur d'Ouche, Salmagne et Bonnet en partie, ép. en premières noces *Jeanne* VAILLANT, morte le 3 octobre 1742, d'où : quatre filles mortes sans alliance ;

Et, en deuxièmes noces, *Léopoldine-Charlotte-Élisabeth* DE RAAB, veuve de *Christophe* VAUTRIN, médecin à Commercy, morte sans postérité ;

6° *Christophe* HALDAT DU LYS, écuyer, cadet gentilhomme de S. A. R., lieutenant au régiment de Blaisois, ép. le 12 janvier 1728 *Françoise* DE COURTOIS, fille de *Charles-Joseph* DE COURTOIS, lieutenant des gardes de S. A. R., et de *Marie* DE VERNET, d'où : 1° *Antoine*, récollet ; 2° *Charles*, bénédictin ; 3° *Dominique*, cordelier ;

7° *Agathe*, ép. *Henri* DE COURTOIS DE MORANCOURT, écuyer, seigneur de Braux et Naives-en-

Blois en partie, d'où une fille mariée à *Charles-Hyacinthe* DE PIAT DE BRAUX (voir Gén. Z);

8° *Marie-Charlotte*, ép. messire *Louis* DE ROUSSEL, écuyer, seigneur de Vigne, conseiller au bailliage de Gondrecourt, prévôt de Demange-aux-Eaux, d'où *Gabriel* DE ROUSSEL, curé de Bonnet;

9° et 10° Deux enfants morts en bas âge.

IX. — *Nicolas-Alexandre* HALDAT DU LYS, écuyer, seigneur de Bonnet, prévôt gruyer et capitaine de Gondrecourt, né le 10 décembre 1686, ép. le 28 septembre 1711 demoiselle *Françoise* DU PARGE, fille de feu messire *Joseph* DU PARGE, avocat au Parlement et receveur de Gondrecourt, et de demoiselle *Anne* DE VERNET, d'où :

1° *Françoise-Claire*, née le 12 juin 1716, morte le 24 août 1786, épouse le 14 mai 1736 *François* ALEXANDRE, avocat à la cour, receveur des finances de S. A., capitaine et prévôt de Gondrecourt, rapporté ci-après (voir Gén. S);

2° *Marie-Anne*, née le 16 décembre 1728, épouse : 1° le 20 mai 1752 *Charles* BAUDE, capitaine au régiment de Chartres cavalerie, chevalier de Saint-Louis, créé comte DE LATRAN, le 25 février 1755; 2° le 12 novembre 1776, en secondes noces, messire *Jacques-Christophe* DE VALLERON; morte sans postérité.

GÉNÉALOGIE H. — *Descendance de Françoise du Lys et de Louis Quatrehommes.*

VII. — 1° *Françoise* DU LYS, ép. *Louis* QUATREHOMMES, conseiller en la cour des aides, et nommé pour services rendus tant en la cour des aides, qu'en diverses autres occasions, conseiller d'État et membre du conseil privé des finances le 31 janvier 1650, d'où :

1° *Charles* QUATREHOMMES DU LYS, mort sans postérité, de *Marguerite* PICOT, avant 1697.

VIII. — 2° *Marie* QUATREHOMMES, morte le 24 avril 1717, ép. le 3 janvier 1654, *Achille* DE BARENTIN, seigneur de Mons en Poitou, et conseiller au Parlement de Paris, mort le 17 janvier 1698, d'où :

1° *Marie* DE BARENTIN, née le 6 novembre 1655, religieuse aux Ursulines de Passy, morte le 4 avril 1683 ;

2° *Anne* DE BARENTIN, née le 2 juillet 1652, rapportée ci-après ;

3° *Louis* DE BARENTIN, né le 2 septembre 1658, mort à Aigues-Mortes, le 23 août 1692, capitaine dans le régiment de Navarre ;

4° *François-Achille* DE BARENTIN, né le 7 mai 1660, mort à Jonron le 24 juin 1716 ;

5° *Charles* DE BARENTIN, né le 13 juillet 1661, capitaine pendant neuf ans dans le régiment de dragons du roi, devenu en 1696 mestre de camp d'un régiment de cavalerie, tué à la bataille de Malplaquet, le 31 septembre 1709 ;

6° *Marguerite-Léonore* DE BARENTIN, née le 5 août 1662, religieuse aux Ursulines de Passy, décédée le 18 juillet 1695 ;

7° *Nicolas* DE BARENTIN, né le 18 février 1664, mort à Mons en Poitou, le 27 avril 1718 ;

Et quatre autres enfants nés de 1666 à 1670, et morts en bas âge. De ces onze enfants :

X. — *Anne* DE BARENTIN seule eut postérité ; elle ép. le 3 août 1684, par contrat du 2 août passé devant Mᵉ Levèque, notaire à Paris, *Jacques* DE TARDIEU, chev^r, marquis DE MALEISSYE, capitaine au régiment des gardes françaises, lieutenant de roi de Compiègne, seigneur de Mons, de Rivecour et autres lieux, mort à Rivecour le 17 septembre 1694. Il était fils de *Charles-Gabriel* DE TARDIEU, chevalier, marquis DE MALEISSYE et DE MELLEVILLE, conseiller d'État ordinaire du roi en ses conseils privés et ses finances, 1656; maréchal des camps et armées de Sa Majesté, 1667; lieutenant au gouvernement des ville, citadelle et province de Pignerol, mort en 1690, et de *Geneviève* HÉBERT DE BUC.

Anne DE BARENTIN mourut le 13 janvier 1728, à 71 ans.

De ce mariage vinrent :

1º *Achille-François* DE TARDIEU, marquis DE MALEISSYE, né à Paris le 22 avril 1685, tué en Flandre le 17 août 1710;

2º *Charles-Gabriel* qui suit;

3º *Jacques-François* DE TARDIEU, comte DE MALEISSYE, seigneur de Meaux, près Compiègne, etc., né le 29 septembre 1690, mort le 10 juin 1738, avait épousé le 11 septembre 1728 *Marguerite-Françoise* DE HÉÈRE, fille de *Claude-Denys* DE HÉÈRE, seigneur de Barneville, lieutenant aux gardes françaises, et de *Marie-Anne* DE LA MOTHE D'AUNOY, dont il n'eut pas d'enfants;

5º *Louis-René* DE TARDIEU, né le 11 février 1694, ecclésiastique.

X. — *Charles-Gabriel* DE TARDIEU, marquis DE MALEISSYE, né le 6 août 1687, seigneur de Mons, de Rivecour et autres lieux, enseigne de vaisseau, chevalier de Saint-Louis, lieutenant de roi de Compiègne, mort le 27 juin 1756, avait épousé le 9 février 1723 (et par contrat du 8 février devant

Me Bougainville, notaire à Paris), *Anne-Philiberte* DE BARILLON D'AMONCOURT, dame de Maugarny, morte le 4 février 1765. — Elle était fille d'*Antoine* DE BARILLON D'AMONCOURT, marquis de Branges, seigneur de Muncy, Morangis et autres lieux, conseiller au Parlement de Paris, et de *Anne* DOUBLET DE PERSAN, et petite-fille de ce BARILLON qui fut longtemps ambassadeur de Louis XIV en Angleterre, l'ami de Mme de Sévigné, et à qui La Fontaine dédia une de ses fables.

De cette alliance sont issus :

1° *Anne-Philiberte*, née le 4 juillet 1724, morte le 20 mars 1728 ;

2° *Antoine-Charles*, qui suit ;

3° *Charles-Philibert* DE TARDIEU, comte DE MALEISSYE, seigneur de Maugarny, chevalier de Malte, chevalier de Saint-Louis, lieutenant puis capitaine aux gardes françaises, mort en 1679, épousa en 1769 N. SYLVA, fille d'*Adrien* SYLVA, conseiller au Parlement de Paris, et de *Marie-Antoinette* DE COUET, laquelle n'eut pas de postérité.

4° *Charlotte-Thérèse*, née le 28 janvier 1732, mariée le 18 septembre 1753, à *Étienne-Jean-Bernard* DE CLUGNY, baron de Nuits-sur-Armançon, mort contrôleur général des finances en 1776, dont un fils, mort jeune, et une fille mariée au comte DE LOHÉAC. (Postérité éteinte.)

XI. — *Antoine-Charles* DE TARDIEU, marquis DE MALEISSYE, seigneur de Mons, de Rivecour, de l'Isle Jourdain, du Vigean et de Fontaine-les-Ribouts, lieutenant de roi de Compiègne, etc., etc. ; capitaine aux gardes françaises en 1777 ; brigadier d'infanterie, 1780 ; maréchal de camp, 1er janvier 1782 ; lieutenant général, 1789 ; chevalier de Saint-

Louis dès 1760 ; nommé par le roi pour présider en 1787 les élections de Confolens, député de la noblesse aux États-Généraux de 1789 pour le bailliage de Châteauneuf en Thimerais. Il avait épousé le 16 mars 1259 *Élisabeth-Marie* DE PAIGNON, fille de *Jean-Baptiste* DE PAIGNON et de *Marie-Anne* DE PÉRICHON, dont il eut huit enfants ci-après rapportés.

Le marquis DE MALEISSYE, sa femme et deux de leurs filles, la baronne DE BOIS-BÉRENGER, et mademoiselle DE MALEISSYE, moururent sur l'échafaud révolutionnaire le 21 messidor an II. Toutes les histoires et les mémoires sur la Révolution parlent de l'héroïsme et de la mort de la baronne DE BOIS-BÉRENGER et de mademoiselle DE MALEISSYE. (Lacretelle, *Hist. du* XVIIe *siècle*, t. XII, p. 52. — Riouffe, *Almanach des prisons*. Samson, Campardon, Wallon, etc., etc.)

1° *Marie-Anne-Charlotte*, née le 1er novembre 1760, mariée le 2 juillet 1781 au marquis DE GOULAINE, et en secondes noces au comte DE LOSTANGE, décédée à Paris en 1837 sans avoir eu d'enfants ;

2° *Antoinette-Élisabeth*, née le 28 janvier 1762, morte en bas âge ;

3° *Antoine-Charles-Marie-Anne* DE TARDIEU, comte puis marquis DE MALEISSYE, né à Paris le 26 avril 1764, gouverneur de Civray en 1766, lieutenant aux gardes, émigré, fit partie de l'armée des Princes, chevalier de Saint-Louis en 1796, colonel de la légion de l'Indre en 1815, maréchal de camp en 1818, décédé à Paris le 11 novembre 1851, enterré à Picpus. — Il épousa à Lisbonne, le 29 mars 1800, *Thérèse-Jeanne-Marie-Hortense* DE LUC, décédée sans enfants le 14 mars 1826, enterrée à Picpus.

4° *Charlotte-Hyacinthe*, née le 20 juin 1765, mariée le 1er juillet 1785 au baron DE BOIS-BÉRENGER, morte sur l'échafaud révolutionnaire sans postérité.

XII. — 5° *Charles-François* DE TARDIEU, vicomte DE MALEISSYE, né le 6 mars 1767, entré dans la marine en 1780, lieutenant de vaisseau en 1789, émigré, servit à l'armée des Princes, chevalier de Saint-Louis en 1798, capitaine de vaisseau en 1815, mort en 1849. Il avait épousé à Versailles, le 17 septembre 1810, *Henriette* DESCHAMPS DE RAFFETOT, morte en 1815, d'où :

1° Un fils mort en bas âge.

XIII. — 2° *Antoine-Charles* DE TARDIEU, marquis DE MALEISSYE, né le 21 octobre 1812, marié le 16 décembre 1833, à *Léonie* DE ROBERT D'AQUÉRIA DE ROCHEGUDE, fille du marquis DE ROCHEGUDE, et de N. DE CAPELLIS, d'où :

XIV. *Marie-Joséphine*, née le 2 juin 1835, mariée le 23 septembre 1854 à *Eustache Rainulphe*, comte D'OSMOND, dont :

XV. — *Marie-Eustache Osmon*, comte D'OSMOND, né le 23 août 1855.

6° *Claire-Félicité*, née le 8 mai 1771, morte en 1793 sur l'échafaud révolutionnaire avec son père, sa mère et sa sœur.

7° et 8° Deux *Aristarque-Marie*, l'un mort en bas âge, l'autre qui suit.

XII. — *Aristarque-Marie* DE TARDIEU, comte DE MALEISSYE, né le 8 août 1773, entré dans la marine en 1789, émigra, servit à l'armée des Princes, chevalier de Saint-Louis en 1814, lieutenant-colonel d'infanterie en 1815, démissionnaire en 1818, mort en 1847 au château de Percey (Yonne). Il avait épousé à Paris, le 18 avril 1803, *Charlotte-Eulalie* des Nos, fille du comte des Nos, et de H. de Romance, morte à Versailles en 1851, d'où :

1º *Charles-Étienne*, qui suit ;

2º *Alfred-Aristarque*, vicomte de Maleissye, né à Paris le 13 mars 1806, élève à l'école militaire de Saint-Cyr en 1824, sous-lieutenant de dragons démissionnaire en 1830, mort au château de Percey, le 19 juillet 1832, victime de son dévouement aux cholériques.

XIII. — 3º *Antoine-Eugène-Arthur-Conrad* de Tardieu, vicomte de Maleissye, né à Percey (Yonne) le 22 octobre 1811, mort à Percey le 24 décembre 1873, marié le 22 mai 1843 (contrat devant Mᵉ Cahouet, notaire à Paris) à *Léonine* Le Pelletier des Forts, fille de *Nicolas-Michel*, comte Le Pelletier des Forts, et de *Léonine-Henriette* de Baert, morte à Château-Renard (Loiret), le 10 décembre 1872, d'où :

XIV. — 1º *Henriette*, née à Paris le 1ᵉʳ janvier 1846, mariée en avril 1869 à *Albert* du Fresne, vicomte de Virel, fils de N., comte de Virel, et de N. de Pont-Bellanger, d'où quatre enfants ;

2º *Marguerite*, née à Percey (Yonne), le 20 septembre 1852.

XIII. — *Charles-Étienne* de Tardieu, comte de Maleissye, né à Paris le 4 juin 1804, élève à l'école militaire de Saint-Cyr en 1822, lieutenant d'état-major, mis deux fois à l'ordre du jour de l'armée pour sa belle conduite pendant la conquête d'Alger ; sa nomination comme chevalier de Saint-Louis était à la signature du roi quand éclata la révolution de 1830. (*Hist. des chev. de Saint-Louis,*

t. III, p. 318.) Démissionnaire en 1830, a fait, comme volontaire amateur, sans solde ni grade, la campagne de la Loire en 1870, et pris part, dans l'état-major du général Chanzy, à la bataille du Mans. Mort au château d'Houville, près Chartres, le 1er novembre 1872. Il avait épousé le 29 février 1832 (contrat devant Me Robin, notaire à Paris, le 22 février 1832) *Léontine-Charlotte* DE TULLE DE VILLEFRANCHE, morte le 27 avril 1869, fille de *Guy-Dominique* DE TULLE, marquis DE VILLEFRANCHE, ancien pair de France, démissionnaire en 1830, et d'*Alexandrine* DE LANNOI (petite-fille de LANNOI, vice-roi de Naples, à qui François Ier voulut à Pavie remettre son épée).

De ce mariage sont issus :

XIV. — 1° *Arthur* DE TARDIEU, comte DE MALEISSYE, né à Looze (Yonne), le 6 avril 1833, élève à l'école militaire de Saint-Cyr, 1853; officier de cuirassiers démissionnaire en 1860, chef de bataillon des mobiles d'Eure-et-Loir en 1870, chevalier de la Légion d'honneur après les combats de Marchenoir, lieutenant-colonel du 30e régiment d'infanterie de l'armée territoriale, a épousé le 23 septembre 1857 (contrat devant Me Fourchy, notaire à Paris) *Constance* DE LAFRESNAYE, fille de *Hilaire*, comte DE LAFRESNAYE, ancien colonel de cavalerie, et d'*Élisa* DE CHAPPEDELAINE, d'où : 1° *Étienne*, né à Luc-sur-Mer (Calvados), le 31 juillet 1858; 2° *Léon*, 3° *Jeanne*;

2° *Eugène* DE MALEISSYE, né à Looze (Yonne) le 15 novembre 1834, mort à l'école militaire de Saint-Cyr, le 1er août 1855;

3° *Aristarque*, comte de MALEISSYE, né à Looze (Yonne) le 6 septembre 1838, marié le 14 septembre 1864 à *Marie* HURAULT DE VIBRAYE, fille de *Paul* HURAULT, marquis de VIBRAYE, et de N. de LOMÉNIE DE BRIENNE, d'où : 1° *Charlotte*, morte en bas âge ; 2° *Léontine*, 3° *Geneviève*;

4° *Henri*, comte DE MALEISSYE, né à Looze (Yonne) le 1ᵉʳ janvier 1842, mort à Houville le 20 avril 1871. Il avait épousé le 5 septembre 1868 *Augustine* DE MONTEBISE, fille de N. BERNARD, marquis DE MONTEBISE, ancien colonel d'infanterie, et de N. DE TRAZEGNIES, sans postérité.

5° *Conrad*, comte DE MALEISSYE, né à Looze (Yonne), capitaine au 1ᵉʳ bataillon des mobiles d'Eure-et-Loir en 1870, chevalier de la Légion d'honneur en 1871, a épousé le 8 juin 1874 (contrat devant Mᵉˢ Corard et Dufour, notaires à Paris, du 4 juin 1874) *Jeanne* DE MAILLY-CHALON, fille d'*Anselme*, comte DE MAILLY-CHALON, chef de bataillon des mobiles de la Sarthe, blessé à Varize le 3 décembre 1870, mort de ses blessures le 13 décembre suivant, à l'hôpital de Châteaudun, et de *Valérie* DE MAUPEOU, d'où : *Charles-Anselme-Marie*, né à Paris le 18 mars 1875, et *Madelaine*, née à Paris le 14 mai 1877.

GÉNÉALOGIE I. — *Descendance de Catherine Hordal et de Nicolas Mandre*

IX. — *Catherine* HORDAL DU LYS, ép. en 1680 *Nicolas* MANDRE, d'où :

X. — *Pierre* MANDRE, né en 1683, ép. *Marie-Jeanne* VAULTHIER en 1710, d'où :

XI. — *Nicolas* MANDRE, né en 1714, ép. en 1739

GÉNÉALOGIE.

Catherine VALLIN, née en 1720, fille du chirurgien-major de Royal-Allemand, morte en 1816, d'où :

XII. — 1° *François* MANDRE, curé de Danvillers ; 2° *André* MANDRE, fixé à Liége et avocat distingué, mort à Paris sans alliance ; 3° *Barbe* MANDRE, née en 1750, ép. en 1772 *Joseph* VILLIAUMÉ, né à Tendon (Vosges), bourgeois de Pont-à-Mousson, d'où :

Cinq fils dont un seul eut postérité.

XIII. — *François-Gérard* VILLIAUMÉ, né en 1785, mort en 1871, ép. en 1813 *Catherine* PILOTELLE, de Commercy, de la famille des anciens comtes de Sorcy, d'où :

XIV. — 1° *Nicolas* VILLIAUMÉ, né en 1814, avocat, économiste, historien de Jeanne d'Arc et de la Révolution française (Paris) ;

2° *Barbe-Joséphine* VILLIAUMÉ, née en 1818, ép. en 1847 M. CARMOUCHE, receveur de l'enregistrement à Nancy, d'où deux filles, *Blanche* et *Jeanne* CARMOUCHE, la dernière mariée à M. *Victor* WINTHER, lieutenant de vaisseau.

GÉNÉALOGIE J. — *Descendance d'Antoinette Hordal et de Frédéric le Duchat*[1].

X. — *Antoinette* HORDAL DU LYS, née en 1689, morte en 1757, ép. *Frédéric* LE DUCHAT, né le 16 octobre 1683, écuyer, seigneur de Mancourt, la Grange-aux-Bois, Adaincourt et Vannecourt, conseiller au

---

1. Famille originaire de Champagne, où elle était connue depuis le xve siècle, établie à Metz, où elle n'a cessé d'occuper une situation des plus honorables.

parlement de Metz, mort le 5 avril 1746, fils de *Gédéon* LE DUCHAT, conseiller au même parlement, et de *Marie* DE LALOUETTE DE VERNICOURT. Naquirent de ce mariage trois fils, MM. Le Duchat de Flanville, de Chaùry et de Mancourt, et trois filles, qui seront successivement rapportés.

XI. — 1° *Gédéon* LE DUCHAT, sieur de Flanville et d'Aubigny, seigneur de Mancourt, né à Metz le 25 juin 1712, conseiller au parlement de Metz, ép. le 18 mai 1745 *Anne-Marie-Claire* DE BAIGNAULT, petite-fille d'un conseiller à la Chambre des comptes, d'où plusieurs enfants, parmi lesquels :

a. *Paul* LE DUCHAT DE FLANVILLE, qui suit.

b. *Antoinette* LE DUCHAT, ép. *Paul* DURAND, sieur de Villers, lieutenant-colonel au régiment de Rouergue, dont la postérité est rapportée ci-après.

c. *Suzanne* LE DUCHAT, ép. *Pierre-Nicolas-Laurent* DU BALAY, lieutenant-colonel du régiment de Dauphiné, d'où *Jean* DU BALAY, conseiller à la cour de Metz, mort sans postérité de mademoiselle *Fanny* DE SALSE, sa femme.

XII. — *Paul* LE DUCHAT DE FLANVILLE, seigneur d'Aubigny, né le 28 août 1749, avocat au parlement de Nancy, puis de Metz, ép. *Jeanne* DE FÉRON, d'où :

XIII. — *Gédéon* LE DUCHAT D'AUBIGNY, né en 1776, chevalier de Saint-Louis et de la Légion d'honneur, ancien officier à l'armée de Condé, mort à Nancy en 1851, ép. *Marie-Antoinette* LE CLERC, d'où :

XIV. — *Michel-François-Louis* LE DUCHAT D'AUBIGNY, né à Nancy en 1815, mort en la même ville le 3 janvier 1854, ép. *Barbe-Joséphine-Amélie* ALLIER, d'où :

XV. — Une fille, demoiselle *Nancy* LE DUCHAT, et

un fils, *Nicolas-Paul-Gédéon* LE DUCHAT D'AUBIGNY, né le 4 décembre 1845, ancien officier des haras, ép. *Marie-Françoise* GEORGIN DE MARDIGNY, d'où un fils, *Laurent-Louis-Gédéon*, né le 2 juin 1876.

XI. — 2° N. LE DUCHAT DE CHAÜRY, ép. demoiselle N., d'où plusieurs enfants, dont deux ont postérité.

XII. — a. *Anne* LE DUCHAT, ép. N. ROGER DE CHESNY, officier au régiment d'Aunis, d'où un fils, *Jacques-Philippe-Charles*, capitaine d'infanterie, marié à *Henriette* DE MALHERBE, et mort sans postérité.

b. N. LE DUCHAT, ép. demoiselle ÉVRARD, d'où une fille mariée à M. VAN DEN BROUCK, dont un fils.

XI. — 3° N. LE DUCHAT DE MANCOURT, ép. demoiselle INGUIMBERT DE PRADMIRAL, d'où :

XII. — a. *Benjamin* LE DUCHAT DE MANCOURT, ép. demoiselle DE MARIONELZ, d'où : *Joseph-François* LE DUCHAT, chef d'escadron d'état-major en retraite, officier de la Légion d'honneur, habite Gorze ;

b. *Suzanne* LE DUCHAT, ép. N. DE MARIONNELZ, d'où :

Édouard DE MARIONNELZ, à Gorze.

XI. — *Antoinette* LE DUCHAT, morte le 10 mai 1825, ép. par contrat du 18 novembre 1771, *Paul-François* DURAND DE VILLERS, né le 5 février 1737, chevalier de Saint-Louis, capitaine au régiment de la Marine, puis lieutenant-colonel du régiment de Rouergue, mort le 11 février 1803, d'où : 1° *Charles*, qui suit ; 2° *Paul*, 3° *François*, qui seront successivement rapportés.

XII. — *Charles* Durand de Villers, né le 1ᵉʳ octobre 1772, officier au régiment de Bretagne, plus tard lieutenant-colonel de cavalerie, chevalier de Saint-Louis et de la Légion d'honneur, ép. le 19 décembre 1822 *Anne-Hortense* de Tinseau, morte le 5 août 1850, d'où :

XIII. — *Antoinette* Durand de Villers, née le 8 septembre 1823, ép. le 2 janvier 1844 *Paul* Georgin de Mardigny, ingénieur en chef des ponts et chaussées, officier de la Légion d'honneur et de la Couronne de chêne des Pays-Bas, savant distingué, mort à Nancy en 1873, d'où :

XIV. — a. *Joseph-Laurent-René* de Mardigny, né en 1848, substitut près la cour d'assises des Vosges ;

b. *Laurent-Raymond* de Mardigny, né en 1852, lieutenant au 38ᵉ de ligne ;

c. *Marthe* de Mardigny, mariée à N. Frogier de Pontlevoy, ancien officier supérieur du génie, député des Vosges.

XII. — *Paul* Durand de Villers, né le 17 septembre 1773, lieutenant-colonel de cavalerie, chevalier de Saint-Louis, mort le 6 août 1828, ép. *Constance* Charuel, d'où :

XIII. — 1° *Jean-Jacques-Paul* Durand de Villers, né le 28 décembre 1814, général de division du génie, commandeur de la Légion d'honneur, ép. le 18 février 1846 *Julie-Agnès-Euphrosine* Bergognié, morte le 17 novembre 1871, d'où deux filles, *Madeleine* et *Marie*, cette dernière mariée à M. de Regnauld de Lannoy de Bissy, capitaine du génie ;

2° *Charles-Eugène* Durand de Villers, général de brigade, commandeur de la Légion d'honneur, né le 16 janvier 1816, ép. en 1848 demoiselle

Élisa Pelletier, fille du lieutenant-général baron Pelletier, grand-croix de la Légion d'honneur, d'où cinq enfants : 1° *Edgard*, attaché au cabinet du ministre de la guerre ; 2° *Paul*, capitaine de cavalerie, chevalier de la Légion d'honneur ; 3° *Henry*, receveur des finances ; 4° et 5° *Sophie* et *Augusta*;

3° *Anna* Durand de Villers, née le 3 décembre 1818, ép. le 2 février 1838 *Philippe-Hyacinthe*, baron de Saint-Vincent, président de chambre à la cour de Nancy, d'où : une fille, *Constance*, ép. N. Hubert, maître de forges, d'où postérité, et un fils, *Eugène*, juge d'instruction à Saint-Mihiel, ép. demoiselle Poirson, d'où postérité.

XII. — 3° *François* Durand de Villers, né à Thionville le 7 septembre 1778, mort le 17 mai 1844, ép. demoiselle Dorival du Houleux, d'où :

XIII. — 1° *Ernest* Durand de Villers, né le 7 novembre 1810, conservateur des eaux et forêts à Chambéry, ép. le 5 juillet 1853 *Marie-Thérèse-Ernestine* Denizot de Thieriet, d'où : deux filles, *Jeanne* et *Marie*;

2° *Paul-Gaston* Durand de Villers, officier de la Légion d'honneur, commandant du génie, né le 12 octobre 1812, ép. le 8 juin 1843 *Célestine* de Montagnac, d'où *Lucien-Léon* Durand de Villers, né en 1844, chevalier de la Légion d'honneur, capitaine du génie, tué au siège de Paris, le 14 mai 1871;

3° *Adélaïde-Bathilde* Durand de Villers, née le 2 septembre 1808, ép. le 23 juillet 1833 *François-André-Léon-Emmanuel*, comte du Coëtlosquet, ancien capitaine de cavalerie, d'où : 1° *Marie*, religieuse du Sacré-Cœur; 2° *Pauline*, religieuse du Carmel; 3° *Thérèse*, ép. le baron DE CHICOYNEAU DE LA VALETTE, chef d'escadron d'artillerie, d'où postérité; 4° *Gaston*, vicomte DU COETLOSQUET, sous-inspecteur des forêts à Pont-à-Mousson, ép. *Sophie* DE RICHARD D'ABONCOURT.

XI. — *Anne* LE DUCHAT, fille de *Frédéric* et d'*Antoinette* HORDAL, ép. *Auguste-Charles-Louis* ANCILLON DE JOUY, conseiller au parlement de Metz, garde des sceaux de la chancellerie de ladite cour, d'où :

1° *Charles* ANCILLON D'AVEU, né le 11 avril 1750, conseiller au parlement de Metz, mort victime de la Révolution, sans alliance;

2° *Jean* ANCILLON DE JOUY, avocat au parlement, mort sans postérité;

XII. — 3° N. ANCILLON DE JOUY, ép. *Nicole* DURAND D'AULNOUX, d'où :

XIII. — 1° *Charles* ANCILLON DE BUY, officier supérieur de cavalerie, mort sans postérité;

2° *Jules* ANCILLON DE JOUY, ép. *Sydonie* DE LATOUCHE, d'où : a. *Marie* ANCILLON DE JOUY, ép. le baron REBILLOT, colonel d'artillerie, d'où : une fille; b. *Georges* ANCILLON DE JOUY, avocat;

3° *Clémentine* ANCILLON DE JOUY, ép. *Louis* DURAND, ancien officier supérieur d'infanterie, d'où : a. *Clémence*, ép. le baron DE BELFORT, dont un fils et une fille; b. *Charles* DURAND, capitaine d'artillerie de l'armée territoriale; c. *Charlotte* DURAND, à Maizeroy.

XI. — *Marthe* LE DUCHAT, fille de *Frédéric* et d'*Antoinette* HORDAL, ép. le 3 mai 1735 *Michel* DE

Saint-Blaise, sieur de Franclongchamps, conseiller au parlement de Metz, d'où :

1° *Jean-François-Louis*, qui suit ;

2° *Louis-Charles*, né en 1743 ;

3° *Benjamin*, né en 1748, lieutenant-colonel d'artillerie, ép. *Marie-Antoinette* de Jobal, mort en 1842 sans postérité.

XII. — *Jean-François-Louis* de Saint-Blaise, né en 1739, chevalier de Saint-Louis, chef de brigade d'artillerie, ép. demoiselle *Suzanne* de Leury du Proy, d'où trois filles :

XIII. — a. *Antoinette*, morte sans alliance ; b. *Louise*, ép. *Jean-Marie* de Warel de Beauvoir, maire de Thionville ; c. *Marthe-Philippine*, ép. *Charles* de Latouche, d'où, entre autres enfants :

XIV. — *Alfred*, mort en 1861, lieutenant-colonel d'infanterie ; *Gustave*, mort en 1855, capitaine d'infanterie ; *Adrien*, mort en 1856, chef d'escadron de hussards, et *Léopold* de Latouche, lieutenant-colonel d'artillerie, ép. *Louise* de Rességuier, d'où un fils et une fille.

Et trois filles : *Hortense*, ép. M. Chatillon, à Terville, d'où postérité ; *Sydonie*, ép. *Jules* Ancillon de Jouy (voir plus haut) ; *Anaïs*, ép. *Alexandre* de Nonancourt, d'où : *Arthur*, *Albert* et *Ernest* de Nonancourt, et trois filles, l'une religieuse, les deux autres mariées à MM. *Lyonel* de Tinseau, lieutenant-colonel d'artillerie, et *Jules* Passerat de Lachapelle, à Nancy.

GÉNÉALOGIE K. — Descendance de Marie Hordal et de Didier Guillot.

V. — *Marie* Hordal du Lys, ép. *Didier* Guillot, maître échevin de Saint-Epvre à Toul, d'où :

1° *Étienne* Guillot du Lys, chanoine de la cathédrale de Toul, mort le 18 août 1641;

2° *Dominique* Guillot du Lys, chanoine de la cathédrale de Toul, mort le 26 octobre 1626;

VI. — 3° *Marguerite* ou *Mangeotte* Guillot du Lys, ép. *Louis* Le Liepvre, échevin de Toul, d'où :

1° *Étienne* Le Liepvre[1] du Lys, archidiacre de Ligny, chanoine de la cathédrale de Toul;

2° *Marie;*

3° *Claudon,* religieuse de la congrégation Notre-Dame de Saint-Mihiel;

4° *Jeanne,* ép. *Claude* Odam, maître échevin de Toul;

VII. — 5° *Jean* Le Liepvre du Lys, baptisé à Toul le 5 novembre 1595, maître échevin de Toul, ép., par contrat du 13 janvier 1644, *Madeleine* Magnan, d'où :

1° *Christophe-Louis,* qui suit;

2° *François,* chanoine de la cathédrale de Toul;

3° *Thomas,* dont la généalogie est rapportée ci-après;

4° *Claudette,* ép. maître *Étienne* Loison, conseiller du roi, avocat au bailliage et présidial de Toul;

5° *Anne,* morte sans alliance.

VIII. — *Christophe-Louis* Le Liepvre du Lys, écuyer, avocat au parlement de Metz, né à Toul, le 10 août 1646, maintenu dans sa noblesse par arrêt

---

1. Il appartenait à une ancienne famille de Toul anoblie en 1532.

de l'intendant de Metz du 25 octobre 1674 (voir aux *Preuves*), ép., par contrat du 18 août 1669, *Catherine* Laurent, d'où :

IX. — *Étienne* Le Liepvre du Lys, écuyer, commissaire des guerres à Toul, marié par contrat, du 12 juin 1731 à *Marguerite* Geoffroy, d'où :

    1° *Marie-Marguerite*, qui suit;

    2° *Marie-Suzanne*, ép. *René-Charles* d'Archambault (voir ci-dessous).

X. — *Marie-Marguerite* Le Liepvre du Lys, ép. en 1761 *Charles* de Lépinau, commissaire des guerres à Toul, d'où :

XI. — *Charles-Étienne* de Lépinau, baron de l'Empire, maréchal de camp, ép. *Joséphine* Grégeois, d'où :

XII. — 1° *Théophile*, baron de Lépinau, ép. *Eugénie* de Pintheville, d'où : a. *Stéphen*, baron de Lépinau, officier des haras; b. *Eulalie* de Lépinau, ép. *N.* de Laborie, inspecteur des chemins de fer.

    2° *Ernest* de Lépinau, ép. *Nathalie* Brévillier, d'où : a. *Lucie* de Lépinau, ép. N. Costé, conseiller de préfecture à Nancy; b. *Claire* de Lépinau, ép. *Félix* Collenot, procureur de la République à Toul, d'où postérité;

    3° *Marie-Rose* de Lépinau, ép. en 1802 *François-Hubert* Symon de la Treiche, d'où : a. *Anne-Charlotte* Symon de la Treiche; b. *Marie-Marguerite-Hubertine* Symon de la Treiche, ép. *Louis* Vaucelle, capitaine en retraite à Chartres, d'où : *Stéphane* Vaucelle, contrôleur des contributions directes à Chartres.

X. — *Marie-Suzanne* Le Liepvre du Lys, ép. le 21 septembre 1762 *René-Charles* d'Archambault, officier au régiment de Navarre, chevalier de Saint-Louis, d'où : 1° une fille née en juillet 1763 ;

XI. — 2° *Charles-François* d'ARCHAMBAULT, officier au régiment de Navarre et chevalier de Saint-Louis, ép. *Thérèse* MORIZOT DE MARZY, d'où :

XII. — *Jacques* d'ARCHAMBAULT, inspecteur des forêts, chevalier de la Légion d'honneur, ép. *Marie-Adélaïde* GOUVION, d'où :

XIII. — 1° *Victor* d'ARCHAMBAULT, ancien capitaine de cavalerie, chevalier de la Légion d'honneur et de Notre-Dame de Guadaloupe ;

2° *Anne-Françoise-Amélie* d'ARCHAMBAULT, ép. *Gaston* de TINSEAU, avocat à Toul, d'où :

XIV. — *Antoine-Edgard* DE TINSEAU.

VIII. — *Thomas* LE LIEPVRE DU LYS, écuyer, ép. *Marguerite* GUILLOT, d'où :

1° *Anne* LE LIEPVRE DU LYS, qui suit ;

2° *Claudette* LE LIEPVRE DU LYS, ép. *Abraham-Louis* DE LESCURE, lieutenant-général de l'évêché de Metz, à Vic, d'où : *Louis-Claude* DE LESCURE de Sainte-Croix, né en 1712, conseiller au parlement de Metz, ép. *Anne* BERTRAND, d'où : *Laurent-Nicolas* DE LESCURE, né en 1740, avocat au parlement de Metz, ép. en 1766 *Marguerite-Charlotte* HUYN DE VERNÉVILLE, d'où : une fille mariée au baron DE BOURCIER, capitaine de cavalerie.

3° *François* LE LIEPVRE DU LYS, capitaine de cavalerie, ép. *Élisabeth* GUILLOT, sans postérité.

IX. — *Anne* LE LIEPVRE DU LYS, née en 1686, morte le 20 septembre 1761, ép. messire *Laurent* DE CHAZELLES [1], écuyer, seigneur de Lorry-devant-le-Pont,

1. Jean de Chazelles, frère de Laurent, est l'aïeul de MM. de Marin et de Roguier.

conseiller, secrétaire du roi en la chancellerie du parlement de Metz, et receveur des finances de la généralité de cette ville, mort à Metz, à quatre-vingts ans, le 30 juin 1752, d'où :

1° *Henry* DE CHAZELLES, né le 26 octobre 1716;

2° *Louis*, qui suit;

3° *Louis-Laurent*, né le 28 avril 1723;

4° *Laurent*, né en 1724, dont la descendance est rapportée ci-après;

5° *Jeanne*, ép. messire *Claude* LECOMTE D'HUM-BEPAIRE, écuyer, seigneur de Borny, receveur des finances à Metz, dont la descendance est rapportée ci-après;

6° *Joséphine*, ép. *Antoine* GOUSSAUD, conseiller au parlement de Metz, dont la descendance est rapportée ci-après.

X. — *Louis* DE CHAZELLES, né à Metz le 14 janvier 1722, reçu conseiller au parlement de Metz le 16 janvier 1744, mort le 23 juillet 1751, ép. le 24 janvier 1747 *Barbe-Lucie* GOUSSAUD, sans postérité.

Laurent DE CHAZELLES, né le 29 juillet 1724, conseiller, puis président au parlement de Metz, à trente ans, ép. en premières noces *Anne-Gabrielle-Élisabeth* DE FRANCE, et en deuxièmes noces *Barbe-Lucie* BESSER, veuve de messire *François-Étienne* GEORGIN DE MARDIGNY, seigneur de Mardigny, conseiller au parlement de Metz, dont il n'eut point d'enfants. Il eut d'*Anne* DE FRANCE :

XI. — 1° *Claude-Marie-Laurent* DE CHAZELLES, né le 26 décembre 1755, mort sans alliance le 5 janvier 1781;

2° *Georges-Marie*, né le 16 août 1762, conseiller au parlement de Metz, mort à Lorry en 1828, ép. N. Pierre, d'où : *Joseph* de Chazelles, ancien officier des grenadiers de la garde de Louis XVIII, mort célibataire à Lorry ;

3° *Marie-Madeleine*, ép., par contrat du 23 septembre 1781, *Charles-Innocent-Antoine-François*, vicomte de Foucquet, capitaine aux dragons de Ségur, d'où *Laurette* de Foucquet, mariée à *Charles*, baron de Montigny, morte à Metz en 1846, sans postérité.

X. — *Anne-Marie-Joséphine*, ép. le 28 janvier 1744 en premières noces *Antoine* Goussaud, conseiller au parlement de Metz, écuyer, seigneur d'Antilly, né à Metz le 28 août 1707, d'où :

XI. — 1° *Jean-François* Goussaud de Montigny, né à Metz le 13 décembre 1753, écuyer, capitaine au régiment de Languedoc dragons, maire de Metz, chevalier de la Légion d'honneur, mort sans alliance le 23 août 1807 ;

2° *Anne-Antoinette*, ép. *Marie-Claude-Sébastien* de Beausire, qui suit ;

3° *Élisabeth*, ép. *Claude-Joseph* de Turmel, maréchal de camp, rapportée ci-après.

Joséphine de Chazelles, ép. en deuxièmes noces, le 3 mars 1772, *Jean-Baptiste-Claude* Arnould d'Argent, chevalier, seigneur de Deux-Fontaines, Fulaine, St-Quentin et Chevigny, capitaine du génie.

XI. — *Anne-Antoinette* Goussaud, ép. *Marie-Claude-Sébastien* de Beausire, né le 7 janvier 1738, reçu conseiller au parlement de Metz, le 12 février 1760, mort en 1805, d'où :

1° N. de Beausire, chanoine de Metz ;
2° *Henry*, qui suit ;

3° N., chevalier, ép. N., comtesse DE SEYSSEL, ci-après rapporté;

4° *Louis*, 5° *Joseph*, 6° *François*, qui seront successivement rapportés ci-après.

XII. — *Henry* DE BEAUSIRE, capitaine au régiment d'Auxerrois, ép. N. THRÈSE, d'où :

XIII. — 1° *Marie-Antoinette*, ép. *Pierre-Edouard* BROU, qui suit;

2° *Élise*, ép. *Émile* BROU, médecin principal, d'où deux fils : 1° *Frédéric* et *Édouard-Henry* BROU.

Marie-Antoinette DE BEAUSIRE, ép. *Pierre-Édouard* BROU, capitaine de vaisseau, chevalier de Saint-Louis, commandeur de la Légion d'honneur, major général de la marine, gouverneur du Sénégal, d'où :

XIV. — *Henry* BROU DE CUISSART, intendant militaire, commandeur de la Légion d'honneur, mort en 1875, ép. en premières noces *Estelle* VIÉVILLE, d'où : *Noëlie* BROU, employé des télégraphes en Cochinchine, et en deuxièmes *Thérèse* DE CUISSART, de laquelle : 1° *François* BROU DE CUISSART, officier d'infanterie; 2° *Thérèse*.

XII. — Le chevalier DE BEAUSIRE, ép. N., comtesse DE SEYSSEL, d'où :

1° *Charles*, qui suit; 2° *Loïsa*.

XIII. — *Charles* DE BEAUSIRE-SEYSSEL, conseiller à la Cour d'appel de Paris, ép. N. D'AUBERVILLIERS, d'où :

XIV. — 1° *Claude*, comte de BEAUSIRE-SEYSSEL, garde général des forêts, ép. *Ada* FITZ-GÉRALD; 2° *Jeanne* DE BEAUSIRE-SEYSSEL; 3° *Paul*, vicomte de BEAUSIRE-SEYSSEL, attaché au cabinet du ministre de l'agriculture.

XII. — *Louis* de Beausire, inspecteur des forêts, ép. *Joséphine* de Chevillon, d'où :

XIII. — *Auguste* de Beausire, capitaine d'artillerie, chevalier de la Légion d'honneur, ép. *Virginie* Gorcy, d'où :

XIV. — *Jeanne* de Beausire, ép. *Joseph* de Lardemelle, d'où :

XV. — *Louise* de Lardemelle, ép. *Paul* de Chavigné, capitaine de cavalerie.

XII. — *Joseph* de Beausire, maréchal de camp d'artillerie, chevalier de Saint-Louis, ép. *Louise* de Besser, d'où :

1° *Henriette*, qui suit ; 2° *Léonie*.

XIII. — *Henriette* de Beausire, ép. N. Gouy, officier d'artillerie de marine, chevalier de la Légion d'honneur, d'où :

XIV. — 1° *Léon* Gouy, capitaine d'infanterie ;

2° *Thérèse* Gouy, ép. N. Georges des Aulnois, d'où postérité.

XII. — *François* de Beausire, ép. N. Gillot de Sainte-Église, d'où entre autres enfants :

XIII. — 1° *Joséphine* de Beausire ;

2° *Fanny*, ép. N. Dumaine, d'où postérité ;
3° *Alexandrine*, 4° *Gabriel*, 5° *Maurice*.

XI. — *Élisabeth* Goussaud, ép. *Claude-Joseph* de Turmel, maréchal de camp d'artillerie, chevalier de Saint-Louis, mort en 1816, d'où :

XII. — *Joseph* de Turmel, maire de Metz, député de la Moselle, officier de la Légion d'honneur, chevalier de Saint-Louis, ép. *Louise* de Maud'huy, d'où :

XIII. — 1° *Joseph* de Turmel, conseiller à la cour

de Metz, chevalier de la Légion d'honneur, ép. D^lle DE RICHARD D'ABONCOURT, d'où deux filles : *Charlotte* et *Anne*, mariées l'une à *Ernest* DE JOBAL, ancien capitaine d'infanterie, et l'autre au vicomte DE LESGUERN, capitaine de chasseurs à cheval, mort en laissant un fils ;

2° *Anne* DE TURMEL, ép. *Charles* DE LARDEMELLE, ancien officier de cavalerie, chevalier de la Légion d'honneur, d'où : a. *Joseph* DE LARDEMELLE, ép. *Jeanne* DE BEAUSIRE, d'où *Louise*, mariée à *Paul* DE CHAVIGNÉ ; b. *Louis* DE LARDEMELLE, receveur des finances à Toul, ép. sa cousine *Marie* DE LARDEMELLE, d'où postérité ;

3° *Charles* DE TURMEL, chanoine et coutre de la cathédrale de Metz.

X. — *Jeanne* DE CHAZELLES, née en 1712, morte en 1780, ép. messire *Claude-Antoine* LECOMTE D'HUMBEPAIRE, écuyer, seigneur de Borny, receveur des finances à Metz, d'où, entre autres enfants :

1° *Laurent* LECOMTE D'HUMBEPAIRE, écuyer, né le 24 février 1734, conseiller au Parlement, puis receveur des finances à Metz ;

XI. — 2° *Anne* LECOMTE D'HUMBEPAIRE, née en 1735, ép. le 13 janvier 1753, *Nicolas-Christophe* GEORGES DE SCHELAINCOURT, d'où :

XII. — 1° *Françoise* GEORGES DE SCHELAINCOURT, ép. en 1775 *Gédéon-Charles* BLAISE DE ROZÉRIEULLES, chevalier, seigneur de Rozérieulles et de Retonféy, mousquetaire de la 1re compagnie du roi, puis, en 1777, conseiller au parlement de Metz, mort en 1819, rapportée ci-après ;

2° N. GEORGES DE SCHELAINCOURT, ép. N. DE MARCONNET, morte sans postérité ;

3º *Marie-Pauline*, ép. *Étienne-Félix* DE CARRIÈRE, capitaine aux grenadiers de France, puis premier président du bureau des finances;

4º *Antoine* GEORGES DE SCHELAINCOURT, ép. *Pauline* BARRAULT DE POURRU, rapporté plus loin;

5º N. GEORGES DE CUVRY qui, de son mariage avec D^{lle} DE SORANS, laisse un fils mort sans alliance.

Du mariage de *Françoise* GEORGES DE SCHELAINCOURT avec *Gédéon-Charles* BLAISE DE ROZÉRIEULLES, sont issus : 1º un fils, *Gédéon-Nicolas*, né en 1776, mort en 1810, sans alliance;

XIII. — 2º *Jeanne*, née en 1777, ép. en 1800 *Antoine* BERTEAUX, inspecteur des contributions directes, d'où :

XIV. — *Édouard* BERTEAUX, chef d'escadron d'artillerie en retraite, officier de la Légion d'honneur, et D^{lle} BERTEAUX, mariée à *Aza* DE VIDAILLAN, ancien préfet, officier de la Légion d'honneur, etc., dont deux filles :

XV. — a. *Adrienne*, ép. *Amédée* LE MOYNE DE VERDUN DES MARRES, dont *Élisabeth* DES MARRES, ép. *Raoul*, marquis DE PINS; b. *Adèle*, ép. *Henry* DE BOBET, lieutenant-colonel d'artillerie, d'où postérité.

XIII. — 3º *Anne-Adrienne*, née en 1780, ép. en 1796 *Ferdinand-Alexandre*, comte DE BONY DE LAVERGNE, de Boulay, d'où deux filles :

XIV. — 1º *Anne-Reine* DE BONY, mariée à *Eugène* AURICOSTE DE LAZARQUE, lieutenant-colonel d'artillerie, officier de la Légion d'honneur et chevalier de Saint-Louis, d'où :

XV. — Un fils : *Ernest* AURICOSTE DE LAZARQUE, de Retonféy, et une fille, *Marguerite-Augustine*.

XIV. — 2° *Françoise-Adèle* de Bony, ép. le baron *Philippe-Victor* d'Huart, chevalier du Saint-Empire, de la Légion d'honneur et de Saint-Ferdinand, capitaine aux chasseurs de la garde royale, d'où :

XV. — Un fils, *Jules-Adrien-Guisbert*, baron d'Huart, préfet, et une fille, *Louise-Emmanuelle-Mélanie*.

XII. — *Antoine* Georges de Schelaincourt, capitaine de cavalerie au service d'Autriche, ép. *Pauline* Barrault de Pourru, d'où :

1° N. de Schelaincourt, mort sans postérité ;

XIII. — 2° *Pauline* Georges de Schelaincourt, ép. *Auguste* de Boissonneau de Chevigny, d'où, entre autres enfants : a. *Paul*, marié à *Loïsa* Debonnaire de Gif, d'où postérité ; b. *Edgard*, marié à N. de Chateauneuf ; c. *Pauline*, mariée à *Louis* Viansson-Ponte, chevalier de la Légion d'honneur, ancien secrétaire du conseil d'arrondissement de Metz, d'où postérité ;

3° *Julia* Georges de Schelaincourt, ép. *Charles*, marquis Spitalieri de Chateauneuf, ancien officier piémontais, d'où :

Quatre filles, dont deux mariées à MM. de Chevigny et Dumollard de Bonvillé.

GÉNÉALOGIE L. — *Descendance de Nicole Hordal et de Bernard Mauljean.*

V. — *Nicole* Hordal, ép. *Bernard* Mauljean qui, après la mort de sa femme, se fit prêtre et mourut en 1636, d'où :

1° *Nicole*, religieuse ;
2° *Charlotte*, ép. *Marc* Richard qui suit ;

VI. — 3º *Jean* MAULJEAN, ép. *Renée* DE WAS, d'où :

1º *Françoise-Gabrielle*, et 2º *Nicole* MAULJEAN, femme de *Henri-Nicolas* DE FONTALARD, sieur de LOIRE, officier au service de France.

VI. — *Charlotte* MAULJEAN, ép. *Marc* RICHARD, d'où :

VII. — *Anne* RICHARD, ép. *Jean* DE LAMBERT, d'où :

VIII. — *Jeanne* DE LAMBERT, ép. *Charles* DE BOURNON, d'où :

IX. — *Anne* DE BOURNON, ép. *Étienne* DE CARRIÈRE, d'où :

X. — *Jeanne-Louise* DE CARRIÈRE, ép. *François* D'AMBLY, seigneur de MONTHAIRON. (Voir Gén. N.)

GÉNÉALOGIE M. — *Descendance de Sébastien Hordal et de Claude de Gratas.*

VI. — *Sébastienne* HORDAL DU LYS, ép. *Claude* DE GRATAS, écuyer, ingénieur du roi, d'où :

1º *Étienne* DE GRATAS DU LYS, écuyer, ingénieur du roi, architecte général des duchés de Lorraine et de Bar, mort sans alliance ;

2º *Claude-François* DE GRATAS DU LYS, écuyer, seigneur de Saint-Julien et autres lieux, ép. N. D'ORIGNY, mort sans hoirs, maintenu dans sa noblesse par arrêt du conseil d'État du 15 mai 1670, en sa qualité de descendant des Hordal (voir aux *Preuves*) ;

3º *Antoine* DE GRATAS DU LYS, prêtre, écolâtre de la Primatiale de Nancy ;

VII. — 4º *Marie* DE GRATAS DU LYS, ép. *François* DE MINORVILLE, d'où :

VIII. — *Étienne* DE MINORVILLE, frère gardien des Cordeliers de Toul.

GÉNÉALOGIE N. — *Descendance de Mangeon Hordal et de Pierre Pagel.*

VI. — *Mangeon* HORDAL DU LYS, ép. vers 1646 *Pierre* PAGEL [1], d'où :

1° *Pierre* PAGEL DU LYS, curé de Barisey-au-Plain ;

2° *Claude*, qui suit ;

3° *Étienne*, mort sans alliance ;

4° *Jean*, chanoine de la cathédrale de Toul et chapelain de Lucey [2].

VII. — *Claude* PAGEL DU LYS, ép. *Toussainte* RÉMY, d'où :

1° *Barbe*, ép. *Henry* COLLOT ;

2° *Anne*, ép. *Claude* TANON ;

3° *Sébastienne*, ép. *Jean* DENIS, assesseur de l'hôtel de ville de Toul ;

4° *Élisabeth*, ép. *Dominique* DENIS ;

5° *Nicolas*, qui suit ;

6° *Pierre*, capitaine des bourgeois de Toul, ép. *Marie* HUSSENOT, mort sans hoirs ;

7° et 8° *Françoise* et *Louise*, mortes toutes deux sans alliance.

VIII. — *Nicolas* PAGEL DU LYS, changeur du roi à Toul, ép. *Antoinette* THOMAS, d'où :

1° *Marie*, ép. *Jean* OLRY, avocat et premier échevin de Toul ;

2° *Catherine*, ép. *Balthasar* LE CLERC, lieutenant de louveterie du Toulois ;

3° *Charles-Rémy*, qui suit ;

4° *Claude* PAGEL DU LYS, écuyer, échevin de la

---

1. Pagel, ancienne famille de Toul, anoblie en 1556.
2. Commune de l'arrondissement de Toul.

ville de Metz, seigneur de Vantoux, Sainte-Croix et autres lieux, ép. *Anne* FROMENTIN (voir ci-après leur descendance) ;

5° *Nicolas-Simon*, chanoine de la cathédrale de Toul, mort le 12 janvier 1761.

IX. — *Charles-Remy* PAGEL DU LYS, changeur du roi, à Toul, ép. noble *Catherine* POUGET, d'où :

1° *Nicolas*, qui suit ;

2° *Marie*, ép. *Jean-Baptiste* DROUEL, avocat au Parlement (voir ci-après leur descendance) ;

3° *Charles*, chevalier de Saint-Louis, major au régiment de Royal-Lorraine, ép. *Marie-Thérèse* VAULTRAIN (voir ci-après leur descendance) ;

4° et 5° *Catherine* et *Antoinette*, toutes deux religieuses du grand ordre de Saint-Dominique de Toul.

X. — *Nicolas* PAGEL DU LYS, écuyer, avocat à Toul, ép. *Marie* DE LACROIX, d'où :

1° *Marguerite*, morte à Toul sans alliance ;

2° N., curé de Domèvre, mort en 1785 ;

3° *François*, écuyer, ép. N., d'où un fils et une fille, morts à Metz sans alliance ;

XI. — 4° *Pierre-Remy* PAGEL DU LYS, conseiller au bailliage, puis juge de paix à Toul, ép. *Élisabeth* LE MOINE, d'où :

XII. — *Marie-Reine-Françoise* PAGEL DU LYS, ép. *Pierre-Dominique* VIRIOT, ancien capitaine au régiment d'Isembourg, architecte de la ville de Toul ; d'où une fille morte en bas âge vers 1810.

IX. — *Claude* PAGEL DU LYS, écuyer, avocat au parlement de Metz, maître-échevin de la ville de Metz en 1742, seigneur de Vantoux, Sainte-Croix, etc., mort en 1744, ép. *Anne* FROMENTIN, d'où :

1° *Dominique-Remy*, chanoine de Toul ;

2° *Claude-François*, seigneur de Vantoux, capitaine au régiment de Tournaisis, puis prêtre, licencié en droit, vicaire général du diocèse de Troyes, et en 1761, chanoine et doyen de la cathédrale de Toul ;

3° *Pierre*, seigneur de Sainte-Croix, chanoine et grand prévôt du chapitre de Toul ;

4° *Anne-Marie*, religieuse de la Propagation, à Metz ;

5° *Pierre*, qui suit ;

6° *Catherine*, ép. *Louis-Henry* D'EMEL, chevalier, capitaine d'infanterie, chevalier de Saint-Louis, dont trois filles mariées à Metz.

X. — *Pierre* PAGEL DU LYS, écuyer, seigneur de Sainte-Croix, capitaine au régiment de Barrois, chevalier de Saint-Louis, ép. *Marie-Anne* FROMENTIN, sa cousine, d'où :

1° *Françoise*, ép. N. COUERC, colonel d'infanterie, chevalier de Saint-Louis.

X. — 2° *Charles* PAGEL DU LYS, chevalier de Saint-Louis, major au régiment de Royal-Lorraine, ép. *Marie-Thérèse* VAULTRAIN, d'où :

1° *Élisabeth-Victoire*, ép. *François* DROUEL, écuyer, brigadier des gardes du corps de Louis XVI ;

2° *Louis*, qui suit ;

3° *François-Xavier*, capitaine au régiment de l'Ile-de-France, officier d'un grand courage, mort en 1810.

XI. *Louis* [PAGEL DU LYS, né le 3 septembre 1753, écuyer, officier au régiment de Polignac, ép. N., d'où :

1° *François-Michel*, qui suit ;

2° *Louise* et *Jeanne*.

XII. — *François-Michel* Pagel du Lys, né le 23 janvier 1795, mort en 1824, ép. *Marguerite* Mauljean, d'où :

XIII. — *Louise-Joséphine* Pagel du Lys, née le 23 octobre 1821, ép. *Eugène* Coanet, d'où :

1° *Eugène* Coanet, né le 28 septembre 1842 ;

2° *Eugénie* Coanet, née le 9 juin 1849, ép. *Auguste* Galland, d'où : une fille, *Marie-Eugénie*.

X. — *Marie* Pagel du Lys, ép. *Jean-Baptiste* Drouel, avocat au Parlement, d'où :

1° *François* Drouel, qui suit ;

2°, 3° et 4° *Marie-Antoinette, Catherine, Marie-Catherine-Geneviève*, mortes toutes trois, vers 1802, sans alliance.

XI. — *François* Drouel, écuyer, brigadier des gardes du corps du roi Louis XVI, chef d'escadron de cavalerie, chevalier de Saint-Louis, mort le 27 juin 1812, ép. *Élisabeth-Victoire* Pagel du Lys, sa cousine, d'où :

XII. — 1° *Charles* Drouel, lieutenant de carabiniers au 29° régiment d'infanterie légère, mort en Russie le 27 novembre 1813 ;

2° *Joseph-Victor*, capitaine adjudant-major à la légion de la Meurthe, chevalier de Saint-Louis et de la Légion d'honneur, mort le 27 septembre 1837, à Royaumeix ;

3° *Laurent*, lieutenant-colonel au 15° régiment de ligne, chevalier de Saint-Louis, officier de la Légion d'honneur, mort à Royaumeix en 1868, dernier de sa famille, ayant servi son pays pendant quarante ans.

GÉNÉALOGIE O. — *Descendance de Claudine Hordal et de Jean Marchal.*

VI. — *Claudine* Hordal du Lys, ép. *Jean* Marchal, d'où :

    1° *Jean* Marchal du Lys, chanoine de Commercy.

VII. — 2° *Claudine* Marchal du Lys, ép. *Jean* Noel du Lys, d'où :

    1° *Claudette*, religieuse carmélite à Saint-Mihiel ;

    2° *Gérard*, prêtre, chapelain de Lucey.

VIII. — 3° *N.* Noel du Lys, receveur du Domaine à Commercy (maintenu dans sa noblesse par arrêts contradictoires du conseil de Metz, enregistrés à la chambre des comptes), ép. *Charlotte* Guillemin, d'où :

    1° *Charlotte,* ép. *Joseph* de Crasny, capitaine d'infanterie ;

    2° *Jean-François,* ép. *Louise* de la Madelaine, mort sans hoirs ;

    3° *Catherine-Thérèse*, religieuse carmélite à Saint-Mihiel.

IX. — 4° *Charles-Hyacinthe* Noel du Lys, ép. *Héloïse* Frépion, d'où :

X. — *François-Pantaléon* Noel du Lys, né en 1708, écuyer, capitaine au régiment de Lorraine, mort à Méligny-le-Grand, en 1785, ép. N., d'où :

    1° *N.*, ép. *N.* de Vexault, rapportés ci-après ;

XI. — 2° *Charles-Jean-Baptiste* Noel du Lys, écuyer, né en 1740, capitaine de cavalerie, chevalier de Saint-Louis, mort en 1814, ép. N., d'où :

XII. — *N.* Noel du Lys, qui obtient, le 17 décembre

1824, une pension sur la cassette du roi ; après constatation établissant sa descendance, il laissa :

XIII. — Trois fils : 1° *Alphonse*, né en 1835 ; 2° *Frédéric*, né en 1837 ; 3° *Émile*, né en 1846.

XI. — N. Noel du Lys, ép. N. de Vexault, capitaine des chasses du duc de Bouillon, d'où :

1° *Jeanne-Charlotte-Antoinette*, née en 1769, ép. *François* Dégrelle, mort à Saint-Mihiel le 25 avril 1821, d'où :

2° N. de Vexault, ép. N. Bardin, d'où : N. Bardin, juge de paix à Pierrefitte (Meuse).

GÉNÉALOGIE P.—Descendance de Jeanne Hordal et de Nicolas Durand de Dieulx.

VIII. — *Nicolas* Durand de Dieulx, écuyer, lieutenant-général en la mairie du ban de Dugny, ép. *Jeanne* Hordal du Lys, d'où :

IX. — *Jeanne* Durand de Dieulx, ép. en 1657 *Jean* d'Ambly, écuyer, seigneur de Monthairon, chevau-léger de S. A. à la compagnie Du Plessis, d'où :

1° *François-Gaspard*, prêtre, religieux de Saint-Benoît, abbé et protonotaire apostolique, mort à Rome, prélat de S. S. et dignitaire de son ordre.

X. — 2° *François* d'Ambly de Monthairon, chevalier, seigneur de Monthairon, voué d'Ancemont, capitaine au service de France, chevalier de Saint-Louis et de Saint-Lazare, né le 16 juillet 1658, ép. le 22 avril 1704 *Françoise-Louise* Lévesque de Villemorin, d'où :

1° *Madeleine*, religieuse annonciade ;

2° *Nicolas*, qui suit ;

3° *François*, rapporté ci-après.

XI. — *Nicolas* D'AMBLY DE MONTHAIRON, chevalier, capitaine d'infanterie au régiment de la reine d'Espagne, chevalier de Saint-Louis, né à la Tour de Monthairon le 6 avril 1707, ép. le 19 février 1743, à Gondrecourt, demoiselle *Jeanne* MARCHAND DE MILLY, fille de feu messire *Joseph* MARCHAND DE MILLY et de dame *Jeanne* ROUSSEL DE BONNET (voir Gén. G), d'où :

1° *Marie-Madeleine*, née à Gondrecourt-le-Château le 16 août 1749, chanoinesse de Malte ;

2° *Marie-Jeanne*, née à Gondrecourt le 19 septembre 1751, morte sans alliance ;

3° *Jeanne-Louise*, née à Gondrecourt le 12 octobre 1750, ép. le 11 juillet 1780 messire *Florentin-Louis* MARCHAND DE MILLY, chevalier de Saint-Louis, son oncle, sans postérité.

XI. — *François* D'AMBLY DE MONTHAIRON, chevalier, seigneur de Landrecourt, capitaine des chevau-légers de Lorraine et capitaine d'infanterie au service de France, chevalier de Saint-Louis, né à Ancemont le 21 mars 1710, ép. le 7 janvier 1738 dame *Jeanne-Louise* DE CARRIÈRE, d'où de nombreux enfants morts sans postérité :

1° *Marie-Suzanne*, rapportée ci-après ;

2° *Marie-Françoise-Victoire*, née le 21 décembre 1748, ép. *Jean-Gabriel* BADHÈRE DE CHAMBON, intendant de la maison du prince de Conti ;

3° *Jean-Nicolas*, qui suit ;

4° *Charles-Joseph*, ci-après.

XII. — *Marie-Suzanne* D'AMBLY, née le 28 août 1757, ép. le 19 septembre 1786 *Maurice-Nicolas* JEANDIN, d'où :

1° et 2° Deux filles restées sans alliance ;
3° M. l'abbé Jeandin, curé de Belrupt.

XII. — *Jean-Nicolas* d'Ambly, chevalier, chevalier de Malte, officier au régiment de Touraine, né le 5 décembre 1742, ép. le 7 novembre 1769 demoiselle *Marie-Pierre* Lévesque de Vilmorin, d'où :

1° *Marie-Suzanne*, née à Gondrecourt le 11 novembre 1777, ép. J.-B. Thiéry, dont une fille religieuse, et un fils sans postérité.

XIII. — 2° *Pierre-Cloriadus-Nicolas* d'Ambly, chevalier de Saint-Louis et des ordres d'Espagne, capitaine sous Louis XVI, né le 30 juillet 1771, mort le 9 avril 1862, ép. en 1807 *Anne-Marie* le Rungette-Goubin, morte le 9 avril 1864, d'où :

XIV. — *Alexandre-Louis-Dieudonné-Cloriadus* d'Ambly, né le 13 décembre 1830, à Varennes, prêtre, vicaire à Paris.

XII. — *Charles-Joseph* d'Ambly, chevalier, né le 31 mars 1745, capitaine au régiment de Condé, mort en 1799, ép. le 1er juillet 1776 demoiselle *Thérèse* Nicolet de Haudainville, d'où :

XIII. — *François* d'Ambly, né le 25 avril 1779, inspecteur des contributions directes à Bar-le-Duc, où il mourut en 1844, ép. *Anne-Angélique-Antoinette-Dieudonnée* du Castel, d'où :

1° *Louis-René*, qui suit ;
2° *Anne-Juliette*, rapportée ci-après.

XIV. — *Louis-René* d'Ambly, receveur des contributions directes à Langres, où il mourut en 1846, ép. *Zima* Argenton d'Esnoms, d'où :

XV. — 1° *Théonie* d'Ambly, ép. N. de Cruéjouls de Langres, d'où :

XVI. — 1° *René* DE CRUÉJOULS, capitaine d'infanterie, né en 1852 ;

2° *Henri* DE CRUÉJOULS ;

3° *Marie*, ép. le comte DE BALTHASARD DE GACHET, lieutenant de chasseurs, dont une fille, née en 1876.

XV. — 2° *Anne-Juliette* D'AMBLY, née en 1808, ép. en 1829 *François-Joseph-Bernard* D'ARBIGNY, d'où :

1° *Joseph* D'ARBIGNY, ép. N. DE MONTANGON.

XVI. — 2° *François* D'ARBIGNY, ép. N. DE MONTANGON, d'où : *François*, né en 1860.

GÉNÉALOGIE Q. — Descendance de Marie de Villebresme et de Jacques le Fournier.

IV. — *Marie* DE VILLEBRESME, ép. *Jacques* LE FOURNIER, écuyer, sieur de Villamblay, grenetier du grenier à sel de Châteaudun, puis receveur des tailles en l'élection de Caen, d'où :

1° *Nicolas* LE FOURNIER, sieur de Garambouille, baron de Tournebut, premier conseiller au Parlement de Rouen, mort sans hoirs, ép. *Isabeau* DE BOULLENC, qui se remarie après sa mort avec *Jean* LE PRUDHOMME ; sans postérité ;

2° *Robert* LE FOURNIER, baron de Tournebut après son frère, receveur des tailles en l'élection de Caen, ép. *Marie* DE MELISSENT, mort sans hoirs en 1557.

V. — 3° *Charles* LE FOURNIER, sieur de Boisthenon et de Bois-Heurcoq, lieutenant-général en la vicomté de Caen, ép. N., d'où :

VI. — *Jacques* LE FOURNIER, qui suivit la profession des armes et fut tué à l'armée du roi en Gascogne en 1586, ép. *Anne* LE VALLOIS, d'où, entre autres enfants :

VII. — *Josias* LE FOURNIER, sieur d'Allemagne, officier du roi, mort sans alliance; et *Marguerite*, ép. *Jean* FAROUET, sieur de Grandoue, d'où *Jean* DE FAROUET, qui fut inquiété dans sa noblesse, en 1620, en application de l'Édit de 1614.

V. — 4º *Françoise* LE FOURNIER, ép. *Robert* MORIN, sieur d'Escaguel et de Bernoville, d'où :

Jean et *Jacques* MORIN, postérité inconnue.

V. — 5º *Jeanne* LE FOURNIER, ép., par contrat du 16 juillet 1517, en premières noces, *Lucas* DU CHEMIN, sieur du Féron, du Mesnil-Guillaume, de Cesny-en-Cinglais, etc., conseiller au présidial de Caen, d'où : 1º *Lucas II* DU CHEMIN, qui suit; 2º *Denyse* DU CHEMIN, ép. *Nicolas* LE VERRIER, sieur de Toville, assesseur en la vicomté de Valognes, d'où : *Guillaume* LE VERRIER, sieur de Toville; 3º *Marie* DU CHEMIN, ép. *Ursin* POTIER, sieur du Roto et du Mesnil-Chrestien, d'où : *Jean* POTIER, sieur du Roto et du Mesnil-Chrestien, conseiller au présidial de Coutances, d'où : un fils qui succéda à son père et trois filles mariées à MM. BLANCHEMIN DE VÉ, DU BUZ et BRUNET DE SAINT-MAURICE; 4º *Élisabeth* DU CHEMIN, ép. *Antoine* LE FORESTIER, sieur de Carrelette, à Litry, d'où une fille unique.

Jeanne LE FOURNIER, ép. en deuxièmes noces *Gilles* GODART, d'où pas de postérité, et en troisièmes noces *Étienne* PATRIS (PATRY ou PATRIX), d'où : *Claude* Patris. (Voir sa descendance ci-après.)

V. — 6° *Charlotte* le Fournier, ép. *Artus* Radel, élu à Vire, d'où : *Jacques* Radel, licencié en droit.

V. — 7° *Marie* le Fournier, ép. *Jean* de Marguerie, des seigneurs de Sorteval. (Voir sa descendance ci-après.)

V. — 8° *Barbe*, morte sans alliance.

VI. — *Lucas II* du Chemin, seigneur du Féron, conseiller au présidial de Saint-Lô, ép. N., d'où :

1° *Jean* du Chemin, seigneur du Féron, qui suit ;

2° *Nicolas* du Chemin, seigneur de la Vaucelle et du Mesnil-Guillaume, mort sans alliance.

VII. — *Jean* du Chemin, seigneur du Féron, de la Haulle et Semilly, nommé en 1589, par Henri IV, inspecteur des troupes envoyées par Élisabeth, ép. N., d'où :

VIII. — *Robert* du Chemin, seigneur de la Roque, conseiller au présidial de Coutances, ép. *Guillemette* de Surtinville, d'où :

IX. — *Jeanne* du Chemin, ép. *Joachim* Hébert, sieur de la Bretonnière, d'où :

X. — *Charles* Hébert, sieur de la Bretonnière, conseiller au présidial de Coutances, ép. *Jeanne* de Guerry, d'où :

XI. — *Catherine-Henriette* Hébert, ép. en 1709 *Jean* de Launay, sieur des Portes, d'où :

XII. — *Jean-Louis* de Launay, conseiller du roi et premier échevin de Saint-Lô, ép. N., d'où :

XIII. — *Jean-Louis-Charles* de Launay, membre de l'Académie de médecine et médecin en chef de l'hôpital militaire de Cherbourg, ép. N., d'où :

XIV. — 1° *Rose*, ép. *Victor* DE CHANTEREINE, premier président de la Cour d'Amiens, puis conseiller à la Cour de cassation ;

2° *Adélaïde*, ép. *Henry* GAULTIER, de Rouen, qui obtient de Charles X, après enquête, par lettres patentes de novembre 1827, le droit d'ajouter à son nom celui D'ARC, en souvenir de son origine, tant pour lui que pour son fils, ses gendres et leurs descendants.

De ce mariage sont issus :

XV. — 1° *Adine*, ép. N. RENAUDEAU, conseiller à la Cour de Rouen, mort en 1834, d'où trois fils :
a. *Édouard* RENAUDEAU D'ARC, avocat, mort en 1866, laissant deux enfants, *Marthe* et *Lucien* ;
b. *Charles*, ingénieur des ponts et chaussées, mort en 1876, laissant deux enfants, *Georges* et *Marie* ; c. *Ernest* ;

2° *Eugénie*, morte en 1853, ép. N. DE PARREL, sans postérité ;

3° *Albertine*, née en 1803, morte en 1866, ép. *Édouard* DE JULIENNE, avocat, secrétaire de la Faculté de droit d'Aix, d'où :
a. *Adèle*, ép. *Victor* LANÉRY, sous-intendant militaire, officier de la Légion d'honneur, d'où un fils, *Pierre* LANÉRY D'ARC ; b. *Berthe*, ép. N. BOUCHET-RIVIÈRE, capitaine de frégate, officier de la Légion d'honneur, mort après la campagne de Cochinchine, d'où trois enfants : *Amélie*, *Albert* et *Alice* RIVIÈRE D'ARC, la dernière morte en 1875 ; c. *Edgard* DE JULIENNE D'ARC, lieutenant d'infanterie, jeune officier plein d'avenir, glorieusement tué à Gravelotte, en 1870 ;

4° *Édouard* GAULTIER D'ARC, consul général de

France, officier de la Légion d'honneur, mort en 1843 sans alliance.

V. — *Jeanne* LE FOURNIER, ép., par contrat du 22 janvier 1523, en troisièmes noces, *Étienne* PATRIS, docteur ès lois, conseiller et garde des sceaux au parlement de Rouen, professeur en l'université de Caen, natif de Beaucaire en Languedoc, d'où :

1º *Barbe* PATRIS, religieuse au monastère de Saint-Aubain-les-Gournay ;

2º *Claude* PATRIS, conseiller au présidial de Caen, mort sans hoirs.

VI. — 3º *Madeleine* PATRIS, ép., par contrat du 17 mai 1544, *Jean* RIBAULT, sieur du Mesnil-Saint-Jean, receveur général des décimes au diocèse de Bayeux, d'où : 1º *Charlotte*, 2º *Antoinette* RIBAULT, qui suivent.

VI. — 4º *Anne* PATRIS, ép., par contrat du 18 mars 1550, *Robert* GARIN, bourgeois de Rouen, d'où : *Madeleine* GARIN, qui épouse *Germain* BAILLARD, et dont la descendance sera rapportée plus loin. (Voir Gén. R.)

VII. — *Charlotte* RIBAULT, ép. *Thomas* DE TROISMONTS, sieur de la Mare, conseiller au présidial de Caen, d'où :

Anne DE TROISMONTS, ép. *Robert* LE COMTE, seigneur de Saint-Evrout.

VII. — *Antoinette* RIBAULT, ép. *Guillaume* BOURDON, chevalier, seigneur de Rocquereul, contrôleur des finances en la généralité de Caen, d'où :

1º *Charlotte* BOURDON, ép. *Gilles* HALLOT, sieur

de Mortagny, avocat du roi au bailliage de Caen, d'où :

Jean-François HALLOT, sieur de Mortagny, aussi avocat du roi au bailliage de Caen.

VIII. — 2° *Guillaume* DE BOURDON, chevalier, seigneur de Préfossé, ép. le 20 septembre 1622 *Jeanne* DU BUISSON DE CHRISTOT, d'où :

IX. — *Claude* DE BOURDON, seigneur de Grammont, ép. le 5 août 1663 *Laurence* QUIRIÉ, d'où :

X. — *Augustin* DE BOURDON, chevalier de Grammont, officier au régiment d'Angoumois infanterie, ép. le 3 juin 1693 *Anne* DES ESSARTS, d'où :

XI. — *François-Auguste* DE BOURDON, chevalier de Grammont, capitaine d'infanterie, chevalier de Saint-Louis, ép. le 7 février 1735 *Thérèse* DAUMESNIL, d'où :

XII. — *Exupère-Pierre-Auguste* DE BOURDON, chevalier de Grammont, capitaine des vaisseaux du roi, chevalier de Saint-Louis, chef et inspecteur des classes de la marine au Havre, né le 2 août 1740.

NOTA. Un arrêt du conseil privé du 3 février 1580 est donné « pour *Jean* DE MARGUERIE, *Adam* DODEMAN, sieur de Placy, mari de *Jeanne* DE MARGUERIE, sa femme, et *Jacques* FAUVEL, sieur de Fresnay, lieutenant en l'amirauté de France au siége d'Oistrehan, et *Noël*, sieur DE DEMONVILLE et autres, descendus de *Jeanne* LE FOURNIER et ses sœurs. »

Nous ne connaissons pas la généalogie de ces deux dernières familles. — Cf. Gilles de la Roque : *Traité de la Noblesse*, ch. XVIII ; Le Vaillant de la Fieffe : *De la Noblesse de Jeanne d'Arc et de sa famille*.

V. — *Marie* LE FOURNIER, ép. *Jean* DE MARGUERIE, de la branche des seigneurs de Sorteval, député, en 1576, aux états généraux de Blois en la place de M. de Beuvron, d'où :

1° *Nicolas*, qui suit ;

2° *Jean*, seigneur de Fontenay, auteur de la branche de ce nom, existant encore en 1761 dans la personne de *Jean-Louis*, dont deux fils : 1° *Jean-François*, chanoine de Bayeux, et *Jacques-Michel*, marié, en 1757, à *Jeanne* DE CAIRON ;

3° *Jeanne* DE MARGUERIE, ép. *Adam* DODEMAN, sieur de Placy.

VI. — *Nicolas* DE MARGUERIE, seigneur de Bretteville-sur-Laise et Ifs, enseigne de la compagnie de gendarmes de M. de Thorigny, ép. N., d'où :

1° *Jean*, qui suit ;

2° *Robert*, seigneur du Mesnil-Bascley, duquel est descendu *François*, sieur de Montpinçon, dont deux fils : 1° N. DE MARGUERIE, chevalier de Saint-Louis, gentilhomme d'honneur du duc d'Orléans et lieutenant des maréchaux de France en Valois ;

2° *François* DE MARGUERIE DE MONTPINÇON.

VII. — *Jean* DE MARGUERIE, seigneur de Breteville, gentilhomme ordinaire de la chambre du roi, ép. en 1620 *Marguerite* LE BLANC DU ROULLET, d'où :

1° N. DE MARGUERIE, capitaine d'infanterie, chevalier de Saint-Louis ;

2° *Louis* ;

3° *Henri*, tous trois morts sans postérité.

(Lachesnaye des Bois, in-12, 1761, t. V, page 508.)

GÉNÉALOGIE R. — *Descendance de Madeleine Garin et de Germain Baillard.*

VII. — *Germain* BAILLARD, seigneur de Flamets [1], ép., par contrat du 8 octobre 1579, *Madeleine* GARIN, fille de *Robert* GARIN et d'*Anne* PATRIS, d'où :

VIII. — *Charles* BAILLARD, écuyer, seigneur de Flamets, conseiller du Roi, lieutenant-général de la vicomté de Neufchâtel, ép., par contrat du 24 septembre 1602, *Isabeau* DE FRY, fille de Pierre de Fry, écuyer, seigneur de Valrobert, conseiller du Roi et avocat général en la Cour des aides de Normandie, d'où :

IX. — *Pierre* BAILLARD, écuyer, seigneur de la Hestrelaye, conseiller du Roi, lieutenant criminel à Neufchâtel, ép. en premières noces, par contrat du 5 août 1627, *Madeleine* DAIRE, morte sans hoirs, et en secondes noces, avant 1646, *Charlotte* DE BETHANCOURT, d'où :

X. — *Adrien* BAILLARD, écuyer, né le 7 octobre 1646, ép. *Marie* DU FOUR DE SERMONVILLE, d'où :

XI. — *Adrien-Charles* BAILLARD, écuyer, seigneur de la Hestrelaye, né le 28 mars 1676, mort le 25 novembre 1740, ép., par contrat du 21 décembre 1699, *Madeleine* LELONG, d'où :

 1° *Charles*, prêtre, mort le 16 août 1749 ;

XII. — 2° *Adrien-Joseph* BAILLARD, écuyer, seigneur de la Hestrelaye, ép., par contrat du 4 avril 1747, *Marie-Françoise* LE TURQUIER DE LONGCHAMP, d'où :

 1° *Adrien* qui suit ;

---

1. Flamets-Frétils, canton de Neufchâtel (Seine-Inférieure).

2º *François-Mathieu-Hubert*, écuyer, né en 1754;

3º *François-Adrien*, écuyer; ces deux derniers morts sans hoirs.

XIII. — *Adrien* BAILLARD, écuyer, seigneur de la Hestrelaye, né le 28 février 1780, officier de dragons, mort le 10 août 1814, ép., par contrat du 31 janvier 1777, *Marie-Anne-Julie-Félicité* D'HAUCOURT, d'où :

XIV. — *Adrien* DE BAILLARD DE LA HESTRELAYE, chevalier, officier d'infanterie, né le 17 août 1777, ép. en premières noces *Geneviève-Austreberthe* DE LA BERQUERIE, morte en avril 1816, et en secondes noces, le 2 octobre 1816, *Marie-Éléonore-Rosalie* DE MERCASTEL, d'où :

XV. — *Joseph-Onésiphore-Adrien* DE BAILLARD DU LYS, né le 5 juillet 1817, receveur des finances, ép. le 27 septembre 1837 *Adrienne-Adélaïde-Joséphine* D'IMBLEVAL, d'où :

1º *Marie-Berthe-Adrienne*, née en 1841, ép. en 1864 *Édouard* VIARD, propriétaire à Croixmare, près Yvetot;

2º *Amédée-Adrien-Aimard*, né en 1843, capitaine du génie;

3º *Gustave-Albert-Joseph*, né en 1848, mobile au 1er bataillon de la Seine-Inférieure, mort victime de la guerre en 1871;

4º *Gabriel-René-James*, né en 1851.

GÉNÉALOGIE S. — *Descendance de Claire Haldat et de François Alexandre*.

X. — *Françoise-Claire* HALDAT DU LYS, morte le 24 août 1786, ép. le 14 mai 1736 *François* ALEXANDRE, capitaine et prévôt de Gondrecourt, né en 1694, mort en 1765, fils de *François* ALEXANDRE, notaire royal au bailliage de Bassigny, et d'*Anne* RÉGNAULT, d'où :

1º *Nicolas-François*, qui suit ;

2º *Pierre*, dit l'abbé ALEXANDRE ;

3º *N.*, bernardin à l'abbaye de Cervaux ;

4º *Louis*, sieur d'Arby, capitaine au régiment de royal-infanterie, mort en 1792, ép. en 1774 *Marie-Marguerite* DUPARGE, d'où : *Marguerite-Agnès-Claire*, née le 4 novembre 1775, ép. son cousin *Charles-Nicolas* ALEXANDRE DE HALDAT ; 2º *Julie*, née en 1777, morte à Nancy, sans alliance ;

5º *Anselme*, seigneur de Bellefontaine, lieutenant au régiment royal, ép. *Marie-Marguerite* DE MALAC DE PHALAYS ;

6º *Marie-Élisabeth*, morte sans alliance.

Par ordonnance du Roi Stanislas, en date du 2 janvier 1766, les enfants de François ALEXANDRE *et de Françoise-Claire* HALDAT *furent autorisés à porter le nom et les armes de Haldat du Lys.*

XI. — *Nicolas-François* ALEXANDRE DE HALDAT DU LYS, avocat au parlement, capitaine des chasses du Roi, ép. à Bar, en 1767, *Jeanne-Agnès* de ROUSSEL, d'où :

XII. — 1º *Charles-Nicolas*, licencié en droit, docteur en médecine, secrétaire perpétuel de l'Académie Stanislas, membre correspondant de l'Institut et de l'Académie de médecine de Paris, chevalier de la Légion d'honneur, né le 15 décembre 1769, ép. le 26 vendémiaire an XI sa cousine germaine, *Marguerite-Agnès-Claire* ALEXANDRE DE HALDAT, d'où : *Marie-Charlotte*, ép. *Théodore* ALEXANDRE DE HALDAT, son cousin germain.

XII. — 2º *Jean-Baptiste* ALEXANDRE DE HALDAT DU LYS, ép. le 9 décembre 1800 *Françoise-Charlotte* BERTIN DE FLIGNY, née le 25 février 1770, morte en 1839, d'où :

1º *Théodore*, qui suit ;

2º *Claire-Pauline*, ép. *Charles-Sébastien*, baron DE PIAT DE BRAUX, sans postérité ;

3º *Marie-Rose-Amélie*, ép. *Auguste* ROXARD DE LA SALLE, d'où : *Henri* DE LA SALLE, ancien officier de cavalerie, ép. *Mathilde* COLLIN DE BÉNAVILLE, d'où : *Maurice* DE LA SALLE et deux filles.

XIII. — *Théodore* ALEXANDRE DE HALDAT DU LYS, ép. *Marie-Charlotte*, dite *Coraly* DE HALDAT DU LYS, sa cousine germaine, d'où :

XIV. — 1º *Charles-Léopold* ALEXANDRE DE HALDAT DU LYS, né le 7 septembre 1829, ép. en premières noces *Claire* MATHIS DE GRANDSEILLE, et en secondes noces *Adèle* DE MISCAULT, d'où : trois fils, *Henri, Paul* et *René* ;

2º *Marie* DE HALDAT DU LYS, ép. *Alfred* COSSÉE, sans postérité.

GÉNÉALOGIE T. — *Descendance d'Anne Haldat et de Henry Macquart de Ruaire.*

VIII. — *Anne* HALDAT DU LYS, ép. *Georges* MACQUART, commissaire du Roi à Bar, d'où :

1º *Henry* MACQUART D'ARMANSON, né à Bar-le-Duc, le 17 octobre 1689, lieutenant d'infanterie au régiment d'Agénois, mort sans alliance ;

2º *Anne* MACQUART, ép. *Henry* DE LAURENS ;

3º *Charlotte* MACQUART, ép. N. D'ALMONCOURT, lieutenant-colonel d'infanterie ;

IX. — 4º *Antoine* MACQUART, né à Bar-le-Duc, le 3 octobre 1677, seigneur de Ruaire, receveur des tailles de l'Élection de Coutances, ép. le 2 mai 1712 *Marie* HÉBERT, d'où :

1º *Antoine*, seigneur de Ruaire, lieutenant d'infanterie, mort sans alliance ;

X. — 2º *François-Michel*, seigneur de Beaucoudray, ép. *Charlotte* AUBRY, d'où :

1º *Louis-François* MACQUART DE RUAIRE, sous-lieutenant de hussards ;

2º *Henry* MACQUART DE BEAUCOUDRAY, morts tous deux sans alliance.

La noblesse des Macquart a été reconnue par lettres-patentes données à Lunéville, le 23 octobre 1723.

GÉNÉALOGIE U. — *Descendance de Christine Haldat et de B. Bertrand de Tourailles.*

VIII. — *Christine* HALDAT DU LYS, née le 16 décembre 1663, ép. *Bernard* BERTRAND, seigneur de Tourailles, d'où :

IX. — *N.* BERTRAND, seigneur de Tourailles, trésorier de France, ép. *N.* LAMBERT, d'où :

1º *N.* BERTRAND DE TOURAILLES, ép. *N.*, d'où : un fils et une fille ; descendance nulle ou inconnue ;

2º *N.* BERTRAND, ép. *N.* REMY DE COURNON, seigneur de Bonnet, d'où : *N.* REMY DE COURNON, ép. *N.* GARNIER, de Saint-Dizier ;

3º *N.* BERTRAND, ép. *N.* CERTAIN, marquis DE GERMINY, d'où : trois filles, la première ép. *N.* DE LA GRANGE ; la deuxième, *N.*, ép. *N.* DE BONNEVEAU ; la troisième, *N.*, ép. *N.* DE VIOMESNIL.

GÉNÉALOGIE V. — *Descendance de Louise-Françoise Haldat et de Joseph Marchand de Milly.*

VIII. — *Louise-Françoise* HALDAT DU LYS, ép. en premières noces *Jacques* REMY, d'où : *N.* REMY, ép. *N.* GALLOIS, d'où : descendance (?).

Et en secondes noces *Joseph* MARCHAND DE MILLY, officier de la Maison du Roi, d'où :

IX. — *Joseph* MARCHAND DE MILLY, ép. *Anne* DE ROUSSEL, d'où :

X. — *Jeanne* MARCHAND DE MILLY, ép. *Nicolas* D'AMBLY. (Voir plus haut, Gén. F et N.)

La noblesse des Marchand de Milly et leur parenté avec la Pucelle par les Haldat a été reconnue par arrêt enregistré à la Chambre des comptes de Lorraine, le 10 mai 1765.

GÉNÉALOGIE X. — Descendance de Charlotte Haldat et de H. Thabouret de Crespy.

VIII. — *Charlotte* HALDAT DU LYS, ép. *Hyacinthe* DE THABOURET DE CRESPY, chevalier de Saint-Louis, capitaine d'infanterie, d'où :

IX. — *Charles-Jacques* DE THABOURET DE CRESPY, chevalier de Saint-Louis, lieutenant-colonel d'infanterie, gentilhomme d'ambassade en Russie et en Suède, ép. *N.* MOUZON, d'où : deux fils, l'un capitaine au régiment Royal, l'autre capitaine d'infanterie, gouverneur de Neufchâteau, que nous croyons morts sans alliance.

GÉNÉALOGIE Z. — Descendance d'Agathe Haldat et de Henry Courtois de Morancourt.

IX. — *Agathe* HALDAT DU LYS, ép. *Henry* COURTOIS DE MORANCOURT, écuyer, seigneur de Braux et Naives-en-Blois en partie, d'où :

1° *Françoise-Barbe*, 2° *Jeanne-Charlotte*, 3° *Agathe*, mortes sans alliance ;

X. — 4° *Marie-Agnès* COURTOIS DE MORANCOURT, née en 1732, ép. *Charles Hyacinthe* DE PIAT, écuyer, seigneur de Braux, Naives-en-Blois et Méligny-le-Grand, en partie, chevau-léger de Lorraine, mort en 1804, fils de *Charles-Hyacinthe* DE PIAT écuyer, seigneur de Braux et Naives-en-Blois, cadet de S. A. R. le duc Léopold de Lorraine, mort en 1748, et de *Catherine* DES HAZARDS (voir Gén. A), d'où :

1° *Charles-Hubert* DE PIAT DE BRAUX, mort sans alliance ;

XI. — 2º *Charles-Louis* DE PIAT DE BRAUX, né en 1767, mort en 1847, ép. en 1797 *Françoise-Joséphine* DE PISTOR DE MALINCOURT, née en 1766, morte en 1838, d'où :

XII. — *Charles-Sébastien*, baron DE PIAT DE BRAUX, par transmission maternelle, né en 1799, mort en 1870, ép. :

1º En 1825, *Claire-Pauline* ALEXANDRE DE HALDAT DU LYS, morte sans enfants ;

2º En 1831, *Marie-Thérèse-Louise-Élise* DE GUILLOTEAU, née en 1813, d'où :

1º *Joséphine-Pauline*, née le 19 octobre 1832, ép. *Jules-Albert-Henry* DE BEAUFORT, sans enfants ;

XIII. — 2º *Charles-Gabriel*, baron DE BRAUX, né le 18 janvier 1837, ép. en 1860 *Louise* DES ROBERT, d'où : deux filles, *Jeanne* et *Henriette*.

CHAPITRE IV

DESCENDANCE DES ROMÉE

Isabelle ROMÉE, mère de la Pucelle, eut un frère et une sœur :

1° *Jean* ROMÉE, qui suit ; et 2° *Aveline* ROMÉE, rapportée ci-après.

GÉNÉALOGIE AA. — *Descendance de Jean Romée.*

Généalogie extraite de l'*Enqueste, Information et Sentence du bailli de Vitry sur la famille de la Pucelle, du 16 août 1585.*
(Archives de M. de Maleissye.)

I. — *Ysabeau* ROMÉE avait un frère germain nommé *Jean* DE VOUTHON qui, ayant épousé *Marguerite* COLNEL, vint demeurer à Sermaize et eut pour enfants *Person, Colas, Perinet* et *Mangette* les VOUTHON. *Nicolas (Colas)* qui fut religieux profès en l'abbaye de Cheminon, fut appelé par Jeanne la Pucelle, sa cousine germaine, pour la suivre en toutes ses expéditions et voyages qu'elle faisait, lui servant d'aumônier et de chapelain.

II. — *Person* et *Perinet* DE VOUTHON demeurèrent à Sermaize, où ils ne paraissent pas avoir contracté d'alliance. *Mangette* fut mariée en premières noces à *Nicolas* TURLAUT ; d'où une fille *Jehanne*, mariée à *Jehan* PARCOLLET, et en secondes noces à *Pierre* DE PERTHES, demeurant à Faveresse, duquel elle eut entre autres enfants :

III. — *Collot* DE PERTHES, écuyer, homme d'armes

des ordonnances du Roi, sous la charge de M. d'Arzillières, lequel *Collot* DE PERTHES prit pour femme demoiselle *Anne* DES CHIENS ;

IV. — De ce mariage sortirent, entre autres enfants, un fils dont la postérité sera rapportée ci-après, et *Marguerite* DE PERTHES qui eut pour mari *Claude* MARGUIN, fils de *Collot* MARGUIN et de demoiselle *Marguerite* DROUET, sieur de Lignon, en partie, qui étaient nobles personnes.

Lesdits *Claude* MARGUIN et *Marguerite* DE PERTHES eurent de leur mariage, entre autres enfants, *Estienne, Simon, Jacquette* et *Didière* les MARGUIN.

V. — Ledit *Simon* eut à femme *Claudine* DE MUTIGNYE et de leur mariage furent issus : *Nicolas* et *Anne* les MARGUIN, lequel *Nicolas* fut allié avec *Marguerite* DE SAINT-REMY, dont sortirent : *Estienne, Loyse, Jeanne* et *Noël* les MARGUIN.

VI. — *Estienne* MARGUIN eut de *Claude* BELLEMENT, sa seconde femme, *Étienne, Élisabeth* les MARGUIN.

Loyse, sa sœur, épousa *Claude* CHEVALLIER dont elle eut : *Jeanne, Mahye, Philippe, Loyse* et *Claude* les CHEVALLIER.

Jeanne, son autre sœur, épousa *Jean* DOUMENGE, dont elle eut une fille nommée *Claude.*

VII. — *Jeanne*, seconde fille de *Simon* MARGUIN et de *Claudine* MUTIGNYE, épousa *Julien* PANCHERON, dont elle eut entre autres enfants :

VIII. — *Pierson* PANCHERON, sergent royal au bailliage de Vitry, lequel épousa *Jacquette* MICHEL, d'où :

IX. — *Jean, Anne, Charlot* et *Marie* les PANCHERON.

V. — *Estienne* MARGUIN, fils de *Claude* et de *Mar-*

guerite DE PERTHES, épousa *Marguerite* JACOBBÉ, dont il eut : *Mengette, Loyse, Jeanne* et *Jacques* les MARGUIN.

VI. — Laquelle *Mengette* eut pour premier mari *Charles* GERVAISOT, sieur de la Follie, et pour second mari, maître *Philbert* LE GLAYVE, conseiller du Roy, lieutenant criminel au bailliage de Vitry, dont elle eut trois enfants : *Étienne, Marie* et *Suzanne* les LE GLAYVE.

VII. — *Étienne* LE GLAYVE épousa *Marguerite* LE CONVERS, dont il eut : *Philbert, Étienne* et *Marguerite* les LE GLAYVE.

VI. — *Loyse*, sœur de *Mengette*, ép. *Michel* LE BESGUE, sieur de Vaux, maître du Val de Saint-Dizier, d'où :

VII. — *Charlotte* LE BESGUE, mariée à *Pierre* DE BRAUX, bourgeois de Châlons, dont elle eut trois enfants, *Michel, Nicole* et *Marguerite* les DE BRAUX, et :

VIII. — *Jules-César* le BESGUE, conseiller et avocat du Roy au bailliage de Vitry, ép. demoiselle *Renée* PETIT, fille de noble homme *Loys* PETIT, capitaine et surintendant des chasses des bailliages de Vitry et Châlons, dont il eut :

IX. — *Michel, Marie* et *François* les LE BESGUE.

VI. — *Jeanne* MARGUIN, troisième fille d'*Estienne* et de *Marguerite* JACOBÉ, ép. en premières noces *Jean* LE FEBVRE, docteur en médecine, d'où :

VII. — Maître *Étienne* LE FEBVRE, élu de Châlons, ép. demoiselle *Jeanne* DROUOT, d'où :

VIII. — *Jean, Marie* et *Marguerite* les LE FEBVRE.

V. — *Jacquette* MARGUIN, fille de *Claude* et de *Marguerite* DE PERTHES, ép. *Jean* GALLET d'Escriennes, dont entre autres enfants :

VI. — *Jeanne*, mariée à *Clément* BLANCHARD de Tournay, d'où :

VII. — *Jean* BLANCHART, sergent royal au bailliage de Vitry, ép. *Barbe* JACOBBÉ, d'où :

VIII. — *Marie, Jeanne, Jean* et *Marguerite* les BLANCHART.

V. — *Didière* MARGUIN, seconde fille de *Claude* et de *Marguerite* DE PERTHES, ép. *Jean* GALLET du village de Larz, cousin germain de celui d'Escriennes, d'où :

VI. — *Fanchette* GALLET, ép. *Jean* DES CHAMPS de Blacy, d'où :

VII. — Maître *Jean* DES CHAMPS, lieutenant au siége de la Prévôté de Vitry, qui, de *Nicole* ROUSSEL, sa femme, eut cinq enfants :

VIII. — *Anne, Marguerite, Jeanne, Jean* et *Renée* les DES CHAMPS.

IV. — *Collot* DE PERTHES eut une postérité dont la suite est actuellement inconnue jusqu'à *Jean-Charles* DE PERTHES, conseiller du Roi, beau-frère du fermier général de la Hante, d'où :

Marie DE PERTHES, dernière du nom, ép. le 15 novembre 1787, *Jules-Armand-Guillaume* BOUCHER DE CRÉVECŒUR, né à Paray-le-Monial, le 26 juillet 1757, membre associé de l'Institut de France, de la Société d'agriculture de Paris, etc., auteur d'une Flore d'Abbeville et d'un grand nombre d'écrits sur l'histoire naturelle, mort le 24 novembre 1844.

De son mariage avec *E.-J.-Marie* de Perthes, sont issus :

1º *Jacques* Boucher de Crévecœur de Perthes, né à Rethel, le 10 septembre 1788, chevalier des Ordres de Malte et de la Légion d'honneur, directeur des douanes à Abbeville, président de la Société royale d'Émulation, membre de la Société numismatique de Londres, de l'Académie de Florence, etc., etc. — Par ordonnance du roi, du 16 septembre 1818, il fut autorisé à ajouter à son nom celui de sa mère, « dont la famille issue en ligne directe de *Colet* de Perthes et de *Marguerite* Romée (cousine germaine de Jeanne d'Arc) s'éteignait avec elle ». — Il est auteur de plusieurs ouvrages de géologie et d'archéologie préhistorique très-estimés ;

2º *Étienne* Boucher de Crévecœur, chevalier de la Légion d'honneur, directeur des douanes de Corse, né à Rethel, le 21 février 1791, marié le 21 septembre 1836 à Saint-Servan, avec *Sébastienne-Antoinette-Louise-Clémentine* du Parc. De ce mariage sont issus : 1º *Marie-Léonce-Étienne*, né à Paris le 14 janvier 1841 ; 2º *Clémentine*, née à Saint-Servan le 29 juin 1837 ; 3º *Victorine-Juliette*, née à Paris le 21 octobre 1839 ;

3º *Jules* Boucher de Crévecœur, né à Abbeville le 24 novembre 1796, marié le 28 mai 1838 à *Marie-Louise* de Clémens de Graveson, née à Marseille le 1ᵉʳ décembre 1812, fille de *J.-B.* de Clémens, marquis de Graveson, et de dame *Marie-Lucile-Rosalie* de Bionneau d'Eyragues. De ce mariage est issue une fille : *Marie-Mathilde*, née le 18 octobre 1840 ;

4º *Armand* Boucher de Crévecœur, né à Abbeville le 11 juillet 1799, marié à Boulogne-sur-Mer, le 14 février 1827, à *Jeanne-Victorine* ISNARDI. De ce mariage sont issus : 1º *Anatole*, né à Boulogne le 11 mai 1828 ; 2º *Noémi*, née à Boulogne le 6 décembre 1830 ;

5º *Félix* BOUCHER DE CRÉVECŒUR, né à Abbeville le 19 mars 1805, décédé le 12 février 1817 ;

(Il était doué d'un génie précoce pour les sciences naturelles, un nouveau genre de plantes a reçu son nom : *Ceramium Felicii*, Céramie de Félix.)

6º *Aglaé*, née le 15 mars 1790 à Rosoy-sur-Serre, mariée le 3 janvier 1810 à *Bonaventure-Charles-Henry* ÉLOI DE VICQ, né à Douai le 3 juillet 1777. De ce mariage est issu un fils : *Léon-Bonaventure* ÉLOI DE VICQ, né à Abbeville le 24 octobre 1810.

(Cf. l'*Armorial historique de la Noblesse de France*, par M. de Milleville.)

GÉNÉALOGIE BB. — *Descendance d'Aveline Romée dite de Vouthon.*

I. — *Aveline* ROMÉE de Vouthon, ép. *Jean* LE VAUSEUL, de Sauvigny-les-Void, d'où :

1º *Jeanne* LE VAUSEUL ou de VOYSEUL, ép. *Durand* LASSOIS (d'Assois ou d'Aulxois, du pays d'Alise, en Bourgogne), de Burey-en-Vaux, d'où : *Thibaut* LASSOIS, dit *Le Noble*, pour avoir été déclaré tel comme parent de la Pucelle par arrêt du bailli de Chaumont, le 27 janvier 1525, ép. *Didon* N., d'où : *Nicolle* LASSOIS, dite *La Noble*, née en 1501, ép. *Nicolas* FRIRIOT, de Sauvoy, d'où : *Claudin* FRIRIOT, écuyer ;

2º *Catherine* LE VAUSEUL ou DE VOYSEUL, née en

1429, ainsi appelée en souvenir de feu *Catherine*, sœur de la Pucelle, ép. *Jacques* ROBERT, dit *Robert Jacquet*. Elle mourut en 1520, d'où : 1° *Jeanne* ROBERT, ép. *Laurent* BARROIS; et 2° *Hellouy* ROBERT, ép. *Pariset* LANGRES, demeurant à Badonviller.

II. — 3° *Demange* LE VAUSEUL ou DE VOYSEUL, appelé le vieux Vauseul, demeurant à Burey-en-Vaux, ép. *Ydolte* VOYNAUD, avec laquelle il s'établit à Champougny, d'où :

III. — *Jean* DE VOISEUL, demeurant à Sauvigny, mort en 1561, ép. en 1525 *Marguerite* GALISSELLE, d'où :

IV. — *Marguerite* DE VOISEUL, ép. *Médard* LE ROYER, de la maison de MARCHÉVILLE, demeurant à Chalaines, près Vaucouleurs, d'où :

V. — *Jean* DE MARCHÉVILLE, dit LE ROYER, né vers 1530, lieutenant-général des traites foraines et domaniales au bureau de Vaucouleurs, seigneur de Bernicqueville, confirmé dans sa noblesse en 1555, ép. *Nicole* DE MENGEOT, d'où :

VI. — *Médard* DE MARCHÉVILLE, dit LE ROYER, gentilhomme ordinaire de la maison du duc de Lorraine et favori du prince pour ses services de guerre, ép. *Rachel* D'OURCHES, d'une des premières maisons du pays. Il prit le nom de VOISEUL, dont la seigneurie lui appartenait, puis, en 1613, son nom patronymique de MARCHÉVILLE, d'où :

1° *Charles* DE MARCHÉVILLE, écuyer, seigneur de Bernicqueville, qui épousa vers 1615 *Catherine* DE RAULET; postérité inconnue.

VII. — 2° *Claude* DE MARCHÉVILLE, ép. *Louis* D'OURCHES, seigneur de Delouze, d'où :

VIII. — *Jeanne* D'OURCHES, ép. le 1ᵉʳ mai 1623, *Adrian*

Errard, *alias* des Errard [1], seigneur de Broussey-en-Blois, d'où :

IX. — *Louis* Errard, ou des Errard, seigneur de Delouze, ép. *Jeanne* de la Mothe, d'où :
- 1º *Louis* des Errard, qui suit ;
- 2º *Nicolas* des Errard, non marié,
- 3º et 4º *Louise* et *Françoise*, non mariées.

X. — *Louis* des Errard, lieutenant au régiment de Raigecourt-cavalerie, ép. en 1711 *Catherine-Nicole* Rouyer, d'où postérité éteinte dans les dernières années du xviiiº siècle en la personne de demoiselle des Errard, morte à Boucq, laissant sa fortune à M. de Pistor, son parent, aïeul de *Ch.-Sébastien* de Braux.

(Cf. D. Pelletier, art. Médard et Errard.—Voir aux *Preuves* du chap. IV.)

CHAPITRE V

GÉNÉALOGIES DONT IL NE NOUS EST PAS POSSIBLE DE FOURNIR DES PREUVES AUTHENTIQUES

GÉNÉALOGIE CC. — *Branche incertaine qui se serait établie en Bretagne.*

IV. — *N.* du Lys, écuyer, fils de *Jean* du Lys le jeune et d'*Anne* de Villebresme, ép. demoiselle *Dyrodor* de la Questerie, d'où :

V. — *Jean* du Lys, avocat et conseiller du Roi, ép. *Isabeau* de Séjourné, d'où : 1º *François-Jean* du

---

1. Il était fils du célèbre ingénieur lorrain qui fortifia Bar-le-Duc.

Lys, écuyer, capitaine des francs-archers du comte de Nantes, mort sans alliance ; 2° *N.* du Lys, ép. demoiselle de la Varenne ; 3° *N.* du Lys, prieur de l'abbaye de Bugeay ; 4° *N.* du Lys, religieuse de l'abbaye du Val-de-Morières ;

VI. — 5° *Charles* du Lys, attaché à Henry III, roi de Pologne, chargé de missions à Constantinople, épousa en 1583 *Esther* Grimaud, des Grimaldi, dame de Procé, d'où :

VII. — *Anne* du Lys, ép. *René* de la Grée, seigneur du Chastelier, capitaine de chevau-légers. (Postérité inconnue.)

Nota. Cette généalogie, qui n'est accompagnée d'aucune preuve, est tirée des papiers de Charles du Lys, dans les archives de M. de Maleissye.

Au-dessous est écrit le quatrain suivant, revêtu de la signature de Bonnot, *Procureur en Parlement* :

Ton nom et ton surnom, richement enlacez
Démonstrent la grandeur de la tige florée
De ta noble maison : mais ce n'est sans raison,
Puisque du sacré lys tu portes le beau nom.

GÉNÉALOGIE DD. — *Continuation de la descendance de Charles du Lys dans la famille du Tour.*

Si l'on en croit le tableau généalogique de la famille du Tour, [conforme aux indications du *Dictionnaire de la Noblesse* de Lachesnaye des Bois (2e édit., Paris, 1778. T. II, p. 683 et vol. supp. A T.)], le fils issu du mariage de Richard de Pichon avec Catherine du Lys, *François* de Pichon, ne se serait pas fait carme, ainsi que l'indique le tableau annexé à l'édition de Charles du Lys, donnée par M. Vallet de Viriville, ou du moins n'aurait pas persévéré dans cette vocation. Il se serait marié et aurait eu postérité, de la manière qui suit[1] :

Gabriel DU TOUR, écuyer, fils d'*Antoine* DU TOUR, avocat à Bordeaux, et de *Marie* D'ATHIS, épousa par contrat du 2 août 1681, par-devant M° Lafeurine, notaire à Bordeaux, noble dame *Catherine* DE PICHON DU LYS, veuve de noble *Pierre* DE VERTEUIL DE MALLERET, fille de noble *François* DE PICHON DU LYS, chevalier, et de noble dame *Marie* D'AYDIE DE GUITTINIÈRES, d'une des plus grandes familles de la Guyenne. Il eut pour fils :

Richard DU TOUR, né à Bordeaux le 10 juin 1684, capitaine au régiment Dauphin, puis commandant des châteaux du prince de Monaco, ép. le 9 juillet 1707 demoiselle *Isabeau* DE FLAISSAC, d'où :

Deux fils : 1° *Pierre-Richard* DU TOUR, lieutenant au régiment de Mauconseil, tué à Guastalla, sans alliance ; 2° *Étienne-Marc-Antoine* DU TOUR, né le 7 juin 1716, capitaine à Saint-Domingue, reconnu d'ancienne noblesse en 1778 et mis en possession du titre de comte, épousa le 18 juin 1743 demoiselle *Renée* DE SAUVAGE, d'où sept enfants, dont six moururent en bas âge ou sans alliance, et *Étienne-Marie-Antoine-Richard*, comte DU TOUR, né le 24 juin 1744, commandant du Fort-Dauphin, chevalier de Saint-Louis, savant naturaliste, épousa par contrat du 11 décembre 1780 demoiselle *Marie-Éléonore-*

---

[1]. Nous regrettons de n'avoir pu voir les pièces originales qui nous auraient permis de *rectifier* formellement une erreur historique, en donnant pleine satisfaction aux prétentions de M. le comte du Tour. Nous publions néanmoins sa généalogie, sous cette réserve.

Aimée DE SAUVAGE, d'où trois fils qui suivirent la carrière des armes :

1° *Édouard*, tué à Saragosse; 2° *Théodore*, mort à Moscou; 3° *Hippolyte*, comte DU TOUR, aide de camp du maréchal Ney, puis sous-intendant militaire, enfin receveur des finances à Meaux, chevalier de la Légion d'honneur, ép. demoiselle THOMAS, d'où :

Édouard, comte DU TOUR, consul de France à Palerme.

Les DU TOUR portent : *de gueules à la fasce d'or accompagnés en chef de deux tours d'or et en pointe d'une hure de sanglier du même, écartelées avec les armes des du Lys.*

GÉNÉALOGIE EE. — Généalogie extraite de l'Enqueste et Sentence du prévôt de Vitry, du 3 octobre 1532, sur la qualité de gentilhomme de Nicolas LE GLAYVE, *de Hermaurux.*

(Archives de M. de Maleissye.)

« *Jean* MOREL de Mollins, bailliage de Chaumont, prévôté de Wailly, fut franche et libre personne, lequel en son temps fut conjoint par mariaige avec une nommée *Isabel* du pays de Lorraine, noble et gentille femme portant armoirie, estat et acoustumance de noble et gentille femme, tenue et réputée prochaine parente et lignagère de *Jehanne la Pucelle* de Domremy, à l'ayde force et vertus de laquelle le Roy Charles septiesme mit hors les Anglais de son royaulme, de laquelle ladicte feue *Isabel*, femme dudict MOREL, estoit comme dist est prochaine parente et telle estoit tenue, nomée et reputée audict Moillins et partous le païs de Partoy. Comme telle estoit souvent saluée par gros personnages, honorée et tenue en révérence par tous ceulx qui d'elle avoient cognoissance, jouyssant et usant des droits, priviléges, prérogatives et prééminence que les gentilzhommes et fammes du pays ont accoustumé et usé. »

Jean MOREL eut d'*Ysabel* : *Pierre* MOREL, dit le *Glorieux*, de Thiéblemont « noble personne au moyen de ses vertus de noblesse dont et des droits de laquelle il a tousjours jouy et toute sa postérité à servir les feux Roys Louys onzième, Charles huict° et René de Sicile »; et encore de *Jean* MOREL et d'*Ysabel* sont descendus : *Collette*, *Marguerite* et *Alison* les MOREL.

Ladite *Collette* épousa maître *Michel* de BUTO.

Marguerite, ép. noble homme *Jean* MOSLEVA, de Lignancourt, d'où : *Jean* MOSLEVA, de Villers-aux-Bois, *Pierre* MOSLEVA, de Héricourt, et *Estienne* et *Simonin* MOSLEVA, de Moillins, lesquels tous jouissent et usent des droits et priviléges de noblesse.

Alison MOREL, ép. *Jean* POIL-DE-CERF, de Thiéblemont, d'où : messire POIL-DE-CERF, prêtre, *Andrieu*, *Simon*, *Ysabeau* et *Marguerite* les POIL-DE-CERF. Laquelle *Marguerite* ép. en premières noces noble homme *Jean* GOURILOT, d'où : noble demoiselle *Claudine* GOURILOT, ép. noble homme *Jean* PARISIEN, et en secondes noces *Nicolas* LE GLAYVE, libre et franche personne demeurant à Hermaurux, homme d'armes de la bande de M. le duc de Lorraine ; de leur mariage est issu et descendu le sieur *Nicolas* LE GLAYVE.

NOTA. L'arrêt du prévôt de Vitry donne pleine satisfaction aux prétentions de Nicolas Le Glayve. Là s'arrête la généalogie de ce dernier.—Mais rien dans la chronologie ne s'oppose à ce qu'il soit le père de *Philbert* LE GLAYVE, lieutenant criminel au bailliage de Vitry, époux en secondes noces de *Mengette* MARQUIN, citée dans l'Enquête de 1585. (Voir ci-dessus, chap. IV, Gén. AA.)

DESCENDANTS DE LA FAMILLE DE LA PUCELLE cités par divers auteurs, sans qu'il soit possible de les rattacher à nos généalogies.

« BAR (*Nicolas de*), peintre célèbre, originaire de Barrois, connu à Rome, sous le nom de seigneur Nicolet. Excellait surtout à peindre les vierges : mort à la fin du xviie siècle.

« Il eut un fils né à Rome, peintre comme son père, prit le nom de DU LYS et n'est connu que sous ce nom en Lorraine. Mourut à Nancy en 1731 ou 1732. »

(D. Calmet, *Notice de Lorraine*, p. 77, et Durival, *Description de la Lorraine*, t. IV, p. 12.)

« CALLOT, famille lorraine, à laquelle appartient l'illustre *Jacques Callot*. Son aïeul *Claude Callot* avait épousé *Claude de Fricourt*, issue par sa mère de la famille de la Pucelle. Outre l'illustration du grand artiste lorrain, cette famille compte parmi ses descendants madame de *Graffigny*, l'auteur des *Lettres péruviennes*. »

(Voir Meaume, *Vie de J. Callot*, Généalogie, *in fine*, et *Éloge de Callot*, par le p. Husson. Cf. D. Pelletier, *Nobil. de Lorr.*)

Le *Journal des Débats*, dans son numéro du 17 septembre 1844, contient un article où est cité M. DE COMBE OU DE COULOMBE DU LYS (*Henry-François*), chanoine de Champeaux et prieur de Coutras, comme membre de la famille de Jeanne d'Arc.

Cf. *Considérations sur la famille de Jeanne d'Arc*, par M. de Haldat, 1850, p. 306.

L'article des *Débats* visait sans doute la note suivante, relevée dans la *Bibliothèque historique de la France*, par Fevret de Fontette (II, p. 186) :

« La famille de cette célèbre héroïne vient de s'éteindre par la mort de messire Henry-François de Coulombe du Lys, chanoine de Champeaux et prieur de Coutras, arrivée le 29 juin 1760, qui en était le dernier mâle. La pension qu'il recevait de la Cour en cette qualité est également éteinte. »

« *Anne* du Lys, ép. *Jacques* Gaulthier, substitut en la Prévôté de Bruyères, par lettres du 27 juillet 1665, puis conseiller au Conseil souverain d'Alsace et procureur général dudit Conseil.

« *Anne* du Lys, veuve en 1707, eut de *Jacques* Gaulthier :

« 1º *Charles* Gaulthier ;

« 2º *Jean-François* Gaulthier, procureur général au Conseil souverain d'Alsace ;

« 3º *Joseph* Gaulthier, chanoine à Saint-Pierre-le-Vieux de Strasbourg ;

« 4º *Catherine* Gaulthier, veuve en 1703 de *Thomas* de Bronne, colonel au service de France; et plusieurs autres. »

(D. Pelletier, *Nobiliaire de Lorraine*, p. 283.)

Nota. Jacques Gaultier, procureur général au Conseil souverain d'Alsace, et Anne du Lys, sa femme, sont nommés comme témoins dans l'acte de mariage de Mrᵉ François-Alexandre du 22 février 1710. — La date indiquée pour le veuvage d'Anne du Lys par D. Pelletier paraît donc erronée.

Extrait du Héraut d'armes, *Revue illustrée de la Noblesse,* par MM. V. Bouton et de Bizemont, t. I (1861-63), p. 89.

« Le *Moniteur* du 12 juin 1853 rapporte que « le « sieur *Louis-Félix-Alexis* Mercier, né à Ornans « (Doubs), le 8 avril 1811, est dans l'intention de se « pourvoir devant M. le garde des sceaux, à l'effet « d'obtenir l'autorisation d'ajouter à son nom celui « de d'Arc. »

« Dernièrement encore un habitant de Cherbourg, M. Renaudeau, demanda aussi l'autorisation d'ajouter à son nom celui de d'Arc.

« La Commission chargée de statuer sur cette demande l'a rejetée par un sentiment que nous ne comprenons pas. M. Renaudeau prouva qu'il descendait de la famille de Jeanne par les femmes. Mais, lui répondit-on, si on vous accordait ce nom, il y a tant d'autres qui y ont droit, ce nom deviendrait trop commun !

« M. le garde des sceaux ne fut pas de cet avis. Il présenta à Sa Majesté un décret qui fait revivre en M. Renaudeau, le nom de d'Arc. Cela est juste et beau. »

(Il y a dans l'article le nom de *Rousseau* au lieu de *Renaudeau*. Cette erreur est rectifiée dans un article ultérieur).

Il a existé et il existe encore dans diverses provinces de la France plusieurs familles *du Lys* qui n'ont aucun rapport d'origine avec celle de l'héroïne.

C'est ainsi que l'*Armorial officiel* de 1666-1698 donne :

Julien du Lys, prêtre, curé de Guibray, de Falaise ;

de gueules à quatre fleurs de lys d'argent, posées en croix. (Reg. d'Alençon).

Philippe-Baudoin DU LYS, avocat au parlement : *d'azur à une fasce d'or, accompagné en chef d'un soleil et en pointe d'un cœur de même.* (Reg. de Paris.)

Joseph DU LYS, prêtre : *d'azur à un lion d'or de la gueule duquel est mouvant un lys de trois fleurs d'argent.* (Reg. de Provence.)

Étienne DU LYS, de Longchamp, chanoine de Bourges : *d'azur à une croix d'or cantonnée de quatre lys d'argent, grenés, tigés et feuillés d'or.* (Reg. de Bourges, p. 167.)

Estienne DU LYS, greffier de Levroux : *d'azur à un lys d'argent, tigé, feuillé et grené d'or sur une terrasse de même et accosté de deux abeilles d'or affrontées.* (Reg. de Bourges, p. 287.)

Sébastien DU LYS, seigneur de Beaucé, et quatre autres DE LYS ou DU LYS, alliés aux familles de LESCOET, de BOISGELIN, de VOYES et de KERMORET : *de gueules à une fasce d'argent chargée de quatre mouchetures d'hermines et surmontées de deux fleurs de lys d'argent.* (Reg. de Bretagne, I, p. 200, 381, 392, 146).

Cette famille du Lys, de Bretagne, fut déclarée noble d'extraction par arrêt rendu en la Chambre de réformations le 13 janvier 1671, comme ayant prouvé sa noblesse depuis *Sylvestre* DE LYS, qui était marié en 1481 avec *Marie* MADUEC.

Elle n'a donc rien de commun avec la branche incertaine des DU LYS, de Bretagne, de la lignée de la Pucelle, qui serait sortie de l'échevin d'Arras, à la fin du XVe siècle.

Nous trouvons dans un ouvrage d'un littérateur du xviii⁰ siècle, Rétif de la Bretonne, qu'on peut être surpris de voir citer dans un ouvrage du genre de celui-ci, une mention que nous ne croyons cependant pas devoir négliger, à titre de renseignement :

« Le privilége en faveur des fammes *(sic)* a subsisté
« jusqu'au commencement du dernier siècle ; Eudes-
« Lemaire, qui en était issu par sa mère, fit encore
« enregistrer en 1608 ses lettres d'ennoblissement, en
« vertu de sa généalogie authentiquement prouvée :
« six ans après, cette prérogative fut abolie par arrêt
« du parlement et restreinte aux seuls descendants
« en ligne masculine. »

La Prévention nationale, 2⁰ partie, p. 182. — La Haye, 1784.

PREUVES DU CHAPITRE I

Extrait de la Layette ARC, Cabinet des Titres, Bibl. Nat.

Jacques d'Arc, paysan, demeurant au village de Domremy sur Meuse, près Vaucouleurs, épousa Isabeau de Vautour. Le roi les anoblit avec leurs enfants et toute leur postérité, à cause des actions de leur fille, par lettres-patentes du mois de décembre 1429 et par lettres du mois de janvier dudit an (N. S. 1430), leur permit de changer leur nom d'Arc et de prendre celui du Lys.

Extrait d'un registre paroissial de Domremy de l'an 1490[1].

Extraict dun vieil registre fort antien couvert de parchemin commançant au premier feillet escrit par ces mots : s'ensuyvent les preys, terres et obitz rentes, censes droictures deubz et appartenantz au curé et recteur de Greux et Dompremy, escritz et spécifiez par moy Estienne Girard, curé desd. villes, prestre notaire juré de la cour

---

1. Cette date n'est pas celle de la fondation mais bien de la transcription sur le registre.

de Toul, desquels preys terres obitz rentes et censes, la teneur cy après s'en suyt escriptes l'an m.iiijc.iiij^{xx} et x.

Au feuillet onziesme est escrit : *Jacob d'Arc et Ysabellot, sa femme*, ont donné audict curé de Dompremy deux gros pour leurs obitz et anniversaires, pour dire et célébrer chascun an deux messes en l'Esglise dud. Dompremy, la sepmaine des fontaines et prendre, avoir et lever chascun an, sur une faulchée et demie de preys séant on ban dudict Dompremy, dessus le pont, entre les hoirs Janvrel, d'une part, et les hoirs Girardin, d'autre........

Acquisition de la maison dite de la Pucelle, par Louise de Stainville en 1586.

(Archives départementales à Nancy, Layette Ruppes II, n° 14.)

A tous ceulx qui ces présentes lettres verront et orront, M. Jehan Gillot lizensiez ès droictz, prévost de Gondrecourt, garde du scel de ladicte prévosté, salut. Sçavoir faisons que par devant Jehan Bernard et Guillaume Gerrardin, notaire jurez et estably ad ce faire audict Gondrecourt et ressort d'illec de par Son Altesse, en présence et par devant lesdicts notaires, sont comparus en leurs personnes honorables hommes Thomassin Fremynet, jadict recepveur de Ruppes, et demoiselle Jacquelline de Lespinne, sa femme, demeurant audict Ruppes, ladicte Jacquelline licensez et octorisée dudict Fremynet, son mary, pour passer et contracter ledict présent vendage cy après déclairez, laquelle licence elle a receu et prins pour aggréable, lesquieulx ont vollontiers recongnus, de leurs plain grez, pure, franche et libéralle voullonté, sans force ny séduction aulcunes, avoir vendu, ceddé, quicté, remis et transpourté pour tousjours, et par ces présentes vendent, ceddent, quictent, remectent et transportent et promectent conduire et guarantir de tous troubles et empêchement quelconques à haulte et puissante dame Madame Louyse de Stainville, comtesse de Salin, dame dudict Stainville, douairire de Ruppes, présente, stippulante, acquérante et acceptante, pour elle, ses hoirs, successeurs et ayans cause, sçavoir : une maison bastie en chambre bas et haulte, deux greniers dessus lesdites chambres, deux petites corselles devant icelles maison avec unq petit vollier, ensemble les usuaires d'icelle de tous costés, et comme le tout se contient, sans en rien retenir. Et icelle maison dict et appelle vulgairement la *maison de la Pucelle*, assize au village de Dompremy sur Meuze, proche l'église dudict lieu, la cemetire, d'une part, et Nicolas Noblesse, mayeur dudict lieu, et Didière, vefve de feu Demenge Musnier, d'aultre part; icelle maison venue de feu messire Thomassin Guérin, vivant maire de Gerbauvaulx et recepveur dudict Ruppes, oncle dudict Fremynet, et à luy escheu par le decez d'icelluy; au reste, franche et quicte de touttes servitudes, obligations, ypotecques quelconques. Et est faict icelluy vendage pour le pris et somme de cinq cens frans, monnoie barrois, que iceulx vendeurs ont congnus avoir euz reçus manuellement contant de madicte dame avant la passation des présentes, dont ilz s'en sont tenus pour contant et bien payez, de grez à grez, d'icelle, et ont quictez et quictent madicte dame, sans ce qu'elle luy soit besoing avoir aultre quictance, fors ces présentes. Promectans lesdicts vendeurs, par leurs foydz et serment de leurs corps, pour ce donnez corporellement ès mains desdicts jurez, ce présent vendage tenir, entretenir, garder, conduyre, garantir et deffendre à madicte dame acquêtresse, ses hoirs, successeurs et ayans cause, contre et envers tous, jusques à droict, sur peines de tous despens, dommage et interrestz. Obligent lesdicts vendeurs, à cest effect, ès mains de madicte dame, tous et ung chacuns leurs aultres biens, meubles et héritages, ceulx de leurs hoirs, présent et advenir par tous où ilz soient, s'en submectant ès juridictions, forces et contraincte de Sadicte Altesse et de tous aultres, tant spirituelz que temporels, comme pour choses congnue et adjugée en droictz; renonceant à tout ce entièrement que, en ce faict, les pouroit ayder au contrere des présentes et au droict disant général renonciation non valloir, sy la spécialité ne précède. En tesmoing de vérité, nous garde susdict, à la rellation desdictz jurez de leurs seingz mannuelz mis à ces présentes, avons icelles scellées du scel de ladicte prévosté et de nostre propre contre-scel, sauf tous droict. Faict et passez audict Ruppes, avant midy, le quinzeiesme jour du mois de febvrier mil cinq cens quatres vingt et six. Et a ledict Fremynet, vendeur déclarez ne pouvoir signer pour estre présentement détenu et persécuté des goutes ès doigtz des mains.

GERARDIN.   BERNARD.

Extrait du Nobiliaire de Lorraine de Dom Pelletier.

Page 493, art. Lis.

Lis (*Jacques* du). Comme cet *annoblissement* est rapporté par la plus grande partie des historiens des trois derniers siècles, avec les circonstances qui y donnèrent lieu, nous nous contenterons de dire ici que :

Jacques du Lis, originaire de Domremy-sur-Meuse, et qui se nommoit auparavant *Jacques* d'Arc ou d'Ay, nom qu'il plut au roi de changer en celui du Lis, fut annobli conjointement avec *Isabelle* Romée, sa femme, et *Jacquemin, Jean, Pierre* et *Jeanne* d'Arc ou du Lis, dite la *Pucelle d'Orléans*, leurs enfants, par lettres patentes de Charles VII, roi de France, données au mois de décembre 1429. Porte *d'azur, à l'épée d'argent mise en pal et la pointe levée, ayant la croisée et la pomme d'or, soutenant une couronne, et accompagnée de deux fleurs de lis de même.*

Jean Day ou d'Arc, bailli du Vermandois et capitaine

de Chartres, avoit en 1454, 120 livres de pension ainsi qu'il se voit par les registres de la Chambre des comptes.

Pierre du Lis, son frère, en avait autant à la même année. M. le duc d'Orléans lui donna l'Ile-aux-Bœufs contenant 200 arpents, dans la rivière de Loire, pour en jouir lui et *Jean* du Lis, son fils, leur vie durant. Ladite donation, faite le 26 juillet 1443, employée dans un compte de 1444 et dans un autre de 1456.

———

Au sujet de *Catherine* du Lys, cf. aux *Preuves* du chapitre III, la déposition de *Mangeon* Rendelz dans l'enquête du 16 août 1502.

———

Fortune de la famille d'Arc.

L'abbé Mandre, curé de Damvillers (Meuse), docteur *in utroque jure*, né en 1742, mort vers 1820, conservait précieusement des pièces et des traditions de famille qu'il a communiquées à son neveu M. Villiaumé, et que celui-ci a transmises à son fils, le savant historien de Jeanne d'Arc et de la Révolution. Voici ce qui était relatif à la fortune de la famille d'Arc. Nous tenons cette note de la bienveillance de M. Villiaumé.

« Les biens que possédaient Jacques d'Arc et Isabelle Romée représentaient environ vingt hectares, dont douze en terres, quatre en prés et quatre en bois, dont *le bois Chenu*; ils avaient de plus leur maison, leur mobilier et une réserve de deux à trois cents francs qu'ils entretenaient avec soin en prévision d'une fuite en cas d'invasion, telle que celle qu'ils furent obligés de faire à Neufchâteau. (Le franc valait environ 13 francs de notre monnaie.) Tout cela, disait l'abbé Mandre, constituait une valeur totale de 50,000 fr. environ (c'était en 1812 : cela en ferait bien aujourd'hui 80,000). En faisant valoir eux-mêmes ce bien, leur revenu, tant en nature qu'en argent, pouvait atteindre le chiffre de 4 à 5,000 fr., valeur de nos jours. Voilà ce qui explique la possibilité qu'ils avaient de faire la charité et de donner l'hospitalité aux moines mendiants et aux voyageurs qui passaient souvent dans ce pays. »

PREUVES DU CHAPITRE II

Au sujet du mariage de *Jean* DU LYS, cf. aux *Preuves* du chapitre III la déposition de *Claude* DU LYS dans l'enquête du 16 août 1502.

Bail de rentes et héritages au village de Han, passé par Claude Dalix au profit de Claude de Bourlémont, du 9 avril 1496.

Archives de Lorraine, à Nancy. (Layette Ruppes, II, n° 63.)

Saichent tuit que en la court Monseigneur le duc, de son tabellionnaige de Chastenoy et du Neufchastel, pour ce personnellement establis, noble homme *Claude* DALIX, de Dompremy, et *Nicolle*, sa femme, licenciée dudit son mary, ont recongnus qu'ilz ont laissier à tittre d'amodiation d'argent, pour eulx et leurs hoirs, pour le terme de douze ans venant, à Claude de Bourlémont, seigneur en partie du Han, et à Jannette, sa femme, pour eulx et leurs hoirs, et iceulx ont prins et retenus desdits DALIX et de sadite femme, pour ledit terme, assavoir : touttes les menues rentes que, à cause de leur seigneurie dudit Han, icelluy de Bourlémont, preneur, et sadite femme avoient auparavant vendues audit DALIX et à sadite femme, pour le terme dessusdit, avec encore ung petit jardin séant audit Han, entre lesdits preneurs, d'une part, et George, dudit Han, d'aultre. Et est faite ceste présente admodiation et laix pour et parmy paiant par ledit Claude de Bourlémont, sadite femme ou leurs hoirs, audit *Claude* Dalix, sadite femme ou leurs hoirs, par chacun an, au terme Saint-Martin d'iver, lesdits douze ans durant, la somme de trois francs, monnoie de Lorraine, à cause dudit laix, dont le premier terme et paiement commensera à la Saint-Martin prochien venant. Promettans lesdis laisseurs et lesdis preneurs, par leurs foidz données corporellement en ladite court en lieu de serment, sur l'obligacions de tous leurs biens, meubles et immeubles, présens et futurs, de non jamais aller ne faire aller ne venir contre ceste présente admodiation en manières quelscunques ; ainsoy gairentiront lesdis Dalix, sadite femme, lesdis douze ans ; et ledit Claude de Bourlémont, sadite femme, de biens paier lesdis trois francs chacun an, audit terme Saint-Martin d'iver, en eulx et leursdis biens, soubzmectans aux jurisdictions et contrainctes de Monseigneur le duc, de ses justiciers et de touttes aultres, comme chose adjugié par droit, touttes exceptions quelxcunques ad ce contraires du tout cessant et arrier mise. En tesmoins de laquelle chose, à la requeste desdites parties, sont ces présentes lettres scellée du scel mondit seigneur le duc de sondit tabellionnaige, saulf son droit et l'aultruy. Ce fut fait le neufiesme jour d'apvril l'an mil quatre cens quatrevingtz et seize, présens discrette personne messire Didier et messire Demange, ambdeux prebtre de Vourxey, tesmoingtz de ce appellez et requis.

J.-P. Joly.

Testament de Claude du Lys, curé de Greux et Domremy, du 8 novembre 1549.

« *In nomine Dni*, amen. Je Claude du Lys a present curé de Dompremy et Greux diocese de Toul, en nostre bon sens, propos, mémoire et vray entendement, scachant et congnoissant qu'il n'est chose sy certaine que de la mort, mais moins certaine que l'heure d'icelle à tous humains, et affin que icelle heure ne me pregne imprevue et intestat, ordonnant des biens que Dieu m'ait prestez en ce mortel monde, tendant au salut de mon âme, fais et ordonne mon testament, devis, ordonnance et dernières volontez en la forme et manière que sensuyt.

Premièrement. Je rends mon âme à Dieu mon créateur qui lait faicte et racheptée de son très-digne et précieulx sang, à la glorieuse Vierge Marie, sa très-doulce mère, à Mʳ saint Michel, archange, à Mʳ saint Remy, mon benoist patron, à MM. saint Pierre et saint Paul, apostres de Notre Seigneur, et généralement à tous les benoyctz saints et sainctes du Paradis, auxquels je prie très-dévotement qu'il la veuillent recepvoir et conduire en leur très-sainte et digne compagnie ès bienheurée mension, quand de mon corps partira.

Je veulx que mes dettes soient payées, mes forfaicts amandez et toutes restitutions claires, notoires et congnues, auxquelles je suis et pourray estre tenu, soient faictes, au resgard de notre mère l'Esglise et de mes exécuteurs cy après nommez.

Je esleus la sepulture de mon corps, quand l'âme sera séparée d'yceluy, en l'esglise Mʳ saint Remy de Dompremy, mon benoict patron, en la chappelle Notre-Dame, au lieu où reposent et gissent mes feus prédécesseurs curez et oncles, à laquelle je donne pour Dieu et ces aulmosnes dix francz pour l'entretenement d'icelle.

Item. Je donne à la fabrique Mʳ saint Remy de Dompremy cinq francz pour une fois.

Item. Je donne à la fabrique des trespassez audict Dompremy pour estre participantes ès bien faicts d'icelle, cinq francz.

Item. Je donne à la messe de Nostre-Dame dudict Dompremy pour l'entretenement des messes d'icelle, deux francz pour une fois.

Item. Je donne à la messe Mʳ saint Sébastien audict Dompremy pour l'augmentation d'icelle, deux francz.

Item. Je donne à la fabrique Mʳ Saint-Maurice de Greux, cinq francz pour une fois.

Item. Je donne à Nostre-Dame-de-Massey, deux francz pour une fois.

Item. Je donne à Nostre-Dame-de-Beauregard, six gros pour une fois.

Item. Je donne à Nostre-Dame-de-Beaumont, six gros pour une fois.

Item. Je donne à Nostre-Dame-de-Sauvoy, sept gros pour une fois.

Item. Je donne à la chapelle Notre-Dame-de-la-Pucelle, pour l'entretenement d'icelle, dix francz[1].

Item. Je donne à Mʳ Saint-Pierre de l'Isle, six gros pour une fois.

Item. Je donne dix francz pour achepter demye faulchée de prez pour la chapelle Mʳ Saint-Jean-Baptiste fondée en l'église dudict Dompremy à l'intention de faire dire deulx messes haultes par chacun an, les vigilles des festes Mʳ Saint-Jehan, de Noël et d'Esté.

Item. Je donne à l'église Mʳ Saint-Hubert en Ardennes la somme de vingt écus soleil pour fonder une messe perpétuelle le jour de la feste Mʳ Saint-Claude.

Item. Je donne à l'église parrochialle de Saint-Paul-des-Prés six escus soleil pour prier Dieu pour mon âme.

Item. Je donne à la chapelle Saint-Jehan-des-Prés dix francz pour une fois.

Item. Je donne à la fabrique Saint-Martin-d'Amanty sept escus soleil.

Item. Je donne à la chapelle Mʳ Saint-Nicolas-de-Taillancourt douze francz.

Item. Je donne à JEHANNE, ma niepce, le prix et somme de vingt francz, affin qu'elle prie Dieu pour mon âme.

Item. Je donne à FRANÇOISE, mon autre niepce, cent francz pour son mariage.

1. Chapelle des du Lys en l'église de Dompremy, autrement appelée la chapelle Notre-Dame-de-la-Pucelle. — Note de Ch. du Lys.

Item. Je donne à Didon, mon autre niepce, six vingt francz pour son mariage.

Item. Je donne à Barbe, mon autre niepce, cent francz pour son mariage.

Item. Je donne à la petite Nicolle, mon autre niepce, cent francz pour son mariage; afin qu'elles prient touttes Dieu pour le salut de ma pauvre âme, et de tous ceulx et celles que je suis tenu de prier.

Item. Je veux et ordonne que incontinent après mon trespas et le plus tôt que fère se pourra, soient dits et célébrez cinq services de messes, et à chascun seroient vingt-cinq prêtres, et le jour précédent de chascun service vigille des morts à neuf leçons, le tout en l'église dudict Dompremy où posera mon corps, et pour chascune desdictes basses messes je donne trois gros et les autres quatre gros à scavoir les hautes, et à chascun service distribution aux pauvres qui seront un pain, vallant chascun pain trois deniers.

Item. Je donne à chascun de mes nepveux pour les entretenir à l'escole chascun trente escus soleil, pour et afin qu'ils prient Dieu pour le salut de mon âme.

Item. Je donne à mon cousin, le maistre de Gerbonvaulx, trois francz pour une fois.

Item. Je donne à toutes les femmes vefves qui sont pauvres, au lieu de Dompremy, à chascune un gros pour une fois.

Item. Je donne à M. François Malhay, mon bon maistre, trois francz.

Item. Je donne à mon cousin, maistre Estienne Verteliq, trois franz.

Item. A messire Gerrard de Sorcey, mon cousin, trois francz pour prier Dieu pour mon âme.

Item. Je donne à maistre Barthelemy Lesculier, mon chappellain, cinq francz pour prier Dieu pour mon âme.

Item. Je donne à mon filleux, Claude le Comte, cinq francz, pour une fois, pour prier Dieu ... mon âme.

Item. Je donne à Claudine, ma filleule, fille de feu

mon compaire Jehan Merchuier, cinq francz, afin qu'elle prie Dieu pour moi.

Item. Je donne à mon filleux, Jehan de Lesseville, un francz pour prier Dieu pour moi.

Item. Je donne à Estienne Regnaut et Tholnette sa femme cinq francz pour prier Dieu pour moi.

Je révoque, casse, etc., tout autre testament que je puis avoir fait du passé. »

Les exécuteurs testamentaires sont : François Hulot, cousin du testateur, et Mathieu Charpentier. Il leur donne pour cela dix francs. Il laisse à sa mère la jouissance de la rémanence de la succession.

Cette succession était ouverte le 15 mai 1550, par la mort du testateur, ainsi qu'il résulte du certificat du notaire à cette date. *Signé :* Boleti.

Reprises du fief de Gibeaumeix, par Olry des Hazards, du 15 avril 1558.

Archives de Lorraine, à Nancy. (Layette Foug. II, n° 19. — B. 32, f° 57.)

Nicolas de Lorraine, comte de Vauldémont, baron de Mercueur, tuteur et administrateur des corps et biens es pays de nostre très-chier et très-amé nepveu, Charles, par la grâce de Dieu, duc de Calabre, Lorraine, etc. A tous ceulx qui verront ces présentes, salut. Sçavoir faisons que aujourd'huy, datte de cestes, noz très-chers et féaulx *Olry* des Hazars, en son propre nom, à cause de damoyselle *Jehanne* Duly, sa femme, et *Michiel* Fuselot, en son nom, aussi à cause de damoyselle *Biétrix* de Gombervaulx, sa femme, et en nom et comme procureur de *Nicolas* Noblesse, demeurant à Dompremy, à cause de damoiselle *Didon* Duly, sa femme, *Jehan* de Bonneaire, demeurant à Vaulcouleur, à cause de damoiselle *Françoise* Duly, sa femme, se faisanz forts de *Anthoine* Duly, *Nicolas, Barbe, Nicole* et *François* Duly, enffans mineurs d'ans de feu *Didier* Duly et de damoiselle *Nicole* de Gombervaulx, comme tuteurs et curateurs d'eulx..., nous ont fait les foy, hommage et serment de fidélité qu'ilz estoient tenuz faire à nostredit nepveu à cause de telles partz et portions qu'ilz ont et peuvent avoir par indivis en la seigneurie de Gibaumel, chastellenie de Fou, et au ban saint-Gérard, près Jubainville, mouvantes en fiefz de nostredit nepveu à cause de son chastel et chastellenie de Bar, et génerallement de tout ce qui en peult deppendre à cause de sondit chastel et chastellenie; à quoy les avons fait recevoir par nosttre très-chier et féal conseillier R. P. messire Pierre du Chastellet, abbé commendataire de Saint-Martin-lez-Mets, chef du conseil, saulf le droit de nostredit nepveu et l'aultruy, et leur avons fait enjoindre d'en bailler leur adveu et dénombrement dans quarante jours prochains et suyvant la date de cestes, par lesquelles donnons en mandement à noz très-chiers et féaulx conseilliers les président et gens des comptes de Barrois, prévostz, recepveurs, procureurs, justiciers et officiers de nostredit nepveu et à chacun d'eulx, si comme à luy appartiendra, que si, par faulte de reprinse ou debvoir non fait, ladite seigneurie estoit pour ce saisie, arrestée ou aucunement empeschée, leur mectent ou facent mectre, incontinent et sans délay, à plaine délivrance et ostent tout le trouble et empeschement y mis. Car tel est nostre vouloir. En tesmoing de quoy nous avons à cesdites présentes, signées de nostre propre main, fait mectre et appendre le grant scel de nostredit nepveu. Données à Nancy, le quinzième jour d'apvril mil v^c cinquante huict. Ainsi signé : Nicolas...

Preuves *du* Martyrologe des Chevaliers de Malte de *Goussancourt*

Tome II, page 279.

Frère *François* DU LYS, de la langue de France,
du Prieuré de Champagne,
mort en faisant la guerre aux Infidèles, l'an 1580.
Il était fils de :

Didier DU LYS	et de *Nicole* DE BOIXÉ, dame dudit lieu.
Estienne DU LYS, seigneur dudit lieu. N. DE SERAUMONT.	N. DE BOIXÉ, seigneur dudit lieu. N. DE GOMERVAUX.

Jean D'ARQUES dit DU LYS, père d'*Estienne* et fils de *Jacques* D'ARQUES et d'*Isabeau* ROMÉ, père et mère de *Jeanne* D'ARQUES, nommée la *Pucelle d'Orléans*, le fléau des Anglais, ennemis de la France, par lesquels elle fut bruslée en la ville de Rouen, l'an 1431, le 30 may, estant âgée de vingt ans : on remarque entre autres merveilles que son cœur ne peût etre bruslé avec son corps, et fut jetté dans la rivière avec ses cendres. Ceux qui la condamnèrent, périrent miserablement, et au lieu où elle fut bruslée, fût mise une croix de pierre, où la figure de la Pucelle se voit au dessous tenant une espée. A cause d'elle toute sa parentée fut ennoblie : mesme les filles avoient pouvoir d'ennoblir ceux quelles espousoient: ce privilége fut octroyé par le Roy Charles VII, l'an 1429, au mois de décembre, de son Règne le huictiesme : comme aussi la paroisse de Dom-Remy, du diocèse de Toul, où elle avait pris naissance, fût exemptée des tailles par le mesme Roy : ce qui a esté continué jusques à ce temps où il est toujours dit A CAUSE DE LA PUCELLE.

D'Arques, porte d'azur à un arc d'or chargé de trois flesches, une en pal d'argent ferrée et enpennée d'or, et les deux autres en sautoir d'or, ferrées et enpennées d'argent.

Du Lys, porte d'azur à une espée d'argent, le manche d'or posée en pal, surmontée d'une couronne Royale, flanquée de deux fleurs de lis d'or, armes données avec le surnom de Lys, par le Roy Charles 7, aux frères de la Pucelle d'Orléans.

Seraumont, porte d'azur à trois fers de flèches d'argent et une estoille d'or en cœur.

Boixé, porte fascé d'or et d'azur de quatre pièces au canton d'honneur, d'azur à une clef d'or posée en pal.

Gomervaux, porte de gueules à la croix dentelée d'or.

Généalogie de la maison du Lys, dont est issu notre chevalier.

Jean d'Arques dit du Lys, second frère de la Pucelle d'Orléans, fut prévost de Vaucouleurs et décéda l'an 1460 ; de N. eut trois enfants entre autres :

Estienne du Lys, chevalier, seigneur de Mont-en-Vaux, près Orléans, N. de Seraumont.

Didier du Lys, archer de François de Lorraine, duc de Guise, de Nicole de Boixé ou Brisé, eut neuf enfans, entre autres notre chevalier frère *François* et *Antoine* du Lys, chevalier, seigneur de

Pierre du Lys, troisiesme frère de la Pucelle d'Orléans, fut faict chevalier du Porc-Espic par Charles, duc d'Orléans, le 28 juillet, l'an 1445, et luy donna l'Isle-aux-Bœufs, près d'Orléans, de *Jeanne* de Prouville ; eut quatre enfans, entre autres :

Jean du Lys, fait Eschevin de la ville d'Arras par le Roy Louis onze, l'an 1481 ; eut d'*Anne* de Villebresme :

Michel du Lys, valet de chambre du Roy Henry deux ; de N. eut trois enfants, entre autres,

Gibaumel; d'*Isabelle* d'Albert a laissé six enfans, qui
sont :

Jean-Jacques du Lys dit
d'Ally en Lorraine, seigneur
de Gibaumel, Montigny,
Haussellement, conseiller
d'Estat du duc de Lorraine,
a épousé N. de Lespine, cousine du chevalier F. *Moyse*
de Lespine, tué par les Turcs
l'an 1607.

Claude du Lys, seigneur
de Sccfonds, près Vaucou-
leurs.

Claude du Lys, espouse de
François de Naves.

Catherine du Lys a espousé
Louis de Massi, lieutenant-
général de Champuis, au
Comté de Bourgongne.

Deux autres filles (non) mariées l'an 1620.

Charles du Lys, conseiller
du Roy en ses conseils et
advocat général de Sa Ma-
jesté en la Cour des Aydes;
eut deux filles de *Catherine*
de Cailly, issue de *Guy* de
Cailly, qui logea la Pucelle
allant au siège d'Orléans en
sa seigneurie de Rouilly-
Checy, et depuis la suivit
toûjours en l'armée.

Françoise du Lys, première
fille de Charles, espousa
Louis Quatre-Hommes, conseiller en la Cour des Aydes,
à Paris, a laissé plusieurs
enfans, entre autres *Louis*
Quatre-Hommes, aussi con-
seiller en la Cour des Aydes.
Catherine du Lys, seconde
fille de Charles, a espousé
Richard de Pichon, thréso-
rier de France en Guyenne,
a laissé *François* et *Valentine*, qui se sont rendu Carme
et Carmélite à Bourdeaux.

Article extrait du *Martyrologe des chevaliers de S. Jean
de Hierusalem dits de Malte*, par F. Mathieu de Goussan-
court, Parisien, religieux célestin.

Paris, François Noël et veuve Guillaume Le Noir,
M.DC.XLIII, in-fol., 2 vol.

Vérification de la noblesse d'Antoine du Lys.

Antoine du Lys est compris dans le « Roole de ceux qui se qualifient écuyers au baillage de Saint-Mihiel, reconnus nobles en l'année 1573. »

   Registre de la noblesse de la Lorraine. Ms. du xviie siècle, p. 41. Bibl. de Bouteiller.

Généalogie des descendants de Didier DU LYS, *fils de* Estienne *ou* Thevenin DU LYS *qui estoit le fils aisné de* Jean DU LYS, *prévost de Vaucouleurs, frère de la* Pucelle d'Orléans.

Mémoire extrait des papiers de Charles du Lys. *(Archives du Marquis de Maleissye.)*

Ledit *Didier* DU LIS a toujours porté les armes et le dit nom DU LYS, ou du moins DALI, suivant l'idiôme du pays. Côme ses prédécesseurs, il a esté en grandes charges et honneurs au pays de la naissance de ladite Pucelle, tant à cause de lui que des alliances qu'il a prins. Il étoit seigneur de plusieurs villages circonvoisins de Domremy et dudit Domremy en partie : Jubainville, Massey-soub-Brisi, Vanne et Aillan. Il espousa *Nicole* de BRISI qui estoit de grande maison, car elle estoit fille de *Antoine* de BRISI, son père, qui estoit sieur de Gros-Gibomel, Vanne, Eureuffe et en partie de Goussaincourt, avec le Roy et M. le duc de Lorraine. Il demeuroit à Brisey duquel lieu il estoit seigneur voué, comme de Saulsures et Monlatrois, qui sont du temporel de l'église de Toul. Laquelle seigneurie n'estoit aultre sinon qu'à cause que soub l'authorité de quelque seigneur de crédit sur les lieux, lesdits villages estoient exempts des courses et logements des gens de guerre et se vouoient à eux comme à lieux dits tutélaires et, à ces considérations, estoient appelés seigneurs voués desdits villages, qui leur rendoient par chacune année, quelque tribut de recognoissance en argent ou aultre chose. Ledit *Anthoine* de BRISI avoit espousé *Jeanne* de LENONCOURT, qui a toujours esté et est encore à présent l'une des plus nobles, anciennes et riches familles de Lorraine, car entre plusieurs lieux qu'il estoit seigneur, le lieu de Nancy leur appartenoit, qui est la plus importante et meilleure place de Lorraine, les ducs de laquelle ont acquis le dit Nancy, de la maison des dits de Lenoncourt, pour en faire leur cour et demeure, comme ils font encor à présent. La demeure desdits ducs estant auparavant en ung chasteau appelé Amanses, distant du dit Nancy d'environ deux lieues. Ledict *Anthoine* mourut et fust inhumé avec *Jeanne*, sa femme, audit Brisi, en l'église paroissiale du dit lieu, en une chapelle par luy fondée, appelée Saint-Antoine par son nom. En laquelle chapelle est une image de saint Anthoine, levée sur un pied-destail où ils reposent. On voit aussi encore aujourd'huy aux vitres d'icelle les armes du dit *Anthoine* et *Jehanne* sa femme, entre aultres une croix rouge dentelée à fond d'or qui sont celles dudit Nancy.

Ledit *Didier* DU LIS et *Nicolle* sa femme, qui après le trespas de ses père et mère, succéda à partie desdites seigneuries pour joindre à celles du dict DU LIS, contigues et voisines, moururent au lieu de Jubainville de la maladie et voulurent estre inhumés avec son père *Estene*, ou *Thevenin* DU LIS, en l'esglise paroissiale de Masy-soub-Brisi, attenant au village de Domremy, et on voit encor aujourd'hui comme il estoit appelé DU LIS et qu'il estoit seigneur comme cy-dessus a esté dit, par une fort belle et ancienne tombe qui est encore à présent dans la dicte esglise de Masey, sur laquelle est gravée une figure d'homme armé de toutes pièces avec le timbre, au quart de laquelle sont aussi quatre grandes armoiries; la première, celle concédée aux frères et parens *de la dicte Pucelle* : l'aultre, les armes de *Brisi*. Les deux aultres en bas sont celles de *Domremy* et *Nancy*, et à l'entour d'icelle tombe est en escript ces mots : *Cy gist noble homme Didier Dulis et damoiselle Nicolle de Brisey, sa femme, en son vivant seigneur de Masey, Jubainville, en partie Vaux et Aillan, qui mourut en l'an 1557 : priez Dieu pour leurs âmes.*

Ledict *Didier* Dulis, laissa neuf enfants, l'un desquelles fut damoiselle *Françoise* Dulis, sœur germaine d'*Anthoine* Dulis, chef de la maison. Les aultres sont spécifiés au *recueil des louanges de la Pucelle*, en l'art. du testament de *Didon* Dulis, leur tante et est aussy remarqué le nom de la dicte demoiselle *Françoise* Dulis, en une certaine requeste faite par le sieur Hordal, comme tesmoinge, laquelle *Françoise* reçut en partage partie des seigneuries de Gibaumel, Eureuffe, Vanne et Aillan, villages attenant l'un à l'autre, et espousa noble *Jean* de Bonnaire, demeurant à Vaucouleurs proche desdits lieux, laquelle *Françoise* eut plusieurs enfants du dit sieur de Bonnaire, entre aultres M. *Théode* de Bonnaire qui fut prestre et chanoine audict Vaucouleurs et président des dicts chanoines, lequel après avoir fait un ample testament, portant divers legs pieux aux églises et aux pauvres, mesme à ses nepveux, décéda depuis deux ans en ça (1629) audit Vaucouleurs et voulut estre inhumé avec ladite damoiselle *Françoise*, sa mère, et fondée par son dit testament, une belle chapelle au *nom de la parentelle*. Ung aultre enfant de la dite *Françoise* fust damoiselle *Jacquotte* de Bonnaire, sœur du dit sieur *Théode*, qui espousa noble homme, sieur *Nicolas* Fransquin, qui s'ayant adonné aux lettres, faisoit profession de l'art de pharmacien, qui fust ung des plus experts audit art du pays.

La dicte *Jacquotte* eut de luy quatre enfants. Damoiselle *Françoise* Fransquin qui porte le nom de sa grandmère et qui a espousé M. *Jacquin* Beguignon, licencié en lois et advocat au parlement, gruyer des eaux et forests de la prévosté de Vaucouleurs, ung des bons offices du dict lieu et des meilleures maisons de Vaucouleurs, qui fut élu par son oncle *Théode* de BONNAIRE pour exécuteur de son testament, avec M. *Claude* FRANSQUIN, qui est aussy des enfans de la dicte demoiselle *Jacquotte*, lequel sieur *Claude* a succédé au canonicat de son oncle et par sa résignation de nommer pour desservir la chapelle qu'il a fondée; les deux autres ne sont mariés savoir : M. *Jean* FRANSQUIN, qui a suivi la profession de son père, et l'aultre demoiselle *Anne* FRANSQUIN.

La dicte demoiselle *Françoise* FRANSQUIN a du dit BEGUIGNON, deux petites filles âgées de trois à quatre ans, l'une *Françoise* au nom de sa grand'mère, l'autre *Catherine* BEGUIGNON.

GÉNÉALOGIE DE JOSEPH LE PICART DULIS, *écuyer, sieur de Fulaine; et de dame* NICOLLE LE PICART DULIS, *épouse de M° François* DARBAMONT, *conseiller du Roy, président et prévost de Vaucouleurs, originaire de Champagne, produite par-devant nous, Mgr Larcher, intendant en la province et frontière de Champagne, au mois de novembre 1699.*

(Placard imprimé in-folio, Archives de M. de Haldat.)

I

Copie collationnée en lettres gothiques des lettres patentes données à Meun, au mois de décembre 1429, par lesquelles Charles VII, Roy de France, a Ennobli Jeanne d'Arc, surnommée la Pucelle d'Orléans, Jacques d'Arc, son père, Isabelle sa mère, Jacquemin, Jean d'Arc, Pierre Petrelle, son frère, toute sa parenté, lignage et descendans de l'un et de l'autre sexe, provenant d'un légitime mariage.

Une copie imprimée d'un arrest du Conseil d'Estat du Roy, du 19 may 1670, par lequel Claude François de Gratas, sieur de Saint-Julien, décendant de Pierre d'Arc Dulis, frère de ladite Pucelle d'Orléans, par Sébastienne Hordal, sa mère, a esté maintenu et gardé avec ses enfans et postéritéz en la qualité de Noble et d'Ecuyer.

Une copie collationnée d'une lettre de cachet écrite par le Roy à présent régnant, le 25 aoust 1643, à Monsieur de Viguier, pour lors intendant en Lorraine, à la sollicitation de Cristophe Hordal, décendu par sa mère, de Pierre d'Arc Dulis, un des frères de ladite Pucelle d'Orléans, par laquelle Sa Majesté, luy marque que son intention estoit que ledit sieur Hordal jouisse du droit de noblesse et que tous ceux qui justifieroient, comme il a fait, estre décendu des frères de ladite Pucelle d'Orléans, jouissent des mesmes priviléges, comme chose qu'Elle affectionne.

Arrest du Conseil du 11 janvier 1657 par lequel ledit Cristophe Hordal a esté maintenu en la qualité de Noble et d'Ecuyer.

Copie du jugement rendu le 13 décembre 1698, par Monseigneur l'Intendant de Champagne, au profit du sieur Hordal Dulis, fils dudit sieur Cristophe Hordal, contre Mᵉ Claude Marchand, préposé pour la recherche des Usurpateurs du Titre de Noblesse, par laquelle ledit sieur Hordal Dulis fils a esté maintenu et gardé en la qualité d'Ecuyer.

II

Un livre intitulé : Traitté, tant du nom et des armes, que de la naissance et parenté de Jeanne d'Arc, surnommée la Pucelle d'Orléans, et de ses frères, fait en octobre 1612, reveu en 1628, au dixneuvième feuillet duquel se trouve ladite généalogie.

III et IV

Copie collationnée d'une donnation qui a esté faite par devant notaires à Gondrecourt, le 26 février 1552, par

Didon Dulis, veuve de Teuvenin Thierly et fille dudit Theuvenin Dulis, demeurant à Dompremy-sur-Meuse, qui estoit fils de Jean d'Arc Dulis, un des frères de la Pucelle d'Orléans, au profit d'Aurry Colin, dit des Hazards, au nom et comme administrateur des corps et biens de Jeanne Dulis, sa femme, Antoine Dulis et autres ses neveux et nièces, au nombre de neuf, enfans de Didier Dulis, son frère, des biens y mentionnez.

Un acte de foy et hommage rendu le 15 avril 1558, par ledit Aurry des Hazards et autres, es noms qui y sont dénommez, et se portent fort dudit Antoine Dulis à Monsieur le duc de Lorraine, à cause des fiefs relevans de luy, contenus en ladite donnation cy-dessus.

V

Une copie figurée de l'Epitaphe d'Antoine Dulis, qui a esté dressée par les soins de Claude Dulis, son fils, en l'année 1599, tirée sur celle qui est sur son tombeau dans le chœur de l'Église Paroissialle du village de Gibaumel, dont il estoit seigneur.

VI

Le contrat de mariage de damoiselle Elizabeth Dulis avec Jean le Picart, écuyer, sieur de Fulaine, passé par devant Tisserant et Boiart, notaires à Vaucouleur, le 23 novembre 1643, par lequel elle est dite fille de Claude Dulis, seigneur de Gibaumel.

I

Jean d'Arc Dulis, frère de Jeanne d'Arc, surnommée la Pucelle d'Orléans, duquel est issu

II

Thévenin Dulis qui eut pour fils

III

Didier Dulis duquel est issu

IV

Antoine Dulis qui eut pour fils

V
Claude Dulis, duquel est issue

VI
Élisabeth Dulis, qui épousa Jean Le Picart, sieur de Fulaine, duquel mariage sont issus

VII
Joseph Le Picart Dulis, écuyer, sieur de Fulaine et dame Nicolle Le Picart Dulis, qui a épousé M. François Darbamont, conseiller du Roy, président et Prevost de Vaucouleur, duquel mariage sont issus

VIII
Bertrand, Alexis, Gaspard, Claude, Marie, Anne, Élisabeth, Agnès, Claire et Marguerite Darbamont Dulis.

Porte d'azur à la couronne d'or en chef, soutenue d'une épée d'argent mise en pal, croisée d'or côtoyée de deux fleurs de lys de même.

Nota. — Ladite requête fut approuvée et les demandeurs maintenus dans leur noblesse et priviléges par acte donné à Châlons, le 28 novembre 1699, signé Larcher.

Inscrits dans la noblesse de Champagne.

Épitaphe de Jean-Jacques du Lys, *sieur de Gibaumeix, exempt des gardes de S. A., mort le 7 février 1616.*

(Dans l'église de Gibaumeix.)

Ce nourrisson de Mars, dès l'apvril de son âge,
En mille et mille lieux témoigna son courage;
Aimé de ses voisins, des plus grands estimé,
Pour ses grandes vertus il fut tant renommé,
Es pays étranger et même en sa province,
Qu'enfin il fut exempt des gardes de son prince.

Et fit bien recognoistre en cette qualité
Sa valeur, sa prudence et sa fidélité.
Descoucher, comme amy et tesmoin de sa gloire,
Fit graver, affligé, ces vers à sa mémoire.

Contrat de mariage de François MYNETTE et de Renée DU LYS, du 26 janvier 1630.

Devant François Nicolas et Claude Remy, notaires au tabellionage de Foug :

Comparurent en leurs personnes, noble *François Mynette*, fils de noble *Demenge* MYNETTE et de damoyselle *Marthe* DESHAZART, ses père et mère, demeurant à Gondrecourt, assisté et authorisé pour ce que cy après dudict sieur son père en personne, de vénérable et discrette personne, messire *Pierre* MYNETTE, prestre bachelier, curé d'Havranville et de Chermisey son annexe, *Daniel* et *Crestien*, les MYNETTE, ses frères ; d'honoré seigneur *Jehan de Circourt*, seigneur d'Inof et de Thouraille en partie demeurant à Abienville et de *Pierre de Circourt*, escuier, advocat au parlement, exerçant au dict Gondrecourt y demeurant, d'une part : et damoiselle *Renée* DU LYS, fille de feu *Jehan Jacques* DU LYS, vivant, escuier, seigneur en partie de Gibommel et exempt des gardes de S. A., et de damoiselle *Claire* DE LESPINE, sa mère et tutrice, demeurant au dit Gibommel, la dicte *Renée*, assistée et aucthorisée de sa dicte mère et de vénérable et discrette personne *René de Lespine*, escuier, seigneur en partie d'Aultigneville et du Perayo Sainct-Ouyn, Chanoyne en l'église Nostre-Dame de Lamothe, y demeurant ; *François* de NASVE, escuier, demeurant à Champougnis ; honoré seigneur *René de Beauvoir*, seigneur en partie d'Hot et aultres lieux et estant gentilhomme ordinaire de l'Excellance de Monseigneur le prince de Falsebourg, demeurant à Coussel les Neufchastel ; honorés seigneurs *François* et *Hector* les DU LYS, seigneurs en partie du dict Gibommel, y demeurants; honoré seigneur *Claude d'Esjobart*, seigneur en partie d'Abieuville et du dict Thourailles, demeurant au dict Abieuville; et de noble *Gaspard* de LA BONNAIRE ses frères, oncles, cousins et bons amis d'aultre part; lesquelles parties, assemblées sur le proposé du mariage futur espéré à faire entre le dict MYNETTE fils et la dicte damoyselle *Renée*, sont demeurées d'accord que la solennité se fera incessament en face de la saincte Eglise, etc.....

(*Archives de M. de Haldat.*)

Acte relatif à la famille DU BRUNET du 29 avril 1532.

Comme en traictant du mariage d'entre noble homme, *Jehan Du Brunet*, escuier, filz de noble homme, *Anthoine Du Brunet*, aussi escuier, seigneur du Mont, et de feue damoiselle, *Marguerite Du Lis*, jadis sa femme, d'une part; — à la personne de damoiselle *Katherine*, fille de noble homme, *Guillaume de Thiville*, seigneur de la Roche-Verd, et de damoiselle *Marie de la Forest*, sa femme; — passé par Guy Pescheloche, notaire et tabellyon à Cloye, en la chastellenie de Châteaudun, le dixseptiesme jour de novembre, l'an M. V^o XIX; — et auparavant, le XIVe jour dudit moys de novembre, audit an M. V^o XIX, par autres lettres de transaction ou partaige faictes et passées entre lesdits *Jehan* et *Anthoine Du Brunetz*, en la présence de Denis Foucher, notaire du Chastellet d'Orléans, eust, ledit *Anthoine Du Brunet*, seigneur du Mont, ceddé, quicté, transporté et délaissé à tousjournais, audit *Jehan Du Brunet*, son filz, le lieu et mestalerie de Lussault, ainsi qu'il se comportoit et poursuivoit en maison et demeures, autres édifices, court, grange, mothe, foussez, moulin, rivière, prez, boys, buissons, garenne, vigne, estangs et autres appartenances, appendances, adjonctions et deppendances quelzconques dudit lieu, situé et assis en la parroisse de Viglain en Sauloigne; non compris le lieu de la Mélinière, ainsi que en joissoit Pierre Prévost; aux despens que povoit devoir ledit lieu de Lussault, sauf de la rente et autres deuz à Thibault Garrault; desquelz, ledit *Anthoine Du Brunet* auroit promis acquiter et en descharger ledit lieu et appartenances de Lussault, en luy paiant, baillant et fournissant par ledit *Jehan Du Brunet*, la somme de quatre cens livres tournois; et ce, pour, ou lieu et en récompense de tous et chacuns les héritaiges et biens qui audict *Jehan Du Brunet* pourroient compecter et appartenir par le trespas et successions de ladicte feue *Marguerite du Lis*, sa mère, et aussi comme héritier de feux *Anthoine* et *Jehanne*, ses frère et seur, enffens dudict *Anthoine Du Brunet* l'aisnel, et de la dicte feue *Marguerite Du Lis*, tant du propre et patrimoigne que des acquisitions faictes par icellui *Anthoine Du Brunet*, l'esnel, depuis le trespas de sadicte feue femme. — Lesquelz transportz, accordz et choses dessus mencionnées auroient, depuis le quart jour du mois de may ensuivant, esté louées, grées, ratiffiées et confirmées par ledict *Anthoine Du Brunet*, l'esnel et *Jehan Du Brunet*, son filz. Et promis les tenir et entretenir, sans infraction, par lectres sur ce faictes et passées en la présence de Estienne Péguy, notaire de Chastellet d'Orléans. — Nonobstant lesquelz transports, accords, ratiffication et confirmacion dessus mencionnez, ledit *Jehan Du Brunet* disant en avoir esté circonvenu et deçeu, auroit, soy donné à entendre, obtenu lettres royaulz de récizion de contract, pour les faire casser et mectre au néant. Et pour icelles lettres royaulz veoir entériner, eust ledict *Jehan Du Brunet* fait convenir et appeller ledict *Anthoine Du Brunet*, son père, pardevant les gens tenans les requestes du Roy notre Sire, en son palais à Paris; où ilz auraient proceddé par plusieurs journées et assignacions, et jusques à ce qu'ilz se seroient désistez dudit procés et sur icelluy transigé, pacifflé et accordé entre eulx: en manière que pour tous et chacuns les biens, héritaiges, rentes, revenuz et possessions quelzconques qui à icelluy *Jehan Du Brunet* eussent peu compecter et appartenir et estre escheutz et advenuz de la succession de ladicte *Marguerite Du Lis*, sa mère; semblablement des successions desdiz *Anthoine Du Brunet*, le jeune, et *Jehanne Du Brunet*, ses frère et seur; et pareillement pour tous les autres héritaiges et biens qui luy pouvoient compecter et appartenir des acquisicions faictes par ledict *Anthoine Du Brunet*, son père, tant auparavant le trespas d'icelle deffuncte *Marguerite Du Lis*, sa mère, que depuis; et aussi de ceulx qui luy eussent peu escheoir, compecter et appartenir par le trespas et succession dudict Anthoine Du Brunet, son père; — à quoy il auroit entièrement renoncé pour et au prouffict de *Marguerite Potin*, lors femme dudict *Anthoine Du Brunet* et des enffans d'eulx deux, sans y prétendre ne quereller jamais aucune chose; et s'en seroit lors dessaisi à leur prouffict. — Icelluy *Anthoine Du Brunet* auroit ceddé, transporté et délaissé audit *Jehan Du Brunet*, son filz, qui de luy avoit pris et accepté en récompense ung lieu et mestairie appellé Baignaulz, assis en la parroisse Saint-Aignan-de-Sandillon, ainsi qu'il se comportoit et poursuivoit en maisons, granges, bergeries, terres labourables, arbres fruictiers et autres ses appartenances, ensemble tout le bestail qui estoit lors audit lieu; avec plusieurs autres héritaiges, mesmes une maison assise près ledict lieu, que tenoit Colin Barard; une autre maison assise au bourg de Sandillon, baillée à rente à Raoullet Lasne; Item, demy arpent de vigne, assis au lieu de Puchesses. — Aussi auroit, en ce faisant ledict *Jehan Du Brunet*, delaissé et remis ès mains dudict *Anthoine Du Brunet*, son père, ledict lieu et appartenances de Lussault qui luy avoit esté baillé et transporté par ledict *Anthoine Du Brunet*, son père, par les traictés du mariage, partaige et accords dessus mencionnez, dont il requéroit la cassation et adnullation, par ses lectres de rescizion. — Par laquelle transaction et appoinctement derreniers déclairez se seroient lesdictz *Jehan* et *Anthoine*

Du Brunetz entrequictez l'un l'autre de toutes choses dont ilz eussent peu faire question et demande l'un à l'autre ; mesmement de la somme de quatre cens livres tournois contenue en traicté du mariage dudict *Jehan Du Brunet*, qu'il avoit baillée et mise ès mains dudit *Anthoine Du Brunet*, son père, pour rachacter et admortir la rente et arrentemens dont ledict lieu et appartenances de Lussault estoit chargé et reddevable envers Thibault Garrault ; ainsi que tout est plus au long contenu et déclairé ès lectres de ladite transaction et appoinctement passé par Michel Dubois, notaire audict Chastellet d'Orléans, le xxv[e] jour d'aoust, l'an m. v[c] xxv. — Ce néantmoins, depuis ses choses ainsi faictes et advenuez, auroit ledict *Jehan Du Brunet* derechief obtenu autres lectres de récision pour faire casser et mectre au néant les lectres de transaction et contractz cy devant mencionnez, et sur l'entérinement d'icelles, mis en procès et fait appeller ledict *Anthoine Du Brunet*, son père, aux requestes du Palais, en vertu de ses lectres de commictymus. — Pendant lesquels procès, et dès le viii[e] jour de may, l'an m. v[c] xxx, en la présence de Pierre Baudoyn, jadis notaire de Chastellet d'Orléans, lesdictz *Anthoine Du Brunet, Luc Desouches* et *Claudine Du Brunet*, sa femme, aient vendu et transporté à tousjourmais à dame Johanne Garrault, femme de noble homme et sage, messire Jacques Groslot, chevalier, seigneur de Champbaudoyn, conseiller ordinaire du Roy notre Sire en son grand Conseil, premyer maistre des requestes de l'ostel des Roy et Royne de Navarre, bailly d'Orléans ; — qui ait acquis et achacté pour, au nom et au prouffict de mondit seigneur le bailly, la moitié par indivis que lesdictz *Luc Desouches* et damoiselle *Claudine Du Brunet*, sa femme, seroient partissans par indivis avec *François Du Brunet*, frère d'icelle *Claudine*, au lieu, terre et seigneurie du Mont, ainsy qu'il se comporte et poursuit en maison, grange, estables, bergeries, toictz, courtz, vignes et autres appartenances dudict manoir ; le tout contenant deux arpens d'éritaige, ou environ, assis en la parroisse Saint-Denis-en-Vaulx; tenant de toutes pars aux terres deppendans d'icelluy lieu et manoir. — Item, eussent vendu et transporté comme dessus, à ladicte dame Jehanne Garrault, oudict nom, la moictié aussi par indivis partissant avecques ledict *François Du Brunet*, des terres qui ensuivent deppendans dudict lieu du Mont... — Lesquelz héritaiges mouvoient ausdiz *Luc Desouches* et sa femme, à cause de la succession de ladite deffuncte *Marguerite Potin*, sa mère, par partaige faict avec lesditz *Anthoine du Brunet* et *François Du Brunet*, passé par Pierre Le Loup, notaire, le xxvIII° jour de juing, M. v° xxIx. — Pareillement eussent lesdiz *Anthoine Du Brunet, Luc Des Ousches* et damoiselle *Claudine Du Brunet*, sa femme, vendu assemblement et chacun pour le tout, sans division, à ladite dame Jehanne Garrault, oudict nom, les héritaiges et terres qui ensuivent, audict *Anthoine Du Brunet* appartenans, de son conquest ou autrement à luy escheuz par ledict partaige... — Et tous les droitz, noms, raisons, actions, clauses et condictions apposées ès lectres dudict bail; et telz qu'ilz et chacun d'eulz les y avoient et pouvoient avoir contre ledict Barat, pour raison dudit bail; toutes lesdictes pièces ainsy qu'elles se comportoient et poursuyvoient, sans rien oster, ne parfaire; et aux choses contenues ès lectres de ladicte vente; laquelle vente eust esté faicte pour et moiennant la somme de neuf cens livres tournois, de laquelle fut lors paié contant par ladicte dame, ausdiz *Du Brunet, Luc Desouches* et sa femme; la somme de six cens livres tournois, et le reste montant à trois cens livres tournois, depposé et mis ès mains de honnorable homme et saige, M. Aignan Texier, licencié en lois, bailly de Fay-o-Loge, lors présent audict contrat, qui eust promis icelle somme délivrer et bailler audit *Luc Desouches*, après le décret des héritaiges venduz, que lesdictz *Du Brunet, Luc Desouches* et sa femme eussent consenty estre décrétez au prouffict de mondict seigneur le bailly, ainsy qu'il est contenu ès lectres de ladicte vente passée par devant Pierre Baudoin, jadis notaire, à présent deffunct. — Et depuis ledit procès pendant et indécis, ledict *Anthoine Du Brunet* decedé et allé de vie à trespas; — après lequel auroit ledict *Jehan Du Brunet* faict convenir et appeller lesdictz *Luc Desouches, Claudine*, sa femme, en leurs noms; et oultre, ledict *Luc Desouches*, comme tuteur testamentaire de *Francois Du Brunet* et les autres enffens dudit *Anthoine Du Brunet*; — semblablement, mondict seigneur le bailly, pour reprandre par chacun d'eulx respectivement, ledict procès, en lieu dudict Anthoine Du Brunet — Ouquel procès auroit esté procedé par plusieurs journées et assignacions et jusques à ce que le v° jour de mars, l'an M. v°. XXXI, auroit dudict procès et autres procès quilz avoient ensemble esté transigé et appoincté, entre lesdictz *Jehan Du Brunet, Luc Desouches* et sa femme, esdictz noms, en telle manière que ledict *Jehan Du Brunet* avoit et a renoncé à l'effect de ses lettres royaulx de récision de contract, qu'il avoit obtenues; — ce faisant, loué, gréé et approuvé et eu agréable la transaction par luy faicte avec ledict feu *Anthoine Du Brunet*, son père, le xxv° jour d'aoust, l'an M. v° xxv, en présence dudict Michel Du Boys, notaire; — et en tant que besoin est ou seroit renoncé pour et au prouffict dudict *Luc Desouches*, sa femme et *François Du Brunet*, à touz telz biens et héritaiges, rentes, revenuz et possessions qu'il eust peu et pourroit prétendre, quereller et demander, audict lieu du Mont, parroisse Sainct-Denis-en-Vault, la Boullaye et ès environs et ailleurs, tant des successions de ladicte *Marguerite Du Lis*, sa mère, feuz *Anthoine* et *Jehanne Du Brunet*, ses frère et seur, que aussi de la succession dudict feu *Anthoine Du Brunet*, son père; sans ce que en iceulz il peust jamais quereller, ne demander aucun droit, en quelque manière que ce soit; — et iceulz biens, héritaiges, rentes, revenuz et possessions, en tant que besoing est ou seroit, ledict *Jehan Du Brunet* eust ceddez, quietez, transportez et délaissez, dès lors, à tousjours mais, auxdictz *Desouches*, sa femme, *François Du Brunet*, leurs hoirs et aians cause; et s'en feust dessaisi et dévestu à leur prouffict; et les en eust saisiz et vestuz par les dictes lectres; — sauf et excepté ledict lieu et appartenances de Baignault, et autres héritaiges à luy délaissez par ledict feu *Anthoine Du Brunet*, son père, par la transaction dessus mentionnée, passée par ledict Michel Du Boys, ledict xxv⁰ jour d'aoust, l'an m. v⁰ xxv; qui sont demeurez audict *Jehan Du Brunet*; moiennant que ledict *Luc Desouches*, esdictz noms, a quicté et deschargé ledict *Jehan Du Brunet*, son frère, des fruictz et des blées par luy pris et emportez dudict lieu de la Boullaye; qui les lui a ceddez et transportez; et oultre pour et moiennant la somme de cent cinquante livres tournois à prandre de ladicte somme de trois cens livres tournois qui depposez avoient esté ès mains dudict Mᵉ Aignan Texier, pour reste de la vente des héritaiges dessus mencionnez, faicte à mondict seigneur le bailly d'Orléans; — laquelle vente, ledict *Jehan Du Brunet* eust eu pour agréable, ratiffié et aprouvé, en tant que besoing eust esté ou seroit; ainsi qu'il est plus à plain contenu et déclairé ès lectres de ladicte transaction passées par Pierre Jogues et Jehan Bauldry, notaires audict Chastellet. — Savoir faisons que ledict *Jehan Du Brunet* et damoiselle *Katherine de Thiville*, sa femme, de luy auctorisée et lesdictz *Luc Desouches* et *Claudine*, sa femme, aussi de luy auctorisée en ceste partie, d'une part; et ladicte dame Johanne Garrault, femme de mondict seigneur le bailly d'Orléans et sa procurraresse, d'autre part, establiz par devant Nicolas Sévin, notaire, lezquelz ont congnu et confessé, c'est assavoir: — Lesdiz *Jehan Du Brunet* et damoiselle *Katherine De Thiville*, sa femme, avoir eu et receu dudict Mᵉ Aignan Texier, à ce présent, qui leur a paié et baillé contant, en présence et du consentement desdictz *Luc Desouches* et sa femme, ladicte somme de cent cinquante livres tournois, dont quictance; — de laquelle somme de cent cinquante livres tournois a esté par ledict *Du Brunet* et sa femme présentement baillé ès mains de ladicte dame Jehanne Garrault, la somme de soixante livres tournois, pour le sort principal de deux muys de blé, seigle, mesure d'Orléans, de rente, que ledict Du Brunet, dès le xxv⁰ jour de juing m. v⁰ xxvii, avoit venduz et constituez à Simon Cosson, à prandre sur tous ses héritaiges et biens ; — lequel Cosson les a depuis venduz à M⁰ Pierre Bouguier, par lectres passées par moy, notaire, le vii⁰ jour de novembre m. v⁰ xxx ; — duquel Bouguier mondict seigneur le bailly a le droit, par moiens ; et au regard des arrentemens qui en sont deuz, ladicte dame Jehanne Garrault a, en faveur de cest appoinctement, remis et donnez ausdictz Jehan Du Brunet et sa femme ; — ausquelz a esté présentement rendu lesdictes lectres de constitution et achacs fait par mondict seigneur le bailly, de ladicte rente. — Lesquelz Du Brunet, sa femme, Luc Desouches et sa femme, èsdictz noms, et auctoritez, ont céddé et transporté, ceddent et transportent à mondict seigneur le bailly, les droiz, noms, raisons et actions qu'ilz et chacun d'eulx respectivement ont et peient avoir envers à l'encontre de quelque personne et à quelque cause que ce soit, pour raison de la vente dudict lieu du Mont et héritaiges dessuz mencionnez, venduz à mondict seigneur le bailly, ou à ladicte dame, pour luy. — Laquelle vente et transaction dessus déclairez, ilz et chacun d'eulx à leur regard ont ratiffié, aprouvé et eu pour agréable, ensemble les lectres de ce faictes au prouffit de mondict seigneur le bailly, sans d'icelles par ces présentes faire nouvacion, en quelque manière que ce soit. — Et se désistent dudict procès, sans despens paier d'une part et d'autre. — Promectant et obligeant, etc. — Présens Pierre Boucher et Nicolas Lescot, demourans à Orléans, pour tesmoings.

Minute de Nicolas Sévin, notaire. — Étude de M⁴ Francheterre, notaire à Orléans. (La découverte de cette pièce est due à M. Jules Doinel, à Orléans.)

PREUVES DU CHAPITRE III

*Extrait de l'ancien registre d'Arras intitulé :
le Livre aux Borgeois, à la date 1482.*

..... En l'année mil.iiij^c.iiij^{xx}.ij furent eschevins :
Jehan de Beaumont,
Estienne Remichel,
Jehan du Lis, etc.

Et plus loin :

... Jehan du Lis, aussy eschevin, receu bourgeois gratis sans finance, le xxx octobre m.iiij^c.iiij^{xx}.ij...

(*Archives de M. de Maleissye.*)

Les Tardieu de Maleissye.

Charles du Lys, ayant été, sans nul doute, le dernier descendant mâle et direct des frères de la Pucelle, qui ait vécu, a été par cela même chef de la famille du Lys depuis la mort de ses cousins de la branche aînée jusqu'à la sienne propre. Ce titre, il l'a dignement porté, et par ses savantes études en a ravivé l'éclat. Le second enregistrement entériné en la Cour des aides, ne permet pas de douter qu'il l'ait légalement possédé par suite de l'extinction de tous les mâles de son nom. Ainsi, avant de terminer sa carrière, il avait réuni en sa personne, comme dernier mâle survivant, les droits de toutes les branches, et était devenu par là le représentant de la branche aînée.

MM. de Maleissye étant les héritiers directs et les seuls descendants de Charles du Lys, doivent à cette circonstance une situation particulièrement importante dans la famille. A ce titre nous leur devons une mention spéciale.

La maison de Tardieu de Maleissye, d'ancienne chevalerie, est originaire du Rouergue; elle s'établit plus tard en Normandie et à Paris. Dans les *Preuves* de Malte faites en 1625 pour François-Ignace de Tardieu, tué l'année suivante dans un combat naval contre les Turcs, il est dit par les parrains de ce jeune chevalier, le duc de Bellegarde, le duc d'Épernon et le maréchal d'Espinay-Saint-Luc : « que sa famille est noble de tout temps et ancienneté et qu'il est d'une des meilleures maisons qui soient ».

Jacques de Maleissye, qui entra dans la famille du Lys par son mariage avec Anne de Barentin, était le petit-fils de cette marquise de Maleissye, choisie par la reine, en 1604, comme gouvernante des enfants de France, « pour ses rares vertus », et qui fut activement mêlée au mariage de Henriette de France avec Charles Ier. (Lestoile, Tillières.) De la génération suivante était cet illustre Henry de Maleissye, gouverneur de Pignerol et des marches d'Italie, qui, dit le Pipre de la Neuville, parvint, par ses grands services, à la dignité de lieutenant-général lors de la création de ce grade, fit ériger son gouvernement en gouvernement de province, et en l'honneur duquel G. Dupré, par ordre du roi, frappa une de ses plus belles médailles.

La famille de Maleissye compte six officiers-généraux, un chevalier des ordres du roi, un commandeur de Saint-Louis, quatre capitaines aux gardes, deux ambassadeurs, etc. Elle n'a pas cessé de tenir un rang très-distingué dans la haute noblesse française.

Le marquis Jacques de Maleissye, en s'alliant à Anne de Barentin, contractait du reste une alliance digne de lui. Les Barentin sont une des plus anciennes et des plus illustres familles de Picardie. Ils comptent un premier président au grand conseil et un chancelier de France. Une des sœurs d'Achille de Barentin, Marguerite, avait épousé en premières noces le marquis de Souvré de Courtenvaux, dont une fille, Anne de Souvré, fut mariée en 1662 au grand ministre de Louis XIV, le marquis de Louvois. Louvois eut deux filles, les duchesses de la Rochefoucauld et de Villeroy; son fils Barbezieux également deux filles, les duchesses de Montmorency-Chatillon et d'Harcourt. La petite-fille de Charles du Lys se trouvait donc tante de quatre ducs et pairs.

Lettre de Peiresc à Charles du Lys.

Cette lettre a une grande importance, car elle prouve que Ch. du Lys possédait les plus précieux souvenirs relatifs à Jeanne d'Arc, ses lettres, des tapisseries qui la représentaient, et une médaille frappée en son honneur. Elle indique également l'origine des manuscrits Peiresc, qui sont à Carpentras, et indiqués par Vallet de Viriville; ces manuscrits ne sont que les copies des originaux possédés par Charles du Lys, et aujourd'hui par ses petits-fils, les Tardieu de Maleissye.

Monsieur,

Enfin je vous envoye votre papier et vous demande mille pardons de ce que je le vous ay trop longtemps gardé; si votre courtoisie incomparable ne m'eut osté l'appréhension de pouvoir faillir en votre endroit, je n'en eusse pas abusé de la sorte. Il n'est presque point de si grand bien qui ne soit suivi de quelque inconvénient. — Au surplus — j'ay appris que *le cardinal duc de Bar mourut la veille de la Saint-Jean en l'année 1430.* De sorte que ce ne fut que plus de huict ou neuf moys après le sacre. On m'en a remis l'épitaphe tout au long. — Monsieur de la Verrière, auditeur des comptes, vous ira voir et observer la tapisserie, et faire la médaille de la Pucelle. Faictes-lui, je vous supplie, bon accueil. — Mr Antin s'y en ira aussy; et si je ne pars bien tost, je vous les meneray tous deux. Si je suis contraint de partir, je vous supplie d'avoir le soing de n'envoyer ladite pièce de tapisserie à Mr Chapellain et de le prier qu'il ne la laisse confondre parmy les autres, afin que si on avait besoin de la revoir, on la puisse facilement trouver. — Je vous renvoye aussi votre livre de Hordal — et demeure,

        Monsieur,
                Votre très-humble serviteur,
                          PEIRESC.

Il faut que vous me donniez une copple bien escripte des lettres de la Pucelle, si ne voulez que je les face prendre moy mesme.

              (*Archives de M. de Maleissye.*)

Extrait de l'Information de la Noblesse de M. le docteur Hordal, *1596.*
(Tiré des papiers de Charles du Lys.)

Ce jourd'hui septiesme jour de juin mil cinq cent nonante six, je Balthazar Crock, poursuivant d'armes de S. A. au titre de Vaudémont, en vertu de la commission par escrit à moy adressée par Monseigneur le comte de Salm, maréchal de Lorraine, gouverneur de Nancy, etc., en date dudit jour 7ᵉ du présent mois, en suivant les ordres et renvois à lui faicts par Monseigneur le marquis lieutenant-général de S. A. en ces pays, pendant son absence, me suis, à requête de Mᵉ *Jehan* Hordal, docteur en droit, l'un des quatre professeurs de l'Université du Pont-à-Mousson transporté exprès de Nancy à Toul au logis et domicile où pend pour enseigne l'image de saint Martin pour illec recepvoir toutes les preuves tant vocales que littérales que le dᵗ Sʳ Hordal, vouldra exhiber et produire pour vérification de sa noblesse et extraction d'un des frères de la Pucelle.

Selon ce qu'il a donné à entendre dans la requeste par lui présentée à sadite Altesse.

. . . .

Parmi les témoins entendus figurent :

« *Dame Isabeau Alber*, veuve et relicte de feu *Antoin Dailly*, vivant sieur de Gibomel, à prᵗ aagée de 51 ans, a dit qu'elle avoit entendu souvent ouy dire au défunct que le doyen de Toul estoit issu et descendu de la Pucelle de Domremy.

Damoiselle Françoise DAILLY, veuve de noble homme *Jehan de* BONNAIRE, bourgeois de Vaucouleurs, sœur du sieur DAILLY, aagée de 60 ans, a dit que les HORDAL estaient qualifiés de parents par son frère qui estoit chef de la famille de la maison de la Pucelle.

Damoiselle Barbe DAILLY, veuve et relicte de feu *Mangin* HIEROSME, *dict la* FEUILLE, résidante à Domremy, aagée de 50 ans, et sœur du sieur DAILLY, dit que le grand doyen,.... avoit fait empreindre les armoiries de la dite Jehanne en l'Eglise de Toul, que les HORDAL ont été par deux fois en son logis du temps de *Blaise* VINCENT son premier mary et qu'ils ont esté reçus en parents.

Vénérable et discrète personne messire *Estienne* HORDAL, doyen et chanoine de Toul et chef du chapitre de cette église, agé de 66 ans..., dit qu'il a tousjours ouy dire de ses prédécesseurs et signamment de feu *Jean* HORDAL, son père et d'ALIX sa mère, et de feu mes. *Claude* HORDAL, son oncle paternel et son prédécesseur au doyenné et de *Comtesse* HORDAL, femme de *Mansuy* BOULENGER, sœur germaine des dits *Claude et Jean* HORDAL, qu'ils estoient descendants d'un nommé *Estienne* HORDAL et d'une nommée HAWY, sa femme, qui estoit fille de *Pierre* DAY, fils de *Jacques* DAY et *d'Isabeau*, sa femme, père et mère de *Jehanne la Pucelle* lesquels, oultre ladite *Jehanne* et *Pierre* auroient encore deux autres enfans, scavoir *Jacquemin* et *Jehan* qui sont ceux, ainsy qui le déposant a entendu de mess. *Claude* HORDAL, son oncle, cy dessus mentionné, lesquels poursuivirent la justification d'icelle *Jehanne* après sa mort. Et que oultre lesdits mess. *Claude, Jehan et Comtesse les* HORDALS, seroient issus dudit *Etienne* HORDAL et de ladite *Hawy* un nommé *Vautrin* HORDAL ayeul dudit M*e Etienne* HORDAL, lequel mourut du temps que le marquis de Brandebourg amena des troupes en son pays, entre les bras de luy déposant, au lieu de Nancy, où il faisoit lors sa résidence en une maison joignant les Cordeliers. Tellement que les enfants issus desdits *Estienne* Hordal *et Hawy*, sont du nombre de quatre : sçavoir les dits Messire *Claude, Jehan, Vautrin et Comtesse* Hordal. En raison de quoy seroit ledit sieur Mᵉ *Jehan* Hordal, suppliant, cousin au déposant, fils dudit *Jehan* Hordal.

Ajoute qu'il a vu les armes de la Pucelle mises sur une verrière dans la salle de sa maison, que ces mêmes armes ont toujours été usitées sur leurs cachets. Qu'un cachet en or, portant ces mêmes armes, a été donné par Hawy elle même au grand doyen et qu'enfin ces armes figurent sur la tombe dudit grand doyen, au portail de Bariscy et à la cathédrale de Toul.

Edeline, veuve de feu *Claudin* Rollin, demeurant à Bariscy, agée de 75 ans, dit.... que la nommée *Hawy* estoit parente à la *Pucelle de Domremy,* à ce qu'elle a entendu souventes fois dire à son père, nommé *Simonin* Hordal, fils *d'Estienne* Hordal et d'une nommée *Jehanne,* sa première femme ; son mary fut au festin de ses nopces, ayant pour lors espousé ledit *Estienne* Hordal, duquel elle a eu quatre enfants sçavoir : Mᵉ *Claude* Hordal qui fut archidiacre [de Port et depuis grand doyen de Toul, *Jehan* Hordal, père de Mᵉ *Estienne* Hordal, à présent grand doyen, *Vautrin* Hordal, marié à Nancy et *Comtesse* Hordal, mariée à *Mansuy* Boulenger vivant à Bariscy.

Jean Perrin *dit de* Crézilles, citain de Toul, espousa, il y a 35 ans, *Mansuette* Boulenger, fille de *Mansuy* Boulenger et de *Comtesse* Hordal, sœur du grand doyen *Claude,* laquelle *Comtesse* se disoit descendre d'un nommé *Estienne* Hordal et de *Hawy* venue de Burey, que le dit *Estienne* estoit venu de race noble des frontières de France et s'estoit marié avec la dite *Hawy,* fille d'un nommé *Pierre,* frère de *Jehanne la Pucelle.*

Mansuette, sa femme agée de 50 ans, dit de même.....

(*Archives de M. de Maleissye.*)

Copie des Lettres de noblesse des sieurs Hordal Dulis, *avec leur enthérinement, octroiées par le grand Duc Charles troisième en l'an 1596, à feu M° Jean Hordal, vivant l'un de ses conseillers d'État et Vice-Doyen des Professeurs de jurisprudence au Pont-à-Mousson.*

Charles, par la Grâce de Dieu, duc de Calabre, Lorraine, Bar, Gueldre, Marchis; marquis du Pont à Mousson, comte de Provence, Vaudemont, Blamont, Zutphen, etc. A tous présents et advenir salut :

Lexcellance des princes, naturellement sesjouissant a exalter et authoriser ceulx qui, par leurs vertus, sçavoir et actes vertueux, se sont adonnéz à choses louables et dignes de recommandation et exercé en icelles, dont ils ont meritez, et à justes tiltres, méritent de prééminer pardessus les autres et d'estre libres, francs, et exempz et non sujets aux lois de basse et vile servitudes et, par conséquent, sont dignes et capables d'impêtrer et obtenir les bénéfices et gratifications des dits princes, qui à ses fins, facilement les leurs consédent et octroient, tant pour la recognoissance et rémunération de leurs vertus cogneues et aprouvées de longues mains, que pour mouvoir et accroistre le courage d'autres de séforcer et de tendre, par tels moyens, à mériter de parvenir de conditions inférieures à tiltres plus hauts, nobles et supérieurs, au grand bien, proffit et utilité de toute la République. A cest effect, nostre bien amé et féal maître Jehan Hordal, docteur ez droits, jadis avocat au parlement de Toulouse et au siége de ce lieu et à présent l'un de nos quatre professeurs ordinaires en la faculté des droits civils et canons de nostre bien aymée fille l'université du Pont-à-Mousson, nous aiants remontré que par priviléges et bénéfices de feu d'heureuse mémoire Charles septiesme du nom, Roy de France, tiltres et qualitéz de noblesse auroit esté accordé à la vertueuse Jehanne la Pucelle de Domremy ditte d'Orléans, à ses frères et à tout le paranté et lignée et à la postérité née et à naistre tant en ligne masculine que foeminine du dit paranté et lignée de laditte Jehanne La Pucelle, pour ses magnanimes, martiaulx et héroïques exploits et pour les bons et agréables services quel auroit divinement faicts à la couronne du royaulme de France et ainsi quest contenus aux priviléges de noblesse de laditte Pucelle et paranté d'icelle octroiée à Mung sur Yeure, au mois de décembre mil quatre cents vinct neuf, qui en copie attestée et soubscripte de Pierre Chevelle, notaire apostolicque nous a esté exibée en nostre conseil, et d'autant que par les preuves et thémoings administrés de la part dudit Hordal pour vérification de sa généalogie à la ditte Pucelle, suivant l'arbre qu'il en auroit dressé et représenté en nostre dit conseil avec les anquestes sur ce, diligeance de sa part et reçeue par Baltazar Croq, poursuivant d'armes à ce commis et député, il y a apparance vray semblable quil est issu de la paranté de la dite Pucelle. Il nous auroit fait suplier que pour se ressantir du privilége à elle et à ceulx de son dit paranté, ainsi que dit est, concédé, luy voulussions octroyer de nostre grâce, declaration à luy et à ses anfans naiz et à naistre en léal mariage, et d'abondante grâce luy permettre et à sesdits anfans de porter les armoiries quon dit avoir esté de ladicte Pucelle ; conciceré son estat et profession qu'il exerce depuis neuf ans en nous faisant service et au publique et sévertuan journellement dy continuer de bien en mieux : pour ces causes, et autres justes concidérations à ce nous mouvantes et pour l'expériance des vertus, prudomie, intégrité, fidélité, suffisance et diligeance qui sont en la personne du dict Hordal, mesme en contemplation de ses services passéz, respects des présents, et pour l'espérance des futurs, nous de nostre certaine sciance, grâce spéciale, plaine puissance et aulthoritéz souveraine : avons iceluy Hordal déclaré et déclarons noble et du tiltre de noblesse décoré et décorons par ses présantes, voulons et nous plaict, qu'il, ses anfans nez et à naistre, malles ou femelles, dessendans en loyal mariage, leurs postérité et lignées soient à toujours maintenues, traitez et réputez pour nobles en jugement et dehors, jouissent et usent librement de tout honneurs et libertéz, franchises, droits, priviléges et prérogatives dont jouissent et ont accoustumé jouir et user tous autres nobles, qu'ils puissent prandre et recevoir ordre de chevalerie, acquester chateaux, forteresses, seigneuries, hautes justices, moyennes et basses et tous aultres fiefs et arrières-fiefs et nobles tenements et pocessions de quelles authorité et dignité quel soit, pour par luy, ses anfants, postérité et lignée, les tenir et posséder noblement et en jouyr plainement, paisiblement et perpétuellement, tous ainsy quautres nobles de nos païs peuvent de droits et ont accoustumé de faire, et comme si d'ancienneté ils étaient naiz et extraits de lignée noble sans qu'ils soient tenus ny puissent estre contraints de les vendre, laisser aliéner ny mettre hors de leurs mains en quelle manière que ce soit, sans aussi qu'ils soient tenus de nous en paier, ny de la déclaration présente, aucunes finances à Nous pour ce deues. Laquelle de grâce spéciale et pour le respect des choses susdites leur avons donné et octroié et en signe de la ditte noblesse et pour icelle décorer, avons à iceluy Hordal, à sesdits anfans et à leurs postérité et lignée tant naicz quà naistre dessendans deux en léal mariage comme dit est, octroié et octroions aux considérations avant dites, *les armoiries telles qu'on tient, la ditte Pucelle, ses frères et ceux de leur paranté, avoir porté et portent et qu'elles sont cy dessous anpraintes* avec plaine puissance et authorité de les porter, qui sont : *D'azur a l'espée d'argent émanchée et corronée d'or mis en pal accompagnée de deux fleurs de lis de mesme, timbré d'une Pucelle au naturel couronnée d'or, aiant les cheveux éparpillés, yssante d'un torty, le tout porté d'un armet morné couver d'un lambrequin aux métaux et couleur de l'escu;* voulons et nous plaict que ledit Hordal, ensemble sa postérité et lignée puissent porter les dits armoiries et en user dorénavant en tous lieux comme tous autres nobles usent et ont accoustumé jouyr et user des leurs. Si donnons en mandement à nos marréchaulx, sénéchaulx, baillis, présidents et gens de nos comptes de Lorraine et Barrois, prévosts, procureurs généraulx, officiers ou leurs lieutenants et substituts et à chacun deux, si comme à luy appartiendra, que le dit Hordal, ses anfans, posteritez et lignée néez et à naistre en léal mariage, ils fassent, souffrent et laissent jouyr plainement et paisiblement de nos présantes grâces, dons et octrois d'anoblissement et de tout le contenu cy dessus, sans en ce leur faire mettre ou donner, ny souffrir estre faict, mis ou ordonné, ors ny pour l'avenir aucuns troubles destourbiers ou empêchements au contraire, nonobstant quelconques, loix, statuts, uz et coustumes de nos peïs, ordonnances ou deffences à ce contraire. Car tel est nostre vouloir. Prions en oultre et requerons tous roys, princes, comtes et barrons et autres seigneurs nos amis, alliéz et bienveillants que de l'honneur et privilèges de noblesses, ensemble de nos dites presantes graces, dons et octroys, ils fassent, soufrent et laissent le dit Hordal, ses anfans et leur postérité, comme dit est, jouyr et user entièrement et paisiblement comme autres nobles ont accoustuméz faire, sans permettre qu'ils y soient aucunement troublés ny empêchéz, au contraire, comme en tel cas voudrions faire pour les leurs si requis en estions par eux. Et afin que ce soit chose ferme et stable à toujours, nous avons à ces dites presantes signées de nostre main, fait mettre et apandre nostre grand seel. Donné en nostre ville de Nancy, le dixième juillet mil cinq cent quatre vinct et seize, *signé* Charles. — *In capite* desquelles lettres sont painctes les armes de son Altesse et au bas à costé, celles énoncée cy dessus et sur le reply : par Monseigneur le duc, etc., etc., les sieurs comte de Salms, maréchal de Lorraine et gouverneur de Nancy, de Maillehanne, baillif de l'évêché de Metz; de Mondreville, de Neufvelotte, baillif d'Apremont; Mainbourg, maistre des requestes ordinaire, Remy, procureur général de Lorraine; Bardin, aussi maistre des requestes ordinaire et de Malvoisin, trésorier général, présent. *Signé* de Laruelle, *Registrata* J. Remy, avec paraphes et scellés du grand séel de sa ditte Altesse sur cire verte, contre scellée de son scel secret en cire vermeille porté de deux queues pendantes de soie entremellée; etc.

(Archives de M. de Haldat.)

Arrest du Conseil d'État, du 19 mai 1670,

Rendu contradictoirement au profit de Claude-François DE GRATAS, escuyer, seigneur de Baulny, Sainct Jullien, etc., frère puisné d'*Estienne* DE GRATAS, escuyer, sieur DU LIS, l'aisné de la maison, et chef des armes, ingénieur et architecte ordinaire de Sa Majesté,

Veu au conseil du roi, les arrests rendus en iceluy, les vingt-deuxième mars et quatorzième octobre mil six cent soixante-six, lettres-patentes sur iceux expédiées aux sieurs commissaires généraux audit conseil, députés par Sa Majesté, pour la recherche des usurpateurs du tiltre de noblesse, et au sieur Foucault, procureur général du Roy en ladite commission, des quatorzième may, vingtième septembre et quatorzième octobre dudit an mil six cent soixante-six, et autres lettres patentes et arrests donnés pour l'exécution des déclarations de Sa Majesté, des huitième février mil six cent soixante et un, et vingt-deuxième juin mil six cent soixante-quatre; et autres précédentes, l'instance d'entre *Claude-François de* GRATAS sieur de Saint-Jullien, appellant du jugement contre luy rendu, par le sieur de Caumartin, conseiller du roy en ses conseils, maistre des requestes de son hostel, commissaire départy en la province de Champagne, du sixième juin mil six cent soixante-huit d'une part; et maistre Jacques Duret, commis à la recherche desdits usurpateurs de noblesse en la province de Champagne intimé d'autre; coppie dudit jugement dont est appel, par lequel ledit de Gratas est déclaré usurpateur de la qualité d'escuyer, et condamné en quatre cents livres d'amande; ordonnance desdits sieurs commissaires généraux du conseil du vingt-sixième juillet mil six cent soixante-huit, par laquelle ledit de Gratas est reçu appellant dudit jugement, et à luy permis de produire au greffe les tiltres et pièces, sur lesquels il est intervenu, en consignant au préalable, audit greffe, la somme de deux cents livres, faisant moitié de celle de quatre cents livres, en quoy il est condamné par ledit jugement, signiffié audit Duret, le troisième aoust mil six cent soixante-huit; copie de l'acte de consignation faite audit greffe par ledit de Gratas de ladite somme de deux cent livres du premier jour dudit mois d'aoust mil six cent soixante-huit; requeste présentée au dits sieurs commissaires généraux du conseil par ledit de Gratas, à ce qu'il luy fut permis de produire quelques pièces par luy recouvrées conjoinctement avec celles par luy produites devant ledit sieur de Caumartin; ordonnance desdits sieurs commissaires généraux du conseil du huictième novembre mil six cent soixante huit, intervenue sur ladite requeste, par laquelle tant les pièces nouvellement recouvrées, que celles sur lesquelles est intervenu ledit jugement dont est appel, sont renvoyées audit sieur de Caumartin pour estre communiquées au procureur du Roy de sa commission et audit Duret, et donner sur le tout par ledit sieur de Caumartin son advis, pour iceluy avec lesdites pièces apportées au greffe de ladite commission, et montrées au procureur général, estre fait droit aux parties ainsi que de raison; la requeste présentée par ledit de Gratas audit sieur de Caumartin, au bas de laquelle est son ordonnance du dix-huitième de décembre mil six cent soixante-huit, que ledit de Gratas produirait dans trois jours tout ce que bon luy sembleroit; le procès-verbal et advis dudit sieur de Caumartin, du premier février mil six cent soixante-neuf; la table généalogique de la famille de JEANNE D'ARC, dite *la Pu-*

celle *d'Orléans*, par laquelle ledit appellant articule estre descendu de *Pierre* d'Arc, dit du Lys, frère de ladite *Pucelle d'Orléans*, par ce qu'il est fils de *Claude* de Gratas et de *Sébastienne* Hordal, laquelle *Hordal* estoit fille d'*Evrard* Hordal qui estoit née de *Jean* Hordal, lequel estoit fils d'*Estienne* Hordal, gentilhomme champenois et *Hauvix* du Lys, fille dudit *Pierre* d'Arc du Lys, pour la justification de laquelle généalogie et des priviléges accordés aux descendans des frères de ladite Pucelle d'Orléans, est rapporté coppie des lettres d'anoblissement accordées par le Roy Charles septième à ladite Jeanne d'Arc et à ses père, mère, frères et à toute la parenté masculine et féminine, en date du vingt sixième janvier mil quatre cent vingt-neuf; autres coppies de lettres patentes données en faveur de *Robert le Fournier*, baron de Tournebus, et *Lucas Duchemin*, sieur du Féron, issu et descendu d'un des frères de ladite Pucelle Jeanne, en date du septième d'octobre mil cinq cent cinquante, registrées en la chambre des comptes, le dernier avril mil cinq cent cinquante et un : un livre imprimé en mil six cent douze, composé par défunct messire *Charles du Lys*, advocat général en la Cour des Aydes de Paris, par lequel appert des honneurs, prérogatives et priviléges accordés aux descendans des frères de ladite Pucelle d'Orléans; extraict de l'édit du Roy sur le réglement des tailles du mois de juin mil six cent quatorze, article dix, portant que les descendans des frères de la Pucelle d'Orléans, qui vivent noblement, jouyront à l'avenir des priviléges de noblesse, et que les filles et femmes aussi descendues des frères de ladite Pucelle d'Orléans, n'anobliront plus leurs maris à l'advenir; autre extraict de l'édit sur le réglement général des tailles du mois de janvier mil six cent trente-quatre; article sept contenant la même chose que celuy ci-dessus.

Contract de mariage, en parchemin de noble *Estienne* Hordal, avec *Hauvix* du Lys, fille de messire du Lys, chevallier, frère de Jeanne d'Arc, dite la *Pucelle d'Or-*

léans, en date du quatrième juillet mil quatre cent soixante sept. L'extraict baptistaire de *Claude*, fils de noble *Estienne* Hordal, escuyer, et de damoiselle *Hauvix* du Lys du vingtième janvier mil quatre cent septante-six ; du testament original de *Claude* Hordal, doyen de l'église de Toul, du dix-neufième septembre mil cinq cent soixante-quatre. Transaction en parchemin passée devant notaire à Toul, le deuxième aoust mil'cinq cent septante-cinq entre *Estienne, Marie, Evrard* et *Sébastien* Hordal, frères et sœur, enfants de deffunt *Jean* Hordal, leur père. Expédition en papier tirée des archives du chapitre de Toul du testament d'*Estienne* Hordal, prestre, doyen de l'église de Toul du dix-huitième avril mil six cent douze ; le codicile dudit *Estienne* Hordal, du quinzième septembre mil six cent quinze ; autre testament en papier d'autre *Estienne* Hordal, aussi doyen de l'église de Toul, par lequel entre autres choses, il nomme et institue ses héritières ses quatre sœurs, l'une desquelles est *Sébastienne* Hordal, vefve de feu *Claude* de Gratas en date du huitième avril mil six cent trente-six. Le codicile dudit *Estienne* Hordal, du dix-neufième aoust audit an ; enqueste faite à la requeste, poursuite et diligence de noble homme *Jean* Hordal, docteur ès droits, et un des quatre professeurs en l'université de Pont-à-Mousson du septième juin mil cent nonante-six. Coppie des lettres de déclaration et confirmation de noblesse accordées par le duc de Lorraine en faveur dudit *Jean* Hordal, du dixième juillet mil cinq cent nonante six. L'acte d'enregistrement desdites lettres en la chambre des comptes du Duchez de Bar du cinquième mars mil cinq cent nonante-sept. Requeste présentée au bailliage de Toul par ledit appellant, pour avoir permission de faire recognoistre les seins apposés au bas de la table généalogique cy-dessus énoncée du vingtième novembre mil six cent soixante-trois. Le procès-verbal de ladite reconnaissance du vingt-deuxième desdits mois et an. L'enqueste faite à la requeste dudit de Gratas appelant ; comme il est des descendans dudit

Pierre d'Arc du Lys, frère de ladite *Pucelle d'Orléans*, du vingt-deuxième novembre mil six cent soixante-trois. Extrait tiré le dix-neufième novembre mil six cent soixante-trois, des épitaphes des tombes des sieurs les Hordal, en l'église de Toul, en date du vingt-sixième juillet mil six cent soixante-huit. Transaction passée entre le chapitre de Toul d'une part, et le sieur de Bretagne, doyen dudit chapitre d'autre, sur ce que ledit sieur de Bretagne auroit fait oter les armes du sieur Hordal de dessus la porte principale de l'entrée de la maison canoniale et autres endroits d'icelle, dont ledit chapitre demandoit le restablissement, par laquelle transaction homologuée au parlement de Paris, il est dit que lesdites armoiries seroient rétablies, qui sont celles de ladite *Pucelle d'Orléans*, des quatrième avril et quinzième may mil six cent cinquante-neuf. Certificat du curé de Saint-Aignan, de la ville de Toul, du vingt-septième juillet mil six cent soixante-huit, comme depuis l'année mil cent jusques en mil six cent huit, il ne se trouve aucun registre, les livres des baptesmes, mariages et sépultures de ladite paroisse ayant esté perdus à cause des guerres, pestes et autres malheurs arrivez dans ladite ville. L'original du testament de *François* Fremy, par lequel entre autres choses, il nomme pour exécuteurs de son testament les sieurs Hordal, ses nepveux, en date du vingt neufième may mil six cent trente; procuration passée par messire *Estienne* Hordal, doyen et chanoine de Toul, et Alix et Bastienne Hordal, ses sœurs, du onzième juillet mil six cent trente-quatre. Acte de cession et transport fait par maistre *Jean* Pagel, chanoine de l'église de Toul, à dame *Bastienne* Hordal relicte de deffunt *Claude* de Gratas, du quatrième juillet mil six cent trente-sept, autre transport fait par *Jean-Didier* Vautrin, escuyer, et ladite *Bastienne* Hordal, vefve dudit *Claude* de Gratas, du deuxième janvier mil six cent trente-huit; coppie d'une lettre escrite par le sieur Hordal, doyen; au sieur Horlier, pour l'obliger à donner au sieur *Es-*

tienne de Gratas, son nepveux, en faveur de son mariage la somme de douze cent livres, du septième juin mil six cent vingt-neuf. Coppie de l'obligation faite en consequence par ledit sieur Horlier, le vingt-cinquième desdits mois et an, copie d'une transaction faite entre ledit *Estienne* de Gratas et les héritiers du feu sieur Hordal, doyen en l'église de Toul; quatre pièces en une liasse, par lesquelles appert que la maison dudit *Estienne* de Gratas avait été pillée à la reprise de la ville de Bar, au mois de décembre mil six cent cinquante-deux.

L'extraict baptistaire dudit *Claude* de Gratas et appellant, fils de *Claude* de Gratas, et de *Bastienne* Hordal, ses père et mère du premier novembre mil six cent douze. Le contract de mariage dudit *Claude-François* de Gratas, qualifié escuyer, sieur de Saine-Jullien, fils de deffunt *Claude* de Gratas et de damoiselle *Sébastienne* de Hordal, avec damoiselle *Magdelaine* d'Origny du huitième juin mil six cent quarante-huit, vingt-cinq pièces en une liasse justificatives que ledit *Estienne* de Gratas, frère aisné dudit appelant, a toujours jouy des priviléges de noblesse, et porté les armes pour le service du Roy; le blason des armes dudit de Gratas, porte *d'Azur à la couronne d'or en chef, soustenue d'une espée mise en pal d'argent, croisée d'or et costoyée de fleurs de lys de mesme* avec le surnom du Lys que le roi leur donna; l'inventaire de productions des tiltres et pièces cy-dessus énoncées, les causes et moyens d'appel dudit de Gratas, les contre-dits fournis par ledit Duret, tant devant ledit sieur de Caumartin qu'au conseil signifiés les vingt cinquième may mil six cent soixante-huit et trente avril mil six cent soixante-neuf, responces dudit Duret aux moyens d'appel dudit de Gratas, du quinzième janvier mil six cent soixante-neuf; saluations dudit de Gratas, du quinzième may, audit an mil six cent soixante-neuf.

Conclusions du procureur général; ouy le rapport du sieur de Sève, conseiller de Roy en tous ses conseils, commissaire à ce député, qui en a communiqué aux sieurs commissaires généraux dudit conseil, et tout considéré. Le Roy en son conseil, faisant droit sur l'instance, a mis et met l'appellation et ce dont a esté appelé à néant, demandant a maintenu et gardé, maintient et garde ledit *Claude-François de* GRATAS, sieur de Saint-Jullien, ses successeurs, enfans et postérité, naiz et à naistre en légitime mariage en la qualité de nobles et d'escuyers, a ordonné et ordonne qu'ils jouiront de tous les priviléges, honneurs et exemptions dont jouissent les gentilshommes du royaume; faisant Sa Majesté, défenses audit Duret et tous autres de les y troubler, tant et si longtemps qu'ils vivront noblement et ne feront acte dérogeant à la noblesse, et pour cet effet que ledit *Claude-François de* GRATAS sera inscript dans l'estat et catalogue des gentilshommes, qui sera arresté au conseil et envoyé dans les baillages et élections du royaume suivant l'arrest du conseil du vingt-deuxième mars mil six cent soixante six, sans despens.

Ordonne Sa Majesté que la somme de deux cents livres consignée au greffe de la commission générale sera rendue et restituée, à ce faire le greffier contrainct par toutes voyes deues et raisonnables, quoi faisant il en demeurera bien et valablement deschargé.

Fait au conseil d'Estat du Roy, tenu à Paris, le dix-neuxième jour de may mil six cent soixante et dix, collationné et signé; en fin Foucault, avec paraphe.

ARBRE DE LIGNE ET GÉNÉALOGIE

SERVANT D'AVERTISSEMENT QUE MET ET BAILLE

pardevant Vous, Monseigneur de BARILLON MORANGIS, Chevalier, Conseiller du Roy en ses Conseils d'État et privé, M⁰ des Requêtes ordinaire de son Hôtel, Intendant de la Justice, Police et Finances en la généralité de Metz, Luxembourg et frontières de Champagne,

Messieurs les Commissaires Juges souverains en cette partie, en exécution de l'Arrêt du Conseil d'État du Roy, du vingt-sept janvier dernier.

CHRISTOPHE-LOUIS LE LIÉPVRE, Écuyer, Avocat en Parlement, l'un des descendants de PIERRE D'ARC, surnommé le *Chevalier du Lys*, frère puîné de la Pucelle d'Orléans,

Demandeur.

Contre M. le Procureur du Roy en la Commission, **Défendeur.**

Lettres patentes et d'anoblissement données par Charles VII au profit de toute la famille des d'Arc, et de tous ses descendants, tant en ligne masculine que féminine, en considération des grands services rendus à la France par Jeanne d'Arc, dite la Pucelle d'Orléans.

Arrêt du Conseil d'État du Roy du 19 may 1670, obtenu par Claude-François de Gratas, escuyer, seigneur de St-Jullien, justificatif des filiations et descentes desdits Pierre d'Arc, Hawy du Lys, Jean Hordal, Marie, Epvrard, Estienne et Sébastien Hordal.

Transaction passée à Toul le 2 aoust 1579, entre lesdits Estienne et Sébastien Hordal, Marie et Epvrard Hordal, ayeul et bisayeul desdits demandeurs, et Claude François de Gratas, tous qualifiés frères et sœurs et enfants dudit Jean Hordal, et Alix sa femme : cette transaction est énoncée dans ledit arrêt avec toutes les pièces produites par ledit de Gratas, pour justifier les descentes et filiations dudit Epvrard Hordal, père de ladite Marie, bisayeule du demandeur.

Testament de Marie Hordal du 18 mars 1575, signé Monin, notaire à Toul, par lequel elle institue ses enfants, et entre autres Mengeotte Guillot, sa fille, pour ses héritiers, comme pour ses exécuteurs testamentaires Didier Guillot son mari, et Estienne Hordal, doyen de Toul, son frère.

Contract de mariage de ladite Mengeotte Guillot, qualifiée nièce de Didier Guillot, et assistée dudit Estienne Hordal, doyen de Toul, son oncle, avec Louis le Liépvre, l'un des juges et magistrats de la ville de Toul, du 24 octobre 1588. Signé Tillier, notaire à Toul.

Testament et codicile dudit Estienne Hordal, par lesquels il fait différentes dispositions au profit des enfants dudit Louis le Liépvre qu'il qualifie son neveu dès 18 avril 1612 et 15 septembre 1615 ; ce qui établit incontestablement par cet extract de mariage la vérité de la filiation de ladite Mengeotte, et dès là que ledit Estienne Hordal la qualifie sa nièce, et qu'il conste par ladite transaction de 1579, qu'il estoit frère de ladite Marie, il est d'une conséquence naturelle qu'elle soit mère de ladite Mengeotte Guillot.

Extrait baptistaire de Jean le Liépvre, fils de Louis le Liépvre et de damoiselle Mengeotte Guillot, du 7 novembre 1595.

Contract de mariage dudit Jean le Liépvre, fils de Louis le Liépvre, l'un des juges et magistrat de la ville de Toul, avec damoiselle Magdeleine Magnan, du 13 janvier 1644.

Extrait baptistaire de Christophe Louis le Liépvre, fils de Jean le Liépvre et de damoiselle Magdeleine Magnan, du 10 aoust 1646.

Contract de mariage dudit Christophe Louis le Liépvre, advocat en Parlement, qualifié fils de Noble Jean le Liépvre, ancien maître échevin de Toul, et de damoiselle Magdeleine Magnan, ses père et mère, du 18 aoust 1669.

Jacques d'Arc et Isabelle de Romée, sa femme, ont eu :

Jacquemin d'Arc, Jean d'Arc, Jeanne d'Arc, dite la Pucelle d'Orléans, et Pierre d'Arc, appelé le chevalier du Lys, du mariage duquel avec damoiselle Jeanne de Prouville sortit :

Hawy du Lys, mariée à Estienne Hordal, gentil-homme champenois, qui eut d'elle :

Jean Hordal, qui contracta mariage avec damoiselle Alix, et dudit mariage sont issus :

Marie Hordal, mariée à Didier Guillot, maître échevin de S.-Epvre, et de leur mariage est sortie :	Estienne Hordal, doyen de la cathédrale de Toul, et Sébastien Hordal, prêtre.	Evrard Hordal, marié à Claudon Fremy, qui eurent :
Mengeotte Guillot, qui épousa Louis le Liépvre, l'un des magistrats de la ville de Toul, et de laquelle il eut cinq enfants : Estienne le Liépvre, chanoine en l'église cathédrale de Toul et archidiacre de Ligny ; Marie le Liépvre, décédée sans enfants ; Claudine le Liépvre, religieuse au couvent de la congrégation de Notre-Dame de S.-Mihiel ; Jeanne le Liépvre, mariée à maître Odam, ancien maître échevin de la ville de Toul, et		Sébastienne Hordal, qui épousa Claude Gratas, et eurent : Claude-François de Gratas, seigneur de S.-Jullien, maintenu en sa qualité de noble et d'écuyer, par Arrêt du conseil d'État contradictoirement obtenu contre Jacques Duret, commis à la recherche des faux nobles en la généralité de Champagne.

Jean le Liépvre, maître échevin de Toul, qui, de sa part et de damoiselle Magdeleine Magnan, sa femme, eut plusieurs enfants, et entre autres

Ledit Christophle-Louis le Liépvre, écuyer, avocat au Parlement, demandeur.

La question de droit étant jugée par l'arrêt du conseil, et celle du fait s'établissant par les pièces produites en l'instance, par lesquelles le demandeur s'est lié audit Claude-François de Gratas, son cousin au 4ᵉ degré et a justifié que lesdits Jean Hordal et Alix, sa femme, sont leurs trisayeuls et bisayeuls, il n'estime pas, sauf la révérence de la Chambre, que sa noblesse luy puisse être valablement contestée par M. le Procureur du Roy.

Monsieur MONSENOT, *Rapporteur.*

ANTOINE BARILLON DE MORANGIS, Chevalier, Conseiller du Roy en ses Conseils d'Estat et privé, Maistre des Requestes ordinaire de son hostel, Intendant de Justice, Police et Finances en la Généralité de Metz, Luxembourg et frontière de Champagne, Juge souverain en cette partie, en exécution de l'Arrest du Conseil d'Estat de Sa Majesté, du 27 janvier 1674.

Vue la requeste signée Regnier, procureur au Parlement de Metz, présentée par *Christophe-Louys* Le Lievre, escuyer, Advocat en Parlement, demeurant à Toul, le 3 mai dernier, ensemble que pour les causes y contenues, il fut maintenu et gardé en la jouïssance et possession des titres, qualitez, rang, séance, honneurs et prééminences, privilèges, authoritez, libertez, exceptions, franchises, immunitez et autres droits dont jouissent les autres gentilshommes du royaume, avec défenses à toutes personnes de l'y troubler, à peine de mille livres d'amande, dommages, interests et dépens, à l'effet de quoy il serait inscrit dans l'estat et catalogue des gentilshômes de cette généralité, lesdits requeste et inventaire de production deuëment signifiez au sieur Liegeault, procureur du Roy en la commission, par exploit de Jacques Chardin, huissier audit parlement de Metz, dudit jour, 24 septembre dernier, et par lesquels, ensemble par son arbre de ligne et généalogie, il auroit articulé estre originaire de Domremy en Lorraine, et descendu de *Jeanne* Darc et *Isabelle* de Romé, sa femme, qui eurent pour enfans, *Jacquemin* Darc, *Jean* Darc, *Jeanne* Darc, dite la *Pucelle d'Orléans,* et *Pierre* Darc, appellé *le chevalier du Lys*, duquel avec damoiselle *Jeanne* de Prouville, sortit *Havix* du Lys, mariée à *Estienne* Hordal, gentilhomme champenois, qui eût pour fils *Jean* Hordal, qui contracta mariage avec damoiselle Alix, et dudit mariage sont issus *Estienne* Hordal, doyen de la cathédrale de Toul, *Sébastien* Hordal, prestre, *Evvrard* Hordal et *Marie* Hordal, mariée à *Didier* Guillot, maistre eschevin de Saint-Epvre, et de leur mariage sortit *Mengeotte* GUILLOT, qui espousa *Louys* LE LIEPVRE, l'un des magistrats de ladite ville de Toul, de laquelle il eût cinq enfans, *Estienne* LE LIEPVRE, chanoine en l'église cathédrale de Toul et archidiacre de Ligny, *Marie* LE LIEPVRE, décédée sans enfans, *Claudine* LE LIEPVRE, religieuse au couvent de la congrégation de Notre-Dame de Saint-Mihiel, *Jeanne* LE LIEPVRE, mariée à maistre ODAM, ancien maistre eschevin de la ville de Toul, et *Jean* LE LIEPVRE, maistre eschevin de Toul, qui de sa part, et de damoiselle *Magdelaine* MAGNAN, sa femme, eurent plusieurs enfans, et entre autres *Christophe-Louys* LE LIEPVRE, escuyer, advocat en Parlement, demandeur, pour preuve et vérification desquels faits et degrez de filiation, descente, extraction et noblesse, il a rapporté sur les premier, deux, trois, quatre et cinquième degrez desdits *Jacques* et *Pierre* DARC, *Havix* DU LYS, *Jean* et *Marie* HORDAL, lettres patentes d'annoblissement données par Charles septième d'heureuse mémoire à *Jeanne* DARC, dite *la Pucelle d'Orléans*, *Jacques* DARC et *Isabelle* DE ROMÉ, ses père et mère, *Jacquemin*, *Jean* et *Pierre* DARC, appellé *le chevalier du Lys*, frères de ladite Pucelle, ensemble à toute leur lignée et postérité tant en ligne masculine qu'en féminine, née et à naistre en légitime mariage, en considération des grands et signalez services qu'elle avoit rendu à la France au mois de décembre 1429, vérifiées le 26 janvier suivant. Autres lettres de confirmation d'Henry second du mois d'octobre 1550, vérifiées en la Chambre des Comptes à Paris le dernier avril 1551. Autres lettres dudit feu roy Henry second du 2 juillet 1556, confirmatives des susdites lettres et priviléges de noblesse, registrées en la cour des aydes de Normandie le 13 décembre 1608. Transaction passée à Toul le 2 aoust 1575 entre lesdits *Estienne* et *Sébastien* HORDAL, *Epvrard* et *Marie* HORDAL, bisayeule du demandeur, qualifiez frères et sœur, et enfans de *Jean* HORDAL et de damoiselle *Alix*. Contract de mariage d'*Havix* DU LYS, qualifiée fille de *Pierre* DARC dit *le chevalier du Lys* et de damoiselle *Jeanne* de Prouville, ses père et mère, avec *Estienne* Hordal, gentilhomme champenois, du 4 juillet 1467. Arrest du conseil d'Estat du Roy du 19 may 1670, obtenu par *Claude-François* de Gratas, seigneur de St-Julien, contradictoirement avec Jacques Duret, commis à la recherche des faux nobles en la généralité de Champagne sur les susdits degrez de filiation et noblesse, comme estant fils de *Claude* de Gratas et de damoiselle *Sébastienne* Hordal, qui estoit fille d'*Epvrard* Hordal, fils desdits *Jean* Hordal et damoiselle *Alix*, sa femme, par lequel arrest il est maintenu en sa qualité de noble et d'escuyer, les pièces mentionnées en iceluy, et produites par ledit de Gratas, justificatives des filiations et descentes desdits *Pierre* d'Arc, *Havix* du Lys, *Jean*, *Estienne*, *Sébastien*, *Marie* et *Epvrard* Hordal, ayeul et bisayeule desdits *Christophe-Louys* le Liepvre et *Claude-François* de Gratas, cousins au troisième et quatrièmes degrez. Sur le sixième degrez de *Mengeotte* Guillot, testament de ladite *Marie* Hordal, bisayeule du demandeur, du 18 mars 1575, signé Mengin, notaire à Toul, par lequel elle institue ses enfans, et entre autres *Mengeotte* Guillot, sa fille, pour ses héritiers, et nomme pour ses exécuteurs testamentaires *Didier* Guillot, son mari, et *Estienne* Hordal, doyen de Toul, son frère; contract de mariage de ladite *Mengeotte* Guillot, qualifiée fille de *Didier* Guillot, assistée dudit *Estienne* Hordal, doyen de Toul, son oncle, avec *Louys* le Liepvre, l'un des juges et magistrats de Toul, du 24 octobre 1588, signé Caillier, notaire à Toul. Testament et codicille dudit *Estienne* Hordal, par lesquels il fait différentes dispositions au profit des enfans dudit *Louys* le Liepvre, qu'il qualifie son neveu à cause de ladite *Mengeotte* Guillot, sa nièce, fille de ladite *Marie* Hordal, sa sœur, du 18 avril 1612 et 15 septembre 1615. Sur le septième degré de *Jean* le Liepvre : extrait baptistaire dudit *Jean* le Liepvre, fils de *Louys* le Liepvre, l'un des juges et magistrats de la ville de Toul et de damoiselle *Mengeotte* Guillot, du 5 novembre 1595, signé Marcellis, curé de la paroisse de Saint-Jean du cloistre de ladite ville de Toul; contract de mariage dudict *Jean* LE LIEPVRE, fils dudit *Louys* LE LIEPVRE, qualifié comme dessus, avec damoiselle *Magdelaine* MAGNAN du 13 janvier 1644. Sur le huitième et dernier degré, dudit *Christophe-Louys* LE LIEPVRE : extraict baptistaire du demandeur, fils de *Jean* LE LIEPVRE et de damoiselle *Magdelaine* MAGNAN du 10 aoust 1646, signé comme dessus Marcellis; contract de mariage d'iceluy, où il est qualifié advocat en Parlement, et fils de noble *Jean* LE LIEPVRE, ancien maistre eschevin de ladite ville de Toul, et de damoiselle *Magdelaine* MAGNAN, ses père et mère, avec damoiselle *Catherine-Françoise* LAURENT, du 18 aoust 1669. Signé Masson. Contredits dudit sieur Liegeault, procureur du Roy, contre lesdites requeste et production, signifier audit Regnier, procureur du demandeur, par exploit de maistre François Asse, premier huissier audit Parlement de Metz, du 29 dudit mois de septembre dernier. Requeste employée pour salvations par le demandeur contre lesdits contredits, signifiée audit sieur Liegeault par exploit dudit Asse, dudit jour. Les articles sept et dixième des édits servans de règlement des exempts des tailles, des mois de juin et janvier 1614 et 1634, portans que les filles et femmes descendantes des frères de ladite Pucelle d'Orléans n'annobliront plus leurs marits à l'advenir. Conclusions du procureur du Roy. Oüy le rapport du sieur Monsenot par nous à ce commis. Tout considéré, Nous, par jugement souverain et en dernier ressort, assisté de graduez au nombre de l'ordonnance, ordonnons que ledit *Christophe-Louys* LE LIEPVRE, ensemble ses enfans, postérité et lignée, née et à naître en légitime mariage, jouiront de tous les priviléges, franchises, immunitez, exemptions, rang, honneurs, libertez, authoritez, voix délibérative, prérogatives, prééminences et autres droits dont jouissent les autres gentilshommes du royaume, faisons défenses à toutes personnes de les y troubler tant et si longtemps qu'ils vivront noblement, et ne feront acte dérogeant à noblesse, à peine de 500 livres d'amende, dommages-intérests et despens. Ordonnons que ledit *Christophe-Louys* LE LIEPVRE sera à cet effet inscrit dans l'estat et catalogue des gentilshommes de ce département. Fait à Metz, le 23 octobre 1674. Signé en fin de Cabazac, secrétaire de l'intendance de la généralité de Metz.

L'an mil six cens soixante et quatorze, le trentième octobre, fût le présent jugement souverain signifié, et d'iceluy baillé copie à monsieur Liegeault, procureur du Roy en la commission en son domicile, en parlant à sa personne, lequel sieur Liegeault a fait réponse qu'il n'empêchait pas que le présent jugement fût enregistré où besoin sera, et a signé avec moy, premier huissier en la cour de Parlement de Metz soubsigné. Signé Liegeault et Asse, avec paraphe.

Extrait des Registres de la Cour des Aydes en Normandie.

(*Coppie d'arrest de la Cour des Aydes de Normandie, donnée en faveur de quelques parens issus des frères et sœurs de la Pucelle d'Orléans, du 13 janvier 1608.*)

Sur la requeste présentée par M° *Thomas* DE TROIS-MONTS, conseiller au siége présidial de Caen, et *Charlotte* RIBAULT, sa femme, prétendant estre issue et descendue du lingnage de Jacune d'Ay, autrement dicte la Pucelle d'Orléans, tendante à ce qu'il pleust à la Cour veoir les lettres en forme de déclaration du Roy, donnez à Paris le premier jour d'aoust dernier, et, suivant icelles, maintenir ledict Troismonts et sadicte femme en possession du privilége de noblesse octroyée à ladicte d'Ay, et procéder à la vérification pure et simple d'icelles lettres. Veu par la Cour ladicte requeste, lettres dudict premier jour d'aoust dernier, par lesquelles, et pour les considérations y contenues, estoit mandé à ladicte Cour que, le procureur général de Sa Majesté appellé, s'il luy apparoissoit des lettres de chartes concédez à ladicte Jaenne d'Ay, donnez à Mnun au mois de décembre mil quatre cents vingt neuf, veriffiées en la Chambre des Comptes le saizième de janvier au mesme an, par lesquelles le feu roy Charles septième, pour certaines grandes et justes considérations, à plain mentionnez ausdictes lettres, auroit anobly ladicte Jaenne d'Ay, Jacques d'Ay, son père, Ysabeau, sa femme, mère de ladicte Pucelle, Jacquemin et Jean d'Ay et Pierre Poerelo, frère d'icelle Pucelle; ensemblement tout leur lignage et postérité en ligne masculine et féminine, nais et à naistre, et que Robert Le Fournier, baron de Tournebu, et Lucas du Chemin, sieur du Feron, son nepveu, pour eux et leurs parents issus de ladicte race, eussent obtenu lettres de confirmation du feu roy Henry deuxième, du mois d'octobre xv° cinquante, vériffiez en la Chambre des Comptes, à Paris, le dernier d'apvril xv° cinquante et ung, au moien et ensuitte desquelles ledict Fournier et du Chemin, son nepveu, et leursdicts parents issus de ladicte race, tant en lingne féminine que masculine, auroient tousjours paisiblement jouy et usé de privilége de noblesse, conformément ausdictes lettres, ainsi que font encor de présent lesdicts impétrants, comme estant ladicte Charlotte Ribault, issue et descendue de Jaenne Le Fournier, son aïeulle, sœur dudict Robert Le Fournier, mariée en première nopce à Lucas du Chemin, sieur du Feron, dont seroit sorty ledict Lucas du Chemin, nepveu dudict baron de Tournebu, et, du depuis, auroit esté ladicte Jaenne Le Fournier, mariée à M° Estienne Patry, en son vivant conseiller en la Court de Parlement de Rouen; duquel mariage, entr'autres enfants, seroit sorty Claude Patry, vivant conseiller audict siége présidial de Caen, et Magdelaine Patry, sa sœur, mariée à Jean Ribault, sieur du Mesnil Saint-Joye; duquel mariage seroit sorty ladicte Charlotte Ribault, femme du sieur de Troismonts; ladicte Cour eust à faire jouir et user lesdicts impétrants dudict privilége de noblesse en la mesme forme et manière que leurs prédécesseurs, et eux en ont cy-devant bien et deuement jouy et usé, jouissent et usent encor de présent, comme plus au long lesdictes lettres le contiennent; lesdictes lettres de chartre expédiées en langue latinne, concédez à ladicte Jaenne d'Ay, donnez audict Muun, au mois de décembre mil quatre centz vingt neuf, signez, sur le replis : par le Roy, l'évesque de Sées, ledict sieur de la Trémouille et de Thrèves, et autres présents, Mallière et séellez en lacs de soye rouge et verte du grand sceau de Sa Majesté en cire verte, et sur ledict reply l'expédition et vérification d'icelles en ladicte Chambre des Comptes, dudict saizième janvier audit an mil quatre cents vingt neuf, avec autre vérification de ladicte chartre par le général des finances de Languedoïl et Languedoc, le vingt-sixième dudict mois de janvier et an; lesdictes lettres de confirmation obtenues par ledict baron de Tournebu et Lucas du Chemin, donnez à Rouen, au mois d'octobre en l'an xve cinquante, signez, sur le reply : par le Roy, Mahieul, et scellez en lacs de soye rouge et verte du grand sceau de Sa Majesté; par semblable expédition en la Chambre des Comptes, le deuxième d'apvril xve cinquante et ung; coppies collationnées d'autres lettres patentes et déclarations dudict roy Henry deuxième, donnez à Amboise, le vingt-sixième mars xve cinquante-cinq, contenant que lesdicts priviléges de noblesse de ladicte d'Ay ne s'estendront qu'à ceux qui porteront le nom de d'Ay, et non à ceux qui seroient issus et descendus des femmes de ladicte lignée; autres lettres patentes dudict seigneur, donnez à Fontainebleau, le deuxième juillet xve cinquante-six, obtenues par ledict Robert Le Fournier, baron de Tournebu, et Charles Le Fournier, sieur du Bois Hurqol, son frère, contenant confirmation dudict privilége concédez à ladicte d'Ay et ses parents et toute leur postérité, tant masculine que féminine, naiz et à naistre en loïal mariage, nonobstant les dessus dictes lettres et déclarations donnez à Amboise ledict vingt-sixième mars xve cinquante-cinq. Veu aussy la généalogie, filiation et descente de ladicte Charlotte Ribault, femme dudict Troismonts, ayant par icelle monstré que Jacques Le Fournier, escuyer, espousa damoiselle Marie de Villebresme, yssue de ladicte lignée; que dudict mariage sont descendus lesdicts Robert et Charles Le Fournier, frères de ladicte Jaenne Le Fournier, leur sœur, laquelle Jaenne fut mariée en première nopces à Lucas du Chemin, sieur du Feron, dont seroit yssu M° Lucas du Chemin, conseiller au siége présidial de Costentin, nepveu desdicts Le Fournier, et d'icelluy M° Lucas sont aussy issus Jean et Nicollas du Chemin; et, en seconde nopces, ladicte Jaenne mariée à Gilles Godart, dont n'est resulté aucuns enfants; et, en troisième et dernière nopces, remariée audit M° Estienne Patry, conseiller audict Parlement, duquel mariage sont descendus, entre autres enfants, ledit M° Claude Patrix, conseiller au siége présidial de Caen, et Magdalaine Patrix, sa sœur aisnée; icelle Magdalaine mariée audict Jean Ribault, sieur du Mesnil, vivant receveur général des décimes au diocèse de Bayeux; que de ce mariage est sortie ladicte Charlotte Ribault, femme dudict impétrant. Pour la justiffication de laquelle filiation et descente de ce, sont aidez et faict production de plusieurs contracts, actes et escriptures cy après déclarez, asscavoir : du traicté de mariage d'entre ledict Lucas du Chemin et ladicte Jaenne Le Fournier, damoiselle, fille dudict Jacques Le Fournier, dabté du dix-huitième de juillet xv° dix-sept; d'autre traicté de mariage d'entre ledict M° Estienne Patrix, conseiller audict Parlement, et ladicte Jaenne Le Fournier, lors vefve dudict Godart et précédemment dudict du Chemin, et fille dudict Jacques Le Fournier et de ladicte damoiselle Marie de Villebresme, du vingt-deuxième de janvier xv° vingt-trois; contracts passez pardevant les tabellions de Rouen, le neufième de febvrier xv° trente-six, contenant constitution de cent cinquante livres de rente par ledict Robert Le Fournier, baron de Tournebu, vers ledict Patrix, son frère en loy; autre contract passé devant les tabellions de

Gournay, le pénultième de décembre xv° quarante-trois, contenant la donnation faicte par ledict M° Estienne Patrix et ladicte Fournier, sa femme, à Barbe Patrix, leur fille, religieuse au monastère de S¹-Aubin lez Gournay; acte de tutelle de M° Claude Patrix, filz dudict M° Estienne Patrix, auquel M° Henry Patry, son frère, et ladicte Jaenne Le Fournier, sa mère, avoient esté baillez pour tuteurs avec ledict Jean Ribault, sieur du Mesnil, son frère en loy, passé devant la viconté de Rouen, le dernier de décembre xv° quarante-trois; autre traicté de mariage d'entre Robert Garin et Anne Patrix, fille dudict M° Estienne et de ladicte Le Fournier, passé devant les tabellions de Rouen, le dixhuictième de mars xv° cinquante; accord passé devant les tabellions de Caen entre ledict M° Claude Patrix et lesdicts Jean et Nicollas du Chemin, enfans et héritiers dudict Lucas, touchant la succession de ladicte damoiselle Jaenne Le Fournier, leur ayeulle, dabté du unzième de mars xv°iiij^{xx}xij; du traicté de mariage d'entre ledict Ribault, sieur du Mesnil, et ladicte Magdalaine Patrix, fille aisnée dudict M° Estienne et de ladicte Fournier, du dix septième may xv° quarante quatre; quatre quittances dudict Ribault, du dernier de febvrier xv° quarante cinq, par laquelle il avoit recogneu luy avoir esté baillé par ledict M° Estienne Patrix, son beau père, soixante livres de rente à prendre sur le sieur de Corneilles en payement de dot de ladicte femme; autre contract passé devant les tabellions de Rouen, le cinquième de febvrier xv°lxiij, faisant mention du racquêct desdictes soixante livres de rentes; coppie collationnée de l'acte de tutelle des enfants dudict Ribault, sieur du Mesnil, passée au tabellionnage de Rouen, le quatorzième janvier xv° soixante et dixsept, auquel acte ladicte Charlotte Ribault, fille dudict Ribault, et où ladicte Patry, femme dudict Troismonts, est desnommée; le traicté de mariage d'entre ledict de Troismonts et ladicte Charlotte Ribault, du douzième de febvrier xv° iiij^{xx}viiij, recogneu au siége présidial de Caen, les dix septième de may et dix septième de juillet xv° iiij**xiij); cayer de coppies collationnées, ausquelz sont incérez plusieurs pièces et escriptures, entre autres le jugement ou arrest des commissaires depputez en la ville de Paris sur le faict des francs fiefs et nouveaux acquetz pour les ressorts des Parlements de Paris et Rouen, donné audict Paris, en la Chambre du Trésor, le traizième d'aoust xv° lj, par lequel ledict M° Lucas du Chemin, sieur du Feron, du consentement du procureur du roy en ladicte commission, avoit esté deschargé de la taxe desdicts francs fiefs et, comme noble, envoyé exemp, sans servir, sans donner et payer finances; autre jugement desdicts commissaires, du vingt neufiesme juillet xv° liij, contenant semblable descharge; le plédoyé tant du procureur général du Roy en ladicte Cour de Parlement de Rouen, à ce spécialement député, prenant la cause pour procureur général en ladicte Cour des Aydes, inthimé en appellation et demandeur en requeste civile allencontre dudict du Chemin, appellant de la taxe de deux mil livres à laquelle il avoit esté cottisé pour lesdicts francs fiefs, que dudict du Chemin, et l'arrest des commissaires depputez pour juger en souverain et dernier ressort sur le faict desdicts francs fiefs et nouveaux acquetz, donné à Rouen, le dernier de juin xv° lv, intervenu sur ledict plaidoyé, par lequel arrest, avant que procéder au jugement diffinitif de l'appellation dudict du Chemin, avoit esté ordonné que par le S¹ de Dragueville, M° des requestes, l'un desdicts commissaires, seroient faicts entendre au Conseil privé de Sadicte Majesté les jugements et arrests obtenus par ledict du Chemin et autres poincts et articles résultant du procez, suivant les mémoires qui en seroient dressez; déclaration du roy Charles neufiesme, donné à la Rochelle, le quinzième de septembre audict an soixante cinq, par laquelle, veu lettre de confirmation dudict privilége, arrestz obtenus par ledict du Chemin, oy le rapport dudict S¹ de Dragueville, ensemble le dire et plédoyé dudict procureur général; avoit esté ordonné que lesdicts jugements et arrestz obtenus par ledict du Chemin sortiroient leur plain et entier effect; autre arrest diffinitif desdicts commissaires, donné à Rouen, en conséquence desdictes lettres, le vingt septième de décembre ensuivant, par lequel, sans avoir esgard au soustien dudict procureur général, l'appellation dudict du Chemin est ce dont estoit appelle avoit esté mis au néant, et, en réformant, ledict du Chemin déclaré exempt de la contribution desdits francs fiefs, et ordonné que ladicte taxe de deux mil livres seroit distraicte du roolle; autre jugement d'autres commissaires depputez pour lesdits francs fiefs, donné à Rouen le dix neufième d'aoust xv^o lxvj, par lequel Jean et Nicollas du Chemin, enfants et héritiers dudict Me Lucas, avoient esté aussy déclarez deschargez de la taxe desdicts francs fiefs; arrest de ladicte Cour, du trentième d'octobre xvj^o liij, donné sur la vérification des lettres patentes du Roy obtenues par Me Charles Baillard, Sr de Flamez, comme estant issu de la lignée de ladicte Pucelle, et autres pièces joinctes auzdictes lettres dudict premier d'aoust dernier, soubz le contrescel de la Chancellerie de France; la conclusion du procureur général du Roy, du neufième de ce présent mois de décembre; et tout considéré, la Cour a ordonné et ordonne que lesdictes lettres de confirmation et déclaration dudict premier jour d'aoust dernier, emsemble ladicte chartre et autres lettres de confirmation ensuivie sur icelle, seront registrez ès registres de ladicte Cour, pour en jouir par ladicte Ribault et les descendantz d'elle suivant leur forme et teneur, sauf audict procureur général à faire telles remonstrances à Sa Majesté, sur la conséquence desdictes lettres, qu'il advisera bon estre. Faict en ladicte Cour des Aydes, à Rouen, le traizième jour de janvier xvj^o huict. *Signé :* de Planes, un paraphe, et accosté est escript : collationné ; etc......

(*Papiers de famille des Le Lièpvre, dans les archives de M. de Marin, à Metz.*)

Lettre de Henry IV.

Henry, *par la grâce de Dieu, roy de France et de Navarre,*

A nos amés et féaux les gens tenant notre Cour des Aydes en Normandie : notre cher et bien amé Charles Baillard, escuier, sieur des Flammetz, Nous a fait dire et remontrer qu'il est issu de la race de Johanne Day, dite la Pucelle d'Orléans, à laquelle et à sa postérité née et à naître tant du costé masculin que féminin, le feu roy Charles septième, d'heureuse mémoire, accorda ce privilége qu'elle et sa postérité de tout sexe passent nobles pour la singulière assistance et admirable valleur qu'elle avoit monstrée au bien de son service et de ceste couronne, dont luy furent expédiées lettres au mois de décembre mil quatre cent vingt-neuf, qui ont été vérifiées et confirmées depuys par les Roys nos prédécesseurs. Et d'icelle ont les parents dudit exposant jouy et usé plainement et paisiblement. Mesmes, les commissaires envoyés pour la recherche des nouveaux acquêts francs fiefs et régallement de nos tailles les ont laissé en avoir jouissance. Toutefois, ledit exposant craint qu'à cause qu'il n'a eu aulcune confirmation dudict privillége de Nous, quelques siens ennemis le veuillent troubler en la jouissance de sadicte noblesse. C'est pourquoy il a eu recours à Nous pour avoir nos lettres nécessaires, humblement requérant icelles.

A ces causes, désirant luy subvenir en cest endroit de conserver surtout les récompenses faictes pour actes si généreulx qui sont ceux de ladicte Jeanne Day, dicte la Pucelle d'Orléans, afin que les couraiges de nos subjects soient d'autant plus animés à bien faire quand l'occasion s'en présentera, Nous vous mandons faire expressément, enjoignons par ces présentes que s'il vous appert que le dict exposant soit de la race de la dicte Pucelle d'Orléans, qu'à elle et aux siens le privillége de noblesse aye esté donné et confirmé par nos prédécesseurs, que d'icelle luy et ses aultres parents ayent jouy et jouissent encore à présent que le dict Baillard n'ayt faict acte dérogeant à la dicte noblesse, ou d'autres choses raisonnables autant que suffise doibve, Vous au subdict cas ayez à maintenir ledict exposant en la jouissance dudit tiltre et privillége de noblesse, comme il en a bien et deuement jouy et usé, jouit et use encore à présent.

De ce faire, nous donnons plein pouvoir, puissance, auctorité et mandement spécial, nonobstant toute chose contraire que ne voulons luy nuyre ni préjudicier ny aux siens. Car tel est nostre plaisir. Donné à Paris, le dernier jour de juillet, l'an de grâce mil six cent trois et de notre règne le quatorzième.

HENRY.

Par le Roy, POTIER.

(Archives de M. de Baillard du Lys.)

Extrait des Registres de la Cour des Aydes en Normandie, du 30 octobre 1604.

Veu par la souche des lettres patentes du Roy en forme de déclaration donnée à Paris au mois de juillet mil six cent trois, concédées à M° *Charles* BAILLARD, sieur de Flametz, par lesquelles et pour les considérations y contenues estoit mandé à lad. Cour s'il luy apparaissoit que les Baillard sont yssus de la race de Jehanne Day dicte la Pucelle d'Orléans, à laquelle et à sa postérité naye et à naistre tant du costé masculin que féminin, le feu roy Charles septième auroit accordé ce privillége de noblesse, lequel privillége auroit esté confirmé par les prédécesseurs roys, faire jouir et maintenir le dict Baillard au tiltre et privillége de noblesse, en cas qu'il n'eust faict acte desrogeant à icelle, comme plus au long les dictes lettres le contiennent; requeste par luy présentée aux fins de vériffication, par ordonnance de la dicte Cour, avoit esté communiqué au procureur général du Roy, arrest d'icelle du quatorziesme jour de novembre audict an, par lequel avoit esté ordonné audict Baillard bailler son escript de généalogie, filliation et descente et pièces justificatives d'icelles. Ladicte généalogie baillée par icelluy Baillard, ayant par icelle induit et démonstré que de feu *Jacques Le Fournier*, vivant receveur des tailles en l'ellection de Caen, et de damoiselle *Marie de Villebresmes*, issus de la race de la dicte Johanne d'Ay, estoient dessendus légitimement *Nicolas, Robert et Charles*, dicts *Le Fournier*, et Mademoiselle *Jehanne Le Fournier*, leur sœur, laquelle fut mariée en premières noces à *Lucas du Chemin, sieur du Feron*, duquel mariage estoit aussy yssu légitimement Mre *Lucas du Chemin*, conseiller au siége présidial du Cottentin ; et en secondes nopces, ladicte *Le Fournier*, mariée à feu *Gille Godart*, décédé sans enffans, ayant esté du depuys et en dernières nopces icelle *Le Fournier*, mariée à Mre *Estienne Patry*, conseiller en la Court du Parlement, duquel et de ladicte Le Fournier seroient sortys Mrs *Henry, Pierre et Claude*, dicts Patry, *Magdalène, Anne et Barbe*, leurs sœurs. Lesdits maistres *Henry et Pierre* décédèrent sans hoirs ; ladicte *Barbe* religieuse au prieuré Saint-Aubin prez Gournay ; ledict maistre *Claude* encore vivant et conseiller au siége présidial de Caen ; ladicte *Magdalène* encore vivante, veufve de feu *Jehan Ribaut*, Sr du Mesnil Saint-Georges, et ladicte *Anne Patry*, mariée à feu *Robert Garin*, sieur du Rez, bourgeois de Rouen, duquel mariage estoit yssue Mademoiselle *Magdalène Garin*, mariée à Mre *Germain Baillard*, cy devant esleu en l'ellection du Neufchastel, duquel mariage estoit sorti légitimement ledit Me *Charles Baillard* impétrant. Cestant pour la justification de ladite quallité et descente aidé de plusieurs actes, contractz et escriptures : assavoir du *vidimus* des lettres de confirmation concédées par le feu roy Henry second à Robert Fournier, *baron de Tounebus*, et audict *Lucas du Chemin*, Sr du Feron, son nepveu, au mois d'octobre mil cinq cent cinquante et un, pour faire eux et leurs parents yssus du sang de ladite Pucelle d'Orléans jouir des priviléges, exemptions et anoblissement en la forme et ainsi qu'elle est contenue es lettres de chartres du dit roy Charles, etc.

(*Archives de M. de Baillard du Lys.*)

Ordonnance royale relative aux enfants de M. Gaultier d'Arc, *du 24 novembre 1827.*

Charles, par la grâce de Dieu, roi de France et de Navarre, à tous présents et à venir, salut :

La demoiselle N. Gaultier, née à..., le..., nous a fait exposer qu'elle descend en ligne directe et féminine de l'un des frères de Jeanne d'Arc, dite la Pucelle, anoblie, ainsi que ses père et mère, ses trois frères et toute leur postérité légitime en ligne masculine et féminine, par le Roi Charles VII, l'un de nos prédécesseurs, suivant ses lettres patentes données en 1429, confirmées par celles du roi de France Henry II, données en octobre 1550; que les armoiries qui sont ci-après énoncées avaient été octroyées à la dite Jeanne d'Arc par le même roi Charles VII, que les descendants de ses frères ont obtenu par des lettres patentes spéciales et confirmatives accordées en 1612 par le roi Louis XIII, l'autorisation de faire usage de ces armoiries; qu'ainsi, en sa qualité de descendant de la famille de Jeanne d'Arc, elle est habile à jouir de la noblesse et à porter les armoiries à elle accordées et à ladite famille, suivant les lettres patentes sus-énoncées. En conséquence, la demoiselle Gaultier nous a fait supplier de vouloir bien la maintenir et confirmer dans ses avantages. Et sur le rapport de notre garde des sceaux, ministre secrétaire d'État au département de la justice, qui nous a présenté les conclusions du conseiller d'État, commissaire pour nous au sceau de France, et l'avis de notre commission du sceau, nous l'avons, par notre ordonnance du 8 août dernier, reconnue comme descendante de la famille de Jeanne d'Arc par la ligne féminine. Et désirant profiter de la faveur que nous lui avons accordée, la demoiselle Gaultier s'est retirée par devant notre garde des sceaux pour obtenir nos lettres patentes nécessaires.

A ces causes, voulant perpétuer le souvenir des glorieux services rendus à la France par Jeanne d'Arc et faire revivre dans la personne des membres actuels de sa famille les prérogatives accordées par les lettres patentes données en 1429 par le roi Charles VII et celles confirmatives accordées par les rois Henry II et Louis XIII en 1550 et 1612; conformément à notre ordonnance du 8 août dernier, nous avons, de notre grâce spéciale, pleine puissance et autorité royale, reconnu et par ces présentes signées de notre main, nous reconnaissons ladite demoiselle Gaultier comme descendante de la famille de Jeanne d'Arc par la ligne féminine. En conséquence, nous l'avons confirmée et maintenue, la confirmons et maintenons dans la jouissance et possession de la noblesse, telle qu'elle a été accordée par les lettres patentes sus-énoncées de 1429 à Jeanne d'Arc, dite la Pucelle, à son père, à sa mère, à ses frères et à tout leur lignage et toute leur postérité en ligne masculine et féminine. Voulons qu'elle soit censée et réputée noble, tant en jugement que hors jugement, ensemble ses enfants, postérité et descendance à naître en ligne directe masculine et féminine et légitime mariage. Que comme tels ils puissent prendre en tous lieux et en tous actes la qualité d'écuyers et jouir des rangs et honneurs réservés à notre noblesse, et qu'ils soient inscrits en ladite qualité aux registres ouverts à cet effet par notre commission du sceau. Permettons à ladite demoiselle Gaultier et à ses postérité et descendants de porter en tous lieux les armoiries telles qu'elles avaient été octroyées à ladite Jeanne d'Arc, lesquelles sont : *d'azur à la couronne d'or soutenue d'une épée d'argent montée d'or, accostée de deux fleurs de lys* du même; l'écu timbré d'un casque taré de profil orné de ses lambrequins.

Mandons à nos amés et féaux conseillers, etc.

Donné à Paris, le 24ᵉ jour de novembre 1827, etc.

Signé : CHARLES.
Par le roi : le garde des sceaux,
Signé : Comte DE PEYRONNET.

Lu, publié, ouï et requérant le procureur général du roi, le 28 décembre 1829, à la Cour royale de Paris, etc.

Extrait des Registres baptistaires de la paroisse de Mandre-en-Ornois, du 10 may 1508.

Jacques, fils de *George* HALDAT, *escuyer et officier* dans les trouppes de Sa Majesté et de damoiselle *Catherine* DU LYS, a esté baptizé le dixième may mil cinq cent huit et a eu pour parrain Mʳ Charle Vaillant et pour maraine Dame Antoinette Parmentier, demeurant en ce lieu.

Le présent extrait a esté tiré conforme à son original par moy, prêtre curé de Mandre-en-Ornois, ce jourd'huy quinzième juin mil six cent cinquante-huit, en foy de quoy je me suis soubsigné (signature autographe), *Pierrot, curé de Mandre*. — Ce jourd'huy, quinzième juin mil six centz cinquante-huit, nous, Gabriel Collin, garde ès la justice de Mandre-en-Ornois, certifions que Mʳ Girard Pierrot est prestre et curé dudict Mandre, et dont l'extrait cy dessus nous est apparu, en foy de quoy nous nous sommes subsigné avec nostre greffier ordinaire (signatures autographes). *Collin* et *Floret*, greffier.

(*Archives de M. de Haldat.*)

Contrat d'échange, passé entre damoiselle Catherine DU LYS, *ayant pouvoir de Mre Georges* HALDAT, *son mary, ecuyer, capitaine d'infanterie, et Demenge Macquar, du 9 juillet 1544.*

A tous ceux qui ces présentes lettres verront et orront, Nicolas Vollant, écuyer, capitaine prévost de Gondrecourt et garde du scel de la ditte prévosté, salut. Sçavoir faisons que par devant François Cachet et Charles Masson, tabellions jurés et establis ad ce faire audit Gondrecourt et ez la chastellenie d'icelle, de par Monseigneur le duc de Calabre, de Lorraine, de Bar, etc., etc., comparurent en leurs propres personnes damoiselle *Catherine* DU LYS, comme ayant pouvoir à l'effet des présentes de Messire *Georges* HALDAT, son marit, escuyer, capitaine d'infanterie pour le Roy de France, estant de présence au service, demeurant à Mandre, et Demenge Macquar, laboureur, demeurant à Dainville, estant tous deux en ce lieu. Lesquels ont dit et reconnu avoir fait les eschanges cy après, sçavoir est que ledit Demenge Macquar a eschangé une maison avec ses usuaires, jardin derrier, une petite chenevière, sçis et scitués audit lieu de Dainville, à laditte *Catherine* DU LYS, laquelle a déclaré la bien sçavoir et connoistre pour avoir esté aliénée et provenir *du deffunt Messire Pierre* DARC DU LYS, *son père,* duquel ledit Macquar a monstré et rendu le contract dont laditte *Catherine* s'est contantée pour toutte garantie. Et elle a donné pour contreschange audit Macquar quatre jours de terre en chacune des trois saisons au ban et finage de d'Harville, desquels a esté mis ès mains dudit Macquar un mémoire et déclaration dont il s'est contanté, sous obligation néantmoins qu'a fait laditte du Lys de luy conduire, garantir, faire valloir et deffendre envers et contre tous laditte quantité de terres jusques ce droit, sur peine de payer tous despens, dommages et intérests que par faute de garantir s'en pourroient ensuivre, promettant mesme de l'ayder des tiltres qu'elle a en mains, submettant, obligeant tous et uns chacuns ses biens en quelle part ils puissent se rencontrer. Ces présentes faittes du consentement des parties, à elles releües, faittes et passées audict Gondrecourt avant midy, l'an de grâce mil cinq cents quarante-quatre du mois de juillet le neufviesme. Signé en fin sur la minute. *Catherine* DU LYS, *Demange Macquar, Masson* et *Vacher*, à la relation desquels notaires, nous, gardes susdits, avons mis le scel de ceste prévosté, signé *Cachet* et *Masson*, avec paraffe.

Pour copie collationnée à la grosse, escrit sur un vieil parchemin, esteint à demy et de très difficile lecture, par le tabellion général, à Nancy, soubsigné, le 29 décembre 1685.

FRANÇOIS,
Tabellion général.

(Archives de M. de Haldat.)

Déclarations des syndics de la communauté de Gondrecourt, du 23 octobre 1684.

Ce jourd'huy 23 du mois d'octobre 1684, par devant nous, Antoine Guillemyn, advocat au Parlement, lieutenant de la prévôté de Gondrecourt, en présence du procureur du Roy en cette prévôté, et de notre greffier ordinaire, se sont présentés Bernas et Bonne, syndics dudit Gondrecourt, lesquels, en conséquence du noble décret de Mgr l'intendant au bas d'une requeste à luy présentée par messire *Jean* HALDAT, advocat en Parlement, au sujet des francs fiefs et exemptions qu'il prétend, par lequel il est ordonné que les officiers et gens du conseil dudit Gondrecourt prendront communication de ladite requête pour y répondre à la quinzaine, nous ont dit après l'avoir veue et examinée, même les pièces y énoncées, et ensuite donné communication aux habitants de ce lieu, estant assemblez *qu'ils ont reconnu que les descendans de la lignée de la Pucelle d'Orléans doivent jouir des franchises et exemptions accordées à toute sa postérité*, conformément aux titres et arrêts qui nous sont apparus. *Et comme ledit S* HALDAT *dessant de ladite lignée, suivant même qu'il passe dans le païs*, n'y ayant aucunement dérogé, ils ne luy veulent empescher la jouissance desdits priviléges et exemptions qui ont esté accordés à la descendance et extraction de la famille de ladite Pucelle, se rapportant à monseigneur l'Intendant d'ordonner comme il lui plaira, ce dont quoy avons dressé le présent acte les jour et an que devant : Fait sous notre seing, ceux desdits greffiers, procureurs et syndics à la réserve dudit Bonne, qui a déclaré ne sçavoir signer. — *Signé* Louis, Louis Tindon, E. Noël, procr et avocat de ville; Guillemin, lieutenant; Guillemin, greffier; Gourdot, procureur du Roy, tous avec paraffe.

(*Archives de M. de Haldat.*)

Chambre des comptes du duché de Bar.

(Reg. 241, F. 109. 2 janvier 1766.)

STANISLAS, en conseil, sur la demande de *Françoise-Claire* HALDAT, veuve de *François* ALEXANDRE, vivant prévôt, gruyer, chef de police et receveur des finances à Gondrecourt y demeurant, en qualité de mère et tutrice de Louis Alexandre d'Arby, lieutenant au régiment royal d'infanterie, d'Anselme Alexandre, garde du corps de S. M. et de Marie-Anne Alexandre, avocat en parlement et lieutenant des chasses de S. M. à Gondrecourt et de Pierre-François Alexandre, clerc au diocèse de Toul, enfants majeurs de la suppliante, et du sr François Alexandre, vivant son mari, tous demeurant à Gondrecourt; rappelant que suivant l'usage et les anciens priviléges de la ville de Gondrecourt, confirmés par le duc Charles III, lors de la rédaction de la Coutume de Bassigny, faite en la ville de Lamothe et entérinée lors de la publication d'icelle, audit Gondrecourt le 28 novembre 1580, les enfants nés d'une mère noble quoique d'un père roturier, ont la liberté de reprendre le nom, la noblesse et les armes de leur mère ; que ce privilége a été accordé anciennement, par les comtes de Champagne après la bataille donnée aux fossés de Janne, près de Bray-sur-Seine, où presque tous les gentilshommes de la châtellenie de Gondrecourt furent tués ; que ce privilége fut réservé lors de la rédaction des Coutumes de Bassigny, en cette forme par l'art. 38, titre V de l'état et condition des personnes :

« Ceux sont réputés nobles, qui sont issus en mariage
« de père et mère nobles, ou de père noble et de mère non
« noble d'origine, d'autant qu'audit bailliage le mari noble
« anoblit sa femme, tellement qu'elle jouit des priviléges
« de noblesse, tant constant le mariage, qu'après le décès
« de son mari si elle a convolé en secondes noces avec un
« roturier, s'ils n'ont titre ou possession au contraire. »

Que Françoise-Claire Haldat est née de Nicolas-Alexandre Haldat, écuyer, capitaine, prévôt, gruyer et chef de police de Gondrecourt, et de dame Françoise Du Parge, sa femme ; que Nicolas-Alexandre Haldat est qualifié écuyer notamment par les lettres et quittances de joyeux avénement de S. M. en date des 15 octobre et 1er décembre 1737 ; que ledit était fils de Jean Haldat, vivant écuyer, et de dame Françoise Minette sa femme ; qu'il est né le 10 décembre 1686 ; que Jean Haldat fournit un dénombrement le 8 novembre 1685, à la Cour royale de Metz ; qu'en cet acte il a pris la qualité d'écuyer ; laquelle cette Cour a reconnu qu'il était fils d'Antoine Haldat, écuyer, seigneur de Bonnet.

Ajoutant : 1° Qu'Antoine Haldat, fils aîné du précédent, fit foi et hommage pour le fief de la Tour de Saint-Blaise, qu'il prit la qualité d'écuyer ; laquelle est rappelée et reconnue en des patentes du duc Léopold, à la date du 9 octobre 1689 ; 2° que la garde noble fut accordée à la dame

Guillemin sa veuve par sentence du bailliage de Gondrecourt du 27 septembre 1710;

3º Qu'un arrêt fut rendu à la chambre des Comptes de Bar, le 12 mars 1727, en faveur de Jean Haldat, écuyer, seigneur de la Tour de Saint-Blaise, fils dudit Antoine;

4º Que la garde noble fut déférée à celui-ci après le décès de dame Marguerite Gérardin sa femme, le 13 novembre 1742.

Étant considéré qu'Antoine Haldat, écuyer, seigneur de Bonnet, dont il a été parlé, était fils d'un autre Antoine Haldat, gouverneur et commissaire de police à Bar; lequel était fils de Jean Haldat, receveur de Clermont; que celui-ci était fils de Jacques Haldat, avocat au parlement de Paris; que celui-ci était fils de Georges Haldat, capitaine d'infanterie au service de France, et de Catherine du Lis, fille de Pierre d'Arq et nièce de Jeanne d'Arq, dite la Pucelle d'Orléans, fille de Jacques d'Arq, frère du dit Pierre.

Le roi Stanislas a reconnu et déclaré les suppliants issus de race noble par leur mère et les a autorisés à jouir de tous les droits de cette condition, comme de prendre les armes des Haldat, de faire précéder de la particule DE leur nom d'Alexandre.

Chambre des comptes du duché de Bar.
(R. 245, F. 82. 1ᵉʳ février 1773.)

La chambre a enregistré une quittance de la somme de 6,003 fr. 2 sols, payée à Paris, produite par les suivants: 1º Haldat (Nicolas-François Alexandre de), écuyer, avocat en parlement, domicilié à Bourmont; 2º Haldat (Pierre-François Alexandre de), écuyer; 3º Haldat d'Arby (Louis Alexandre de), écuyer, capitaine au régiment royal infanterie; 4º Haldat (Anselme Alexandre de), écuyer, lieutenant au même régiment; 5º Haldat (dame Françoise-Claire de), veuve de François Alexandre, lorsqu'il vivait capitaine, prévôt et receveur des finances à Gondrecourt, au nom et comme mère et tutrice de Marie-Anne Alexandre de Haldat, sa fille mineure.

Somme payée en raison de l'octroi de leur noblesse, ou soit de reprise accordée par le roi Stanislas, le 2 janvier 1766, et dont enregistrement avait été en cette chambre le 22 dudit mois.

(Archives de la Meuse, à Bar-le-Duc.)

Enquête faite à Domremy sur la famille du Lys, le 16 août 1502.

(Archives de France, R. 4, 20,287, p. 42.)*

A tous ceulx qui ces présentes lectres verront et orront.

Thomas de Sinzelles, escuier, garde de par le roy nostre sire, du scel de la prévosté de Vaucouleur, salut.

Savoir faisons, Pierre Mangeot et Cugny Rouyer, notaires jurés au roy nostre dict sire en la prévosté et ressort dudict Vaucouleur, nous ont tesmoingnés et relactés pour vray, que eulx estant au villaige de Dompremy-sur-Meuse, le mardy seixiesme jour du mois d'aoust l'an mil cinq cens et deux, par *Poiresson* Tallevart, demeurant à Marcey-soubs-Brixey,

Leur fut requis de oyr aulcuns d'icelles personnes qu'il entend d'estre enquis et avoir attestation d'eulx sur ce que ung nommé *Henry* Baudeot, à son vivant demorant audict Dompremy, fut joinct par mariage à une nommée *Katherinne*.

Duquel mariage sont descendus deulx filles, l'une nommée *Jehanne*, qui fut mariée à feu messire *Pierre* du Lys, seigneur de Baigneau, près d'Orléans,

Et l'aultre nommé *Katherinne*, qui fut mariée à feu *Joffroy* Tallevart.

Desquels sire *Pierre* du Lys et dame *Jehanne* sa femme est venu et descendu ung nommé *Jehan* du Lys.

Et du mariage desdicts *Joffroy* et *Katherinne* sont venus et descendus ledict *Poiresson* Tallevart et *Jehan* Tallevart, lequel *Jehan* est allé de vie à trespas soub environ quatre ans.

Pour et affin de se apparoir et monstrer en temps et lieux où mestier lui sera, que ledict *Poiresson* et ledict feu *Jehan* du Lys estoient venus et descendus desdictes deux sœurs dame *Jehanne* et *Katherinne*, et à ce moyen cousins germains.

A ceste cause a faicte venir par devant lesdicts notaires, pour dudict cas attester la vérité, ceulx cy après nommés et premier :

Noble homme *Claude* du Lys, demeurant audict Dompremy-sur-Meuse, aagé d'environ cinquante ans, a dict, affirmé et attesté sur sa loiaulté et conscience que en son jeusne aaige, peut avoir environ vingt-quatre ans, demoura avec ledict feu *Pierre* du Lys, oncle à sa mère et fille de *Jacques* du Lys, grand-père dudict attestant, au lieu de Luminart, près Orléans, environ le temps et espaices de cinq ans.

Pendant lequel temps il a oy dire par plusieurs et diverses fois audict feu sire *Pierre* du Lys et à ladicte dame Jehanne sa femme,

Que *Katherinne* femme *Joffroy* Tallevart estoit sœur germaine d'icelle dame *Jehanne* sa femme, et que si icelle sa femme alloit de vie à trépas sans hoirs de son corps, la femme dudict *Joffroy* Tallevart ou ses enfants seroient ses héritiers.

Oultre dit qu'il a bien vue et congnue feux *Joffroy* Tallevart et ladicte *Katherinne* sa femme demourant à Marcey-soubs-Brixey, lesquels à leur trépas ont délayssé *Poiresson* Tallevart et *Jehan* Tallevart, leurs enfants et héritiers, seulx et pour le tout : lequel Jehan Tallevart alla de vie à trespas au mois de janvier de l'an mil quatre cens quatre-vingt-dix-huit dernier passé.

Et a toujours oy dire à ses ancesseurs et aultres ses voisins congnoissans la généalogie que icelle dame *Jehanne* et *Katherinne*, femme dudict *Joffroy*, estoient seurs germaines.

Honorable homme Jehan Thiriet, marchand bourgeois, demourant audict Marcey-soub-Brixey, aagé d'environ soixante-dix ans, a dit, attesté et affirmé en sa loyaulté et conscience, qu'il a veu et congneu feu *Henry* Baudot, à son vivant demourant à Gondrecourt, qui est à trois lieues dudict Dompremy, assis au bailliage de Chaumont.

Lequel à son trespas delaissa deux filles et héritières, l'une nommée *Jehanne*, qui fut mariée à feu messire *Pierre* du Lys, à son vivant chevalier, qui depuis alla demourer à Orléans, duquel mariage est venu et descendu feu *Jehan* du Lys.

Et l'autre fille nommée *Katherinne* fut mariée à Joffroy Tallevart, lors demourant audict Marcey.

Duquel mariage sont venus et descendus Poiresson Tallevart et Jehan Tallevart, cousins germains dudict feu *Jehan* du Lys et enffans des deux seurs, lequel Jehan Tallevart, au mois de janvier dernier passé il y a trois ans, est allé de vie à trépas.

Dit savoir les choses dessus dictes parce qu'il est natif dudict Marcey, et il a demouré tout son temps jusques à présent, et veu et congneu lesdicts sire Pierre et dame Jehanne sa femme demourans audict lieu de Dompremy dont il est prochain, et pareillement lesdicts Joffroy Tallevart et Katherinne sa femme, et leurs enffans demoréz audict Marcey.

Claude Gérart, laboureur, demourant à Dompremy-sur-Meuse, natif dudict lieu, aagé d'environ soixante ans, a dit, affirmé, attesté et certifié qu'il a veue

Une nommée *Katherinne*, fille de feu *Henry* Baudot, qui depuis fut femme de Joffroy Tallevart, demourant à Marcey-soub-Brixey.

Et aussy a veu et congneu feux messires *Pierre* du Lys

et *Jehan* du Lys son fils, parents à la Pucelle, parce que les a veu audict Dompremy, traverser, venir et aller en leur maison pour ce que la mère dudict attestant estoit prochaine de lignaige de la femme dudict *Joffroy* Tallevart et de dame *Jehanne* femme dudict messire *Pierre* du Lys et mère dudict *Jehan* du Lys, mais il n'est pas recors qu'il ait veue ladicte dame Jehanne.

Mais on a oy dire à ses dicts père et mère et audicts messires Pierre du Lys et Jehan du Lys son fils, que ladicte Jehanne estoit seur germaine à ladicte Katherinne, et que icelle dame Jehanne et Katherinne, seurs, estoient prochaines parentes de ses dicts père et mère.

Dict aussy qu'il a congneu ung nommé *Jehan* du Lys, à son vivant, frère de ladicte *Jehanne* la Pucelle et dudict sire *Pierre* du Lys, prévost de Vaucouleur, lequel venoit aucunes fois de Vaucouleur audict Dompremy, et hantoit à cause de parentaige en leur maison.

Et a oy dire audict *Jehan* du Lys que ladicte *Catherine* et dame *Jehanne* estoient seurs; et que ledict sire *Pierre* et dame *Jehanne* n'avoient synon ung fils nommé *Petit-Jehan* du Lys, qui estoit peu de chose,

Et que s'il alloit de vie à trépas, la femme dudict *Joffroy* Tallevart seroit héritière de la dame *Jehanne* sa seur......

Didier de Monts, laboureur, maire de Greux, aaigé de moins soixante-cinq ans, a dit, attesté et certifié qu'il est natif de Dompremy où il a toujours demoré, synon depuis six ou sept ans qu'il est allé demourer audict Greux. Et que luy estant en son jeusne aaige de vingt ans, il a plusieurs foix conversé avec ung nommé Esselin, fils le maire Mongetz, dudict Dompremy, qui demandait à avoir en mariage une nommée Katherinne, fille de Poiresson Tallevart, fils dudict Joffroy, et que celui-cy en devisant, entre autres choses, leur dit:

Que *Katherinne* sa femme estoit seur de dame Jehanne, femme de feu messire Pierre du Lys, et que leur lignaige estoit quasi tous gentilz gens à cause de feu Jehanne la Pucelle, par quoy ils en estoient favorisés en beaucoup de lieux.....

Apparu Jacquart, laboureur, demourant à Greux, près Dompremy, aaigé ‿environ soixante ans, a dit, attesté et certifié sur sa conscience,

Qu'il a veu et congneu *Catherine* et dame *Jehanne* seurs germaines, il a oy dire à son père et à sa mère qu'elles estoient filles de *Henry* BAUDOT, lequel Henry a aucune fois demoré au lieu de Dompremy et au lieu de Gondrecourt.

Et dit qu'icelles filles furent mariées, c'est assavoir ladditte *Katherinne* à ung nommé *Joffroy* TALLEVART... et l'autre fille nommée *Jehanne*, à feu messire *Pierre* DU LYS..... et le dict sçavoir pource qu'il a congneu les parties et veu passer et repasser lesdict feux messire *Pierre* DU LYS, laditte dame *Jehanne* sa femme et ledict feu *Jehan* DU LYS leur fils.

Et disoient les gens par devant qui ils passoient que ledict feu messire *Pierre* DU LYS estoit frère à LA PUCELLE.

Vaultherin, cousturier, demorant audict Marcey-soubz-Brixey, aaigé d'environ cinquante-cinq ans, a dit, affirmé et attesté en sa loyaulté et conscience

Qu'il a bien veu et congneu *Joffroy* TALLEVART et *Katherinne* sa femme...

Dit que l'année après la journée de Nancy où le duc de Bourgongne fut mort (1478), il vit feu *Jehan* DU LYS, seigneur de Baigneaux, près d'Orléans, venir en la maison feu *Joffroy* TALLEVART, audict lieu de Marcey, pour avoir ung cheval et pour ce qu'il ne trouva pas son cas, il s'en vint à la maison de feu *Jehan* THIERSELIN audict Dompremy où il en trouva ung.

Auquel *Jehan* DU LYS, luy estant en la maison dudict *Joffroy* TALLEVART, il oyt dire et recongnoistre que dame

Jehanne sa mère et *Katherinne*, femme dudict *Joffroy* estoient sœurs germaines, et luy fit ledict *Joffroy* grant recueil pour ce qu'il estoit nepveu de sa femme.

Jacob Brunet, laboureur, demorant audict Dompremy, aaigé d'environ soixante et dix ans, a dit, afirmé et attesté qu'il a veu et congneu feu *Henry* Baudot et *Katherinne* sa femme, qui demorèrent longtemps audict Dompremy, et pour les guerres s'en allèrent demorer à Gondrecourt.
Du mariage desquels sont descendus *Katherinne* et *Jehanne* leurs filles : l'une desquelles, c'est assavoir laditte *Jehanne*, fut mariée à feu messire *Pierre* du Lys, à son vivant chevallier, demorant à Orléans, lesquels eurent en leur mariage un fils nommé Jehan du Lys.
Et iceulx messire *Pierre*, dame *Jehanne* sa femme et ledict *Jehan* du Lys a vu hanter en son jeusne aaige audict Dompremy (avant 1450)...

Mougeon Rendelz, laboureur, demorant à Greux, aaigé d'environ soixante ans, a dit, attesté et certiffié qu'il a veu feu *Joffroy* Tallevart et *Katherinne* sa femme demorant à Marcey-soub-Brixey, d'où sont venus *Poiresson* et feu *Jehan* Tallevart.
Et dit qu'il a veu Collin *Le Maire*, fils de *Jehan* Collin, à son vivant maieur dudict Greux, frère de sa mère, lequel avait ou épousée la seur de la Pucelle, comme il a oy dire à son dit oncle.
Dit aultre qu'il a oy dire à icelluy son oncle souventes foix que dame *Jehanne*, femme de feu messire *Pierre* du Lys, et Katherinne, femme de Joffroy Tallevart, estoient seurs germaines.

Et touttes ces choses ont lesdits attestans chacun par soy certiffiées et affirmées en leurs loyaultés et consciences, estre vrayes. De toutes lesquelles choses dessus dictes et d'une chacune d'icelles, ledit Poiresson Tallevart a quis et demandé auxdicts notaires royaulx avoir lectres d'attestations ou instruments ung ou plusieurs, pour luy valloir et servir ce que raison devra. Ce que lesdicts notaires luy ont octroié en ceste forme, en tant que faire le povoient et devoient.

En tesmoing de vérité, nous, garde du scel dessus nommé, à la relation desdicts jurés, leurs scel et seings manuels mis à ces présentes lectres d'attestations ou instruments, avons scellé icelles du scel de ladicte prévosté et de nostre scel en contrescel, saulfs tous droits.

Ce fut faict l'an, jour et lieux que dessus.

Signé : Mengeot et Rouyer, avec paraphe.

Extrait et collationné par les notaires au Chastelet d'Orléans soussignés, sur l'original en parchemin, estant ès titres de l'Isle Groslot, aujourduy 25 janvier 1752.

Signé : Prevost et Lion, avec paraphe.

Controslé à Orléans, gratis, le 1er janvier 1752.

Signé : Robin.

Nous avons déjà fait ressortir l'importance de la pièce qui précède. C'est en raison de son importance que nous lui avons donné, en dehors de la série chronologique, une place à part où elle frappera plus aisément les yeux du lecteur. Sa découverte est due à la sagacité du savant orléanais M. Boucher de Molandon : nous sommes heureux de lui en reporter tout l'honneur.

PREUVES DU CHAPITRE IV

Mémoire de M. d'Alfeston sur la parenté de la Pucelle (1609).

[M. *Le Febvre*, esleu à Chaslon, M. *Le Besgue*, avocat du roi au présidial de Vitry.] *(Note de Ch. du Lys.)*

Premièrement, convient noter qu'il y a un tombeau en la ville de Thou en Lorraine, là où il se void ung nommé Dulys, eslevé en bosse, qui prend qualité de chevalier. Ledit tombeau est dedans une chapelle qui est à côté du chœur de la grande Église, en main gauche en entrant par le grand portail.

Plus convient aussi remarquer qu'il y a plusieurs gentilshommes dudit nom de Dulys, qui en font la profession et tels recongneus par tous ceux du pays. L'on peut avoir de leurs nouvelles au dict Thou, à Vaucouleurs et païs circonvoisins qui sont de l'obéissance du Roy. Lesdicts sieurs Du Lys se disent estre sortys de la Pucelle d'Orléans.

Convient remarquer que les plus entendus du village de Sermoize tiennent pour chose certaine et asseurée que l'origine et extraction de la Pucelle d'Orléans provient d'un village nommé *Céfond*, proche *Montierendal*; qu'il y a des parents qui sont maintenant en la ville de St-Dizier à l'occasion des guerres et des troubles. Pour preuve de ce que dessus, fault parler à un nommé *Dommange Varins*, boulanger demeurant au dict Sermoize. Les parents de la dicte Pucelle sont : *Didier Bodinot, Jehan Bodinot, Magdelaine Bodinot,* de Sermoize; M⁰ *Estienne le Febvre,* esleu par le Roy à l'élection de Chaulons, lequel a tiltre authentique ; Mre *Nicol le Besgue*, advocat du Roy au bailliage et siége présidial de Vitry.

Je fourniray des copies collationnées des tiltres à mon retour au dict sieur du Lys, en qualité de cestuy qui luy est par sa permission, très-humble et obéissant serviteur.

D'ALFESTON.

Nota. — Qu'il n'y en a plus au dict Sermoize ou lieu circonvoisin qui portent le nom d'Arcq.

(Papiers de Ch. du Lys, archives de M. de Maleissye.)

Extrait du Nobiliaire de Lorraine, de D. Pelletier, p. 557.

Médard, dit *de Voiseul*, seigneur dudit lieu, gentilhomme de Son Altesse, obtint déclaration et permission de prendre le nom et les armes de la maison de Marchéville, avec celles qui furent données à la Pucelle d'Orléans, par lettres expédiées à Nancy le 12 octobre 1613, contenant : qu'ayant dès longtemps eu avis que la maison d'où il est sorti du côté paternel de feu son père, lieutenant pour le roi au bureau des traites foraines en la prévôté de Vaucouleurs, aurait été déchue et ruinée par la peste survenue au bourg de Blénod, appartenant au sieur évêque de Toul, sont plus de quatre-vingt-dix ans, où son bisayeul mourut, étant lors capitaine au château dudit lieu, délaissant un fils, ayeul dudit impétrant, qui fut transporté au village de Chalcines près Vaucouleurs pour le sauver de la mortalité ; étant alors si jeune qu'il n'aurait eu connaissance de ses père et mère, tellement qu'à cause dudit accident, le nom de son ancienne origine, qu'était de Marchéville, lui aurait été changé et abusivement surnommé le Royer. De plus, qu'il est aussi issu par sa mère de la famille des Mangeot, des plus anciennes et renommées de la ville de

Toul et anobli par René, roi de Sicile, ainsi qu'il paraît par copie des lettres d'anoblissement données par ce prince avec représentation des armes qui sont : *D'hermine en champ d'argent à un chef d'or et un aigle de sable naissant, à deux têtes, et pour tymbre deux pennes dont l'une d'or et l'autre d'argent, à deux têtes d'aigles entre deux.* En outre, qu'il est issu par la mère de son père de la famille de la Pucelle d'Orléans... etc., = porte : écartelé aux 1 et 4, *d'azur à l'épée d'argent, la garde d'or posée en pal, la pointe levée ferue d'une couronne d'or et accostée de deux fleurs de lys de même,* qui est Du Lys ; aux 2 et 3, *d'hermine au chef d'or à une aigle naissant à deux têtes de sable,* qui est De Mangeot, et sur le tout *d'azur à cinq besans d'or 2, 2 et 1,* qui est De Marchéville.

AVIS AU LECTEUR

Parmi les Preuves qu'a mises à notre disposition la bienveillance de M. de Maleissye figurent trois pièces d'une importance exceptionnelle, les enquêtes faites par le bailli de Vitry et le prévôt de Vaucouleurs, sur la famille de la Pucelle, en 1476, 1551 et 1555. Nous y avons trouvé, en grand nombre, les indications les plus intéressantes et nous leur avons été redevables de nouvelles lumières sur des faits historiques inconnus ou mal connus.

Mais l'importance même de ces pièces nous défendait de les faire connaître par de simples extraits; tandis que leur étendue ne nous permettait pas de les comprendre intégralement dans nos Preuves, à moins de grossir ce volume d'une manière démesurée.

Nous nous sommes donc décidés à faire de ces trois importantes enquêtes l'objet d'une publication spéciale qui paraîtra prochainement chez l'éditeur du présent ouvrage, et sur laquelle nous appelons à l'avance la sérieuse attention de ceux qui partagent notre passion pour l'héroïque libératrice de la France.

Armes de la maison de Tardieu de Maleissye.

ARMORIAL

La question des armoiries de Jeanne d'Arc a été traitée d'une manière détaillée par M. Vallet de Viriville en 1854[1]. Ne voulant pas nous exposer à des redites, nous renvoyons le lecteur à cette œuvre consciencieuse, ainsi qu'au chapitre V du *Traité* de Charles du Lys. Nous nous contenterons d'y ajouter quelques aperçus sommaires qui nous paraissent rentrer dans notre sujet et dont plusieurs ont le mérite d'être exposés pour la première fois.

Au sujet des armes de la famille d'Arc, M. O'Reilly fait une remarque digne d'être reproduite et d'appeler l'attention :

« En France, au XVᵉ siècle, dit-il[2], les personnes

---

[1]. *Nouvelles recherches sur la famille et sur le nom de Jeanne d'Arc*, etc. Broch. gr. in-8º. Paris, Dumoulin, 1854.
[2]. O'Reilly, *Les deux Procès de Jeanne d'Arc*, T. Iᵉʳ, p. 395. 2 vol. in-8º. Paris, Plon, 1868.

non nobles se servaient, pour leurs signets ou sceaux, de marques ou de signes personnels et distincts qui se figuraient comme des armoiries, avec cette seule différence que ce qui était le caractère essentiel du blason, c'est-à-dire le timbre ou heaume, y manquait. Or, sur leur signet ou sceau, les ancêtres de Jeanne d'Arc avaient placé un arc bandé de trois flèches. »

Cette remarque nous paraît absolument justifiée par Charles du Lys, quand il dit, en parlant de Jean du Lys, échevin d'Arras, son ancêtre[1], « qu'il retint les armoiries anciennes de la famille Darc, que portoit son ayeul Jacques Darc, père de la Pucelle, qui estoient d'un arc bandé de trois flèches, *auxquelles il adjousta le timbre comme escuyer*, et le chef d'un lyon passant, à cause de la province à laquelle son Roy l'avoit habitué. »

Cette addition ultérieure du timbre prouve que Charles du Lys ne regardait pas le sceau de famille des d'Arc comme des armoiries nobiliaires, et confirme en même temps toute la vérité de la tradition relative à ce sceau.

Ainsi, on ne peut qu'appeler du nom de *signet* ces armoiries des d'Arc. Jean n'en fit en réalité un blason nobiliaire que lorsqu'il y ajouta le timbre, en les conservant après son élévation à la qualité d'écuyer.

Quant aux armoiries données à la famille de Jeanne d'Arc par le roi Charles VII, elles sont connues de tout le monde. Elles ont d'ailleurs été plusieurs fois décrites dans les *Preuves* de cet ouvrage. Telles que la Pucelle les avait reçues de son roi, telles les ont portées tous les descendants de ses frères, sauf une

---

[1] *Traité sommaire*, éd. de 1856, p. 72.

seule exception, et telles les ont généralement adoptées les familles, qui, en s'alliant à la maison du Lys, ont participé au privilége spécial de son anoblissement. Nous les retrouvons ainsi sur le blason de toutes les branches masculines ou féminines, soit pleines, soit écartelées, mais restées rigoureusement conformes au glorieux *patron* primitif.

Nous avons dit qu'il y avait une exception à relever, et nous y avions précédemment fait allusion : c'est celle qui se produit parmi des descendants mâles de Pierre du Lys, à partir de son second fils Jean, échevin d'Arras, et jusqu'à Charles et à Luc du Lys, objet des lettres patentes de 1612. Nous avons sur ce fait le témoignage absolument authentique de ces lettres elles-mêmes.

Or, nous trouvons dans la layette Arc, du *cabinet des Titres*, à la Bibliothèque nationale, une notice qui nous renseigne sur le même sujet, d'une manière précise, sinon assez explicite; elle est, du reste, isolée et dénuée de toutes preuves à l'appui de ce qu'elle énonce; mais il convient de remarquer qu'elle est en parfait accord avec le contenu des lettres de Louis XIII.

Nous avons déjà en partie cité dans une *note* cette pièce, de laquelle nous croyons qu'on peut tirer des déductions intéressantes.

En voici le texte intégral :

« Jacques d'Arc portoit les armes de la maison d'Arc.

« Jacquemin, son fils, portoit les armes d'Arc.

« Jean, l'aîné des fils de Pierre, portoit le nom et les armes des du Lys.

« Jean du Lys le jeune portoit le nom du Lys et les armes d'Arc.

« Jean, son fils, de même.

« Michel du Lys portoit les armes de la maison d'Arc.

« C'est ycy où commencent les armes du Lys avec les armes d'Arc escartelées par arrest de la Cour du 1ᵉʳ décembre 1612. »

Cette étrange anomalie cessa, en effet, à partir du 25 octobre 1612, où Charles et Luc du Lys se firent autoriser à écarteler : aux 1 et 4 *du Lys*, et aux 2 et 3, *d'Arc*, et à surmonter leurs armoiries des superbes timbres, détaillés dans l'ordonnance du Roi, que nous reproduisons plus loin. Mais ces armes écartelées restent à l'état d'exception unique dans la lignée, et encore n'est-ce pas pour longtemps.

Dès la deuxième génération qui suivit, Louis Quatrehommes du Lys écartelait ses armes personnelles de celles données par Charles VII. Dans toutes les autres branches, directes ou alliées, c'est ce dernier blason qui est partout exclusivement adopté. Dès le xvıᵉ siècle, toutes les familles qui ont l'honneur d'être apparentées à Jeanne d'Arc quittent leurs armoiries, quand elles en ont, pour ne plus porter que celles des du Lys. A peine les voit-on écartelées des armes primitives pendant une génération ou deux. On peut dire que ce noble blason, de même que le nom glorieux qui en est inséparable, est devenu le patrimoine commun et incontesté de tous ceux qui se rattachent à la famille de la Pucelle.

En Lorraine, où la transmission du privilège fut particulièrement fréquente, par suite de la grande fécondité de la branche Hordal, on ne trouve à constater qu'une exception à l'adoption pure et simple de l'écu des du Lys. Les Macquart de Ruaire, qui reprirent la noblesse de leur mère, Anne Haldat du Lys, se virent imposer une étrange permutation dans les émaux et les métaux du blason, ainsi que l'addition d'un chef. Ils durent porter : *d'argent à l'épée d'azur posée en pal, sommée d'une couronne du même et accostée de deux fleurs de lys aussi d'azur, au chef du même chargé de deux étoiles d'argent.* Plus tard, un des descendants des Leliepvre du Lys, M. de Lepinau, fut obligé, par la bizarre susceptibilité de la chancellerie impériale, d'accepter la substitution de deux fers de lance aux deux fleurs de lis qui accostent l'épée. Ce sont les deux seuls exemples, à notre connaissance, de modifications apportées aux armes des du Lys par aucune des nombreuses familles auxquelles appartient l'honneur de les porter.

Il convient d'ajouter quelques mots relatifs aux cimier, supports et devises. Le cachet de Claude du Lys, apposé aux lettres que nous publions ici, porte le blason des du Lys timbré d'un casque de trois quarts sans cimier.

La branche Hordal timbrait, conformément à l'ordonnance ducale de 1597, « d'une Pucelle nue et les cheveux flottants ». Tel est, en effet, le cachet que nous trouvons sur ses lettres.

Les timbres accordés à la branche cadette par l'ordonnance de 1612 sont des plus intéressants. Charles du Lys reçoit le droit de « *porter le heaume comblé de bourrelet de chevalerie et noblesse, des couleurs armoriales, et timbré d'une figure de la Pucelle vêtue de blanc, portant en sa main droite une couronne d'or soutenue sur la pointe de son épée, et à la gauche sa bannière, comme de son vivant elle la portait.* »

Luc du Lys devait timbrer « *d'une fleur de lys d'or, naissante entre deux pennarts de même blason que la bannière de la Pucelle.* »

Dans les branches lorraines, le cimier est généralement conforme à celui des Hordal, dont la plupart tirent leur origine.

Les supports n'apparaissent dans les armoiries des du Lys, à notre connaissance, que vers le XVIII° siècle, et par conséquent dans des branches féminines seulement. Les *Haldat du Lys* avaient adopté deux lions, les *Pagel du Lys* deux guerrières à robe longue, la tête couverte d'un casque, tenant à la main un pennon aux armes de France; les *Baillard du Lys*, deux anges.

Les devises que s'attribuèrent quelques familles sont les suivantes, consacrées à la gloire de la Pucelle et empruntées à des médailles frappées en son honneur :

Consilio firmata Dei,

et

Præmium salutis Franciæ et regis.

Les cris donnés par l'ordonnance royale de 1612 furent : pour Charles du Lys et ses héritiers, *la Pucelle!* pour Luc du Lys et ses descendants, *les Lys!* Ce double cri est devenu légitimement l'héritage de MM. de Maleissye, qui l'ont placé dans leur blason.

Albert. — Lorraine.
D'azur au limaçon rayé de sable, chappé d'or.

Alexandre. — Bassigny.
D'azur à la croix ancrée d'argent, au chef du même chargé d'un lion passant de gueules.
Les Alexandre de Haldat quittèrent ces armes pour celles de la Pucelle lors de la reprise de 1766.

Ambly. — Champagne et Verdunois.
D'argent à 3 lionceaux de sable, lampassés de gueules.

Ancillon de Jouy. — Pays messin.
De gueules à la gerbe de blé d'or liée du même, surmontée de 3 étoiles d'or mises en cercle.

Arbamont. — Champagne.
D'azur à un chevron d'or accompagné de 3 conpons du même, posés 2 en chef et 1 en pointe.
Depuis leur alliance avec les le Picard du Lys, mi-parti des armes de la Pucelle.

Arc. — Champagne.
D'azur à l'arc d'or mis en fasce chargé de 3 flèches entre-croisées, les pointes en haut férues deux d'or, ferrées et plumetées d'argent, et une d'argent ferrée et plumetée d'or.

Archambault. — Orléanais et Lorraine.
D'azur à 3 lions d'or 2 et 1, chargé en abîme d'un écu d'argent au pal de gueules chargé de 3 flanchis d'or.

Auricoste de Lazarque, autrefois Auricoste du Lys. — Languedoc et Pays messin.
Les armes de la Pucelle.

BAILLARD DU LYS. — Normandie.

De sable à un griffon d'hermine, les pieds d'aigle d'or, armé et lampassé de gueules.

Depuis l'alliance avec la famille du Lys, les armes de la Pucelle.

BARENTIN. — Ile-de-France.

D'azur à 3 fasces, la première d'or surmontée de 3 étoiles du même et les deux autres ondées d'argent.

BEAUSIRE. — Pays messin.

D'azur à la bande d'argent chargée de 3 têtes de bouc de sable.

BERNHARDT D'ARBIGNY. — Trèves et Langres.

De gueules au poisson d'argent accompagné de 5 étoiles d'or, 3 en chef et 2 en pointe.

BESSER. — Pays messin.

D'or au cerf de gueules, à un chef d'azur chargé de 3 étoiles d'argent.

BLAISE DE ROZERIEULLES. — Pays messin.

D'azur à une ancre d'or posée en barre, dont une des pointes se perd dans une mer ondée d'argent et surmontée de 2 étoiles d'argent en chef.

BOBET. — Bretagne.

D'argent au chevron de gueules surmonté en chef de 2 branches d'olivier de sinople et en pointe d'une branche de chêne du même.

BOIS-BÉRANGER.

D'or à la bande de gueules.

BOISSONNEAU DE CHEVIGNY. — Pays messin.

D'azur à la fasce d'argent chargée de deux branches d'olivier de sinople se touchant par le bas; sur le tout un chevron d'argent accompagné en chef de deux étoiles et en pointe d'un lion du même.

Bonnaire. — Bassigny.

De gueules au chevron d'or accompagné de 3 besants du même 2 et 1.

Bony de Lavergne. — Poitou et Lorraine.

De gueules à 3 besants d'or.

Borrel de Casque. — Languedoc.

D'argent à 3 roses de gueules tigées et terrassées de sinople ; au chef d'azur chargé de 3 étoiles d'or.

Boucher de Perthes. — Champagne.

Mi-parti d'azur à 3 étoiles d'or, 2 et 1 chargé en abîme d'un croissant d'argent qui est Boucher de Crévecœur ; mi-parti des armes de la Pucelle.

Boullenc. — Angleterre et Normandie.

D'azur à la fasce d'or chargée de 3 roses de gueules et accompagnée de 3 épis de blé d'or.

Bourcier. — Lorraine.

D'azur à une panthère d'or mouchetée de sable, armée, lampassée et allumée de gueules, et tenant entre ses pattes une croix fleuronnée d'or.

Bourdon de Grammont. — Normandie.

D'azur à 2 lions affrontés d'or armés et lampassés de gueules tenant un bourdon aussi d'or en pal.

Bournon. — Lorraine.

De sinople à un livre d'argent fermé d'azur et garni d'or.

Boutonnier. — Languedoc.

D'or à la croix vidée et cléchée de gueules.

Brixey, *alias* Brissey. — Barrois.

Fascé d'or et d'azur de 4 pièces, au canton d'honneur d'azur à une clef d'or posée en pal.

Brou de Cuissart.

D'or à une cotte d'azur surmontée d'un arc de gueules couché en chef.

Brunet de Saint-Maurice. — Normandie.

Les armes de la Pucelle.

Cailly. — Orléanais.

D'argent à 3 chérubins de gueules posés 2 et 1.

Carrière. — Languedoc.

De gueules au lion d'argent à la bordure crénelée du même.

Chazelles. — Pays messin.

D'or semé de trèfles de sinople sans nombre, à la queue inclinée du même.

A partir de l'alliance avec les Le Liepvre, écartelé des armes de la Pucelle.

Chicoyneau de Lavalette.

D'azur à la bande d'argent chargée d'une étoile de gueules accostée de 2 croissants du même.

Clugny. — Bourgogne.

D'azur à deux clefs d'or adossées et posées en pal, les anneaux en losange pommetés et entrelacés.

Coetlosquet. — Bretagne.

De sable semé de billettes d'argent au lion morné du même brochant sur le tout.

Coetmenec'h de Lesguern. — Bretagne.

Mi-parti d'or au lion de gueules à la bordure engrelée d'azur, qui est Lesguern, et fascé de six pièces de vair et de gueules, qui est Coetmenec'h.

Collenot. — Lorraine.

De gueules à 2 léopards d'or.

COURTOIS DE MORANCOURT. — Barrois.

D'azur à 3 épis de blé feuillés d'or en pal, au chef de gueules chargé de 3 besants d'argent.
A partir de l'alliance avec Agathe Haldat du Lys, mi-parti des armes de la Pucelle.

CRUEJOULS. — Franche-Comté.

Écartelé au 1 d'argent à la forteresse à deux tours crénelée et ajourée de sable soutenue d'un tertre de même; au 2, d'azur à l'épée haute en pal d'argent montée d'or, au 3 d'azur au sanglier d'or, au 4 d'argent à l'anille (?) d'azur posée en fasce.

CUREL. — Lorraine.

D'azur au lion d'or armé et lampassé de gueules, adextré d'un bras de carnation tenant une balance d'argent et sortant d'une nue au naturel chargée d'une étoile d'argent.

DAVY DE CHAVIGNÉ. — Anjou.

D'azur au chevron d'or accosté de 3 merlettes du même, 2 en chef et l'autre en pointe, surmonté d'un chef de gueules chargé d'une croix pattée d'argent.

DAVY DE VIRVILLE. — Languedoc.

D'azur au chevron d'or accompagné de 3 harpes du même posées 2 et 1, celles du chef adossées.

DUCHAT (LE). — Champagne et Pays messin.

D'argent à 5 fusées de gueules accolées en fasce.

DUCHEMIN. — Normandie.

De gueules à un lion d'hermines.
Une branche portait : d'hermines au chevron d'azur.

DUMOLLARD DE BONVILLER. — Verdunois.

Écartelé au 1 et 4, mi-parti d'azur à l'épée passée en sautoir avec une ancre d'or, mi-parti d'argent au lion de gueules avec 3 étoiles aussi de gueules en chef, qui est

Dumollard, au 2 et 3 d'azur à la fasce d'argent chargée de 3 larmes de gueules avec un soleil d'or au chef et un coq du même en pointe, qui est Bonviller.

DURAND DE DIEULX. — Barrois.

Écartelé au 1 et 4 d'azur à la croix d'argent chargée en cœur d'une étoile de sable qui est de la seigneurie de Dieulx ou Dieue au pays de Verdun, au 2 d'azur à 3 lions d'or 2 et 1, les deux du chef adossés, qui est Durandi, originaire de Sicile, au 3 de gueules au cygne éployé d'argent qui est de Bardillet, au duché de Bar.

DURAND DE VILLERS. — Barrois et Pays messin.

D'or à quatre pals de sable, au chef danché de 4 pièces d'or sur 5 d'azur.

ERRARD, *alias* DES ERRARD. — Barrois.

D'azur à la tour d'or bâtie en pyramide maçonnée de sable, fermée de gueules et surmontée de 3 étoiles d'or.

ESTIENNE. — Lorraine.

D'azur à la fasce d'or, accompagnée en chef de 3 étoiles d'or et en pointe de 3 anneaux entrelacés du même.

FAROUET. — Normandie.

D'azur à une fasce d'argent chargée de 3 coquilles de sable et accompagnée de 3 pattes de lion arrachées d'or, posées 2 en chef et 1 en pointe.

FOUCQUET. — Bretagne.

D'argent à l'écureuil de gueules.

FOURNIER (LE). — Normandie.

D'azur à un sautoir d'argent accompagné d'une étoile en chef, de deux roses en flanc et d'une pareille rose en pointe, le tout d'argent.

A partir de l'alliance avec les Villebresme, les armes de la Pucelle.

FRANSQUIN. — Champagne.

D'azur à une fasce d'argent chargée de 3 aigles de gueules, accompagnée de 3 étoiles d'or.

FRESNE DE VIREL (DU). — Ile-de-France.

D'argent à une fasce de sinople accompagnée de 3 feuilles de frêne au naturel, 2 en chef et 1 en pointe.

FROGIER DE PONTLEVOY. — Bassigny.

D'azur à 2 gerbes d'or posées en fasce.

GARIN. — Normandie.

D'or à une fasce de gueules.

GAULTIER. — Bretagne.

D'or à 3 losanges de gueules.

GEORGES DES AULNOIS. — Lorraine.

D'azur à une fasce d'argent chargée de 2 croix pattées de gueules et en cœur d'un croissant montant d'azur, et accompagnée de 3 abeilles d'or, 2 en chef et 1 en pointe.

GEORGES DE SCHELAINCOURT. — Pays messin.

D'azur à la fasce d'or accompagnée en chef de 3 étoiles d'argent et en pointe d'une montagne du même.

GEORGIN DE MARDIGNY. — Pays messin.

D'argent à l'écureuil grignotant de gueules sur un tertre de sinople, surmonté en chef de 4 larmes de gueules.

GILLOT DE SAINTE-ÉGLISE. — Lorraine.

D'azur au chef d'or, l'azur chargé d'une tour d'argent maçonnée de sable, de laquelle sort un lion naissant de gueules brochant sur le chef.

GOULAINE. — Bretagne.

Mi-parti d'Angleterre et de France.
Devise : *De l'une et de l'autre j'accorde les couronnes.*

Goussaud d'Antilly. — Pays messin.

Écartelé au 1 et 4 d'azur à la palme d'argent, au 2 de gueules à 3 annelets entrelacés d'or, et au 3 de gueules au chevron d'or accompagné de 2 croissants d'argent en chef et d'une étoile du même en pointe.

Goby. — Flandres et Artois.

D'argent à un aigle de sable à 2 têtes becqué et membré de gueules.

Gratas. — Champagne.

D'azur à un chevron d'or accompagné de 3 pommes de pin du même.

Après l'alliance Hordal, les armes de la Pucelle.

Grimaud, *alias* Grimaldi. — Pise et Bretagne.

Losangé d'argent et de gueules.

Guillot. — Barrois.

D'azur au lion d'or lampassé et armé de gueules.

Guilloteau — Poitou, Berry et Paris.

D'azur à l'aigle éployé à deux têtes d'or couronnées du même.

Hazards (des) ou Desazars. — Lorraine et Languedoc.

D'azur à la croix d'argent cantonnée de 4 dés d'or marqués du point un de sable.

Devise : *Moderata durant.*

Sur les jetons de Hugues des Hazards, évêque comte de Toul : *Bien calculez.*

Armes données, par décret du 15 août 1810, au premier président Desazars :

Coupé en chef parti au 1 d'azur à un rocher d'argent au 2 de gueules à la toque de premier président de sable cerclée d'or et bordée d'hermines; en pointe : d'or à un vaisseau de sable mâté de même et gréé d'argent, voguant à senestre sur une mer agitée de sinople.

Devise : *Lethum quam lutum.*

HENRY. — Verdunois (Lignage de la Porte).

Écartelé au 1 et 4 de gueules à 3 tours d'or posées 2 et 1 ; au 2 et 3 de gueules semé de croisettes recroisetées en fers de lance d'or, et sur le tout deux lions affrontés aussi d'or.

HIÉROSME. — Barrois.

D'or au chêne de sable fruité d'or et torillé d'un serpent issant dudit chêne ; au chef d'azur chargé de 3 colombes d'argent membrées de gueules.

HORDAL. — Champagne, Lorraine.

Armes primitives inconnues.
Après l'alliance du Lys, les armes de la Pucelle.
Cimier : une Pucelle nue et les cheveux épars.

HUART. — Luxembourg, Lorraine.

D'argent à la branche de houx de sinople fruité de gueules, sortant d'un tertre enflammé de gueules.

HURAULT DE VIBRAYE. — Blaisois.

D'or à la croix d'azur cantonnée de quatre ombres de soleil du même.

JACOBÉ. — Champagne.

D'azur à un fer de moulin d'argent surmonté d'un lambel d'or et accosté de deux épis du même.

JOBAL. — Toulois, Pays messin.

D'azur au rocher d'argent sur lequel grimpent deux lions affrontés d'or, en chef une croisette du même accostée de deux étoiles d'argent.

JOURDAIN. — Champagne.

D'argent à l'arbre de sinople accompagné de deux étoiles de gueules.

JULIENNE. — Bretagne.

D'argent à la fasce de gueules chargée de 3 annelets

d'or, accompagnée de 3 merlettes de sable, 2 en chef et 1 en pointe.

LAFRESNAYE. — Normandie.

De gueules à 3 frênes arrachés d'or.

LAMBERT. — Barrois.

D'azur à 3 têtes de panthères dentées et lampassées d'or.

LARDEMELLE. Lorraine.

D'argent à la fasce de gueules, l'écu entouré d'une bordure échiquetée d'or et de gueules.

LATOUCHE. — Pays messin.

D'argent à l'aigle éployé de gueules.

LAUNAY. — Normandie.

D'argent à un arbre arraché de sinople.

LE COMTE D'HUMBEPAIRE. — Pays messin.

D'azur au chevron engrelé d'or chargé d'un tourteau d'azur sur la pointe et accompagné en chef de deux besants d'or.

LÉPINAU. — Toulois.

Parti d'argent à un lion grimpant d'azur, au chef de gueules chargé de 3 étoiles posées en fasce; parti aux armes de la Pucelle, sauf le remplacement des deux fleurs de lys par 2 fers de hallebarde.

La modification des armes des du Lys fut imposée par la chancellerie impériale en 1810 lors de la collation du titre de chevalier à M. de Lépinau, et maintenue lors de son élévation au titre de baron par la Restauration.

LESPINE. — Lorraine.

D'or à 3 bandes de gueules.

LESCURE. — Lorraine.

D'or au chef d'azur chargé d'un écureuil naissant d'or.

LEURY DE PROYE. — Picardie.

De gueules à un chevron brisé d'argent, à un bélier du même en pointe, au chef d'azur chargé de 3 roses d'argent.

LE LIEPVRE DU LYS. — Toulois.

De sable au chevron d'or accompagné de 3 huchets d'argent liés du même, 2 en chef et 1 en pointe.

Cimier : un nègre vêtu d'or sonnant du cor.

A partir de l'alliance avec les Hordal, les armes de la Pucelle.

LEVESQUE DE VILMORIN. — Clermontois.

D'argent à la croix ancrée de sable, chargée en cœur d'une étoile à 7 raies d'or.

LOHÉAC. — Bourgogne.

Vair plein.

LOSTANGES. — Limousin.

D'argent au lion de gueules armé, lampassé et couronné d'azur, accompagné de 5 étoiles de gueules en orle.

MACQUART DE RUAIRE. — Barrois.

D'argent à l'épée mise en pal couronnée d'azur, côtoyée de deux fleurs de lis du même; au chef d'azur chargé de 2 étoiles d'argent.

MAILLY-CHASLON. — Bourgogne et Picardie.

D'or à trois maillets de sinople.

MARCHAL. — Lorraine.

De gueules à la croix d'argent et au franc quartier de sable.

MARCHAND DE MILLY. — Champagne et Bassigny.

De sable au lion couronné d'argent tenant une hache d'armes du même en pal, allumé et lampassé de gueules.

MARCHEVILLE. — Champagne, Lorraine.

Écartelé au 1 et 4 des armes de la Pucelle, au 2 et 3 d'hermine au chef d'or à un aigle naissant à deux têtes de sable, qui est de Mangeot, et sur le tout, d'azur à 5 besants d'or 2, 2 et 1, qui est Marchéville.

MARESCHAL. — Lorraine.

D'azur au canon monté et affuté d'or, dressé et arrêté sur une terrasse d'argent diaprée de fleurettes de sinople.

MARGUERIE. — Normandie.

D'azur à 3 marguerites de pré d'argent.

MARIONNELS. — Pays messin.

Coupé : le dessus d'azur à une croix fleuronnée d'or accompagnée de 2 étoiles d'argent, le dessous bandé d'azur et d'argent de 6 pièces.

MASSIS ou MASSEY (?). — Bourgogne.

D'azur à 3 maillets d'or posés 2 et 1.
Après l'alliance du Lys, ajoute un chef aux armes de la Pucelle.

MAULJEAN. — Barrois.

D'azur à la fasce d'argent surmontée en chef de deux roses du même.

MISCAULT. — Lorraine.

D'azur au cor de chasse d'argent lié et virolé d'or, traversé d'une flèche d'argent armée et pennée d'or, mise en barre; accompagné en chef d'une étoile à six rayons d'or, et en pointe d'une flamme du même.

MONTESQUIEU DE BUGER. — Languedoc.

D'azur à 3 colombes d'argent posées 2 et 1.

MONTIGNY. — Pays messin.

D'azur à la bande d'argent chargée de 3 étoiles de

gueules, accompagnée en chef d'un croissant montant d'argent.

MOREL. — Champagne.

D'or au coq d'azur crêté et armé de gueules.

MORIN. — Normandie.

D'or à 3 fasces de sinople.

MOYNE DE VERDUN DES MARRES (LE). — Normandie.

D'or fretté de sable.

MYNETTE. — Champagne.

D'or à un lion de gueules vêtu d'or fretté de gueules.

NAVES. — Barrois.

De gueules à 6 tablettes d'or, 2, 2 et 2.
Après l'alliance du Lys, ajoute un chef aux armes de la Pucelle.

NOBLESSE. — Barrois.

D'or à 2 écussons d'azur en chef et un cœur de gueules en pointe.

NOEL. — Barrois.

Les armes de la Pucelle.

NONANCOURT. — Lorraine.

D'argent à 3 merlettes de sable posées 2 et 1, et environnées de 4 étoiles de gueules, à un croissant montant du même mis en pointe.

ODAM. — Toulois.

D'azur à un chevron d'or accompagné en chef de 2 trèfles de même, et en pointe d'une moucheture d'hermines d'argent.

OSMONT. — Normandie.

De gueules à un vol d'argent semé de mouchetures d'hermine.

Ourches. — Lorraine.
De sable au lion d'or, *alias* d'or au lion de sable.
Et, d'après Husson l'Écossois :
D'argent au lion de sable armé, denté, couronné et lampassé de gueules.

Pagel. — Toulois.
D'azur à une grue d'or, au chef d'argent chargé de 3 étoiles de gueules.
Après l'alliance Hordal, les Pagel ont écartelé leurs armes de celles de la Pucelle, puis ont porté exclusivement ces dernières.

Parge (Du). — Bassigny.
Parti bandé, contrebandé et ondé d'or et d'azur.

Parrel. — Brie.
De gueules au lion d'or.

Passerat de la Chapelle. — Bugey, Pays messin.
D'azur à la fasce d'or chargée d'un lion léopardé de gueules, terminé en pointe par 2 vols d'or.

Patras de Campaigno. — Languedoc.
De gueules à la croix d'argent.

Patris. — Normandie.
De gueules à 3 quintefeuilles d'argent posées 2 et 1.

Perrin du Lys. — Lorraine.
De sable à un lion en pal d'or soutenu d'un chevron renversé du même.

Piat de Braux. — Barrois.
De gueules au lion d'argent armé et lampassé d'or.

Picard (Le). — Champagne.
D'azur à 3 maillets d'or posés 2 et 1, celui de la pointe renversé.
A partir de l'alliance du Lys, les armes de la Pucelle.

Pichon. — Guyenne.

D'azur au chevron d'or accompagné en chef de 2 molettes du même, et en pointe d'un agneau d'argent surmontant un croissant d'or.

Pins. — Guyenne, Languedoc.

De gueules à 3 pommes de pin versées d'or.

Pistor, *alias* Boulanger. — Guyenne et Lorraine.

D'azur à la fasce d'argent papelonnée de gueules surmontée d'un lion naissant d'or tenant une croix recroisetée d'argent.

Potier. — Normandie.

De gueules à une fasce d'argent accompagnée de 3 croix alaisées du même.

Quatrehommes. — Paris.

D'azur à un monde d'or accompagné de 3 triangles d'argent.

Raulin. — Lorraine.

D'azur au pal d'argent chargé de 3 tourteaux de gueules.

Raynal. — Languedoc.

D'or au renard passant de sable sommé d'une étoile de gueules.

Remy de Cournon. — Barrois.

D'azur au chevron d'or surmonté d'un croissant du même entre deux étoiles d'argent, accompagné en pointe d'un lion aussi d'argent.

Ribault. — Normandie.

De gueules à 3 croix ancrées d'or posées 2 et 1.

Richard. — Barrois.

D'azur à une fasce d'or accompagnée en chef de 2 roses du même, et en pointe d'une étoile d'argent.

Rivière. — Dauphiné.

D'azur à une rivière d'argent sur laquelle nage un cygne surmonté d'un croissant montant d'or entre deux étoiles du même rangées en chef.

Robert (Des). — Languedoc, Lorraine.

D'azur au chevron d'or accompagné de 3 quintefeuilles tigés d'argent 2, 2 et 1, et sur le tout une fasce d'argent accompagnée en chef de deux étoiles du même.

Roger de Chesny. — Pays messin.

D'azur à deux chevrons d'argent opposés par le sommet et formant macle en se joignant, celui de la pointe brochant sur l'autre, accompagnés d'un croissant en chef et de 3 étoiles dont 2 au flanc de l'écu et 1 en pointe, le tout d'argent.

Roussel. — Lorraine.

D'azur au chevron d'or accompagné en chef de deux étoiles, et en pointe de 3 croissants entrelacés aussi d'or.

Roxart de la Salle. — Lorraine.

D'azur au fleuret d'or mis en pal.

Royer (Le). — Barrois.

D'azur à 2 masses d'argent mises en sautoir, cantonnées de 4 étoiles d'or.

Saint-Blaise. — Pays messin.

D'azur au chevron écimé d'argent, accompagné en chef de 2 étoiles d'or, et en pointe d'une ancre aussi d'or, mise en barre.

Saint-Vincent. — Béarn et Lorraine.

D'azur au lion d'or.

Séraumont. — Barrois.

D'azur à 3 fers de flèches d'argent et une étoile d'or en cœur.

Spitalieri de Sessole, marquis de Chateauneuf. — Piémont.

D'azur au chevron d'argent accompagné de 3 étoiles, 2 en chef et 1 en pointe.

Symon de la Treiche. — Metz et Lorraine.

Écartelé au 1 et 4 de gueules à l'aigle éployé d'argent, au 2 et 3 chevronné d'or et d'azur de huit pièces, qui est du paraige d'Outre-Seille de la cité de Metz.

Taillefumyr. — Commercy.

De gueules à 3 têtes de lion d'or posées en bande entre deux cotices d'argent.

Tardieu, marquis de Maleissye. — Rouergue, Paris.

Écartelé au 1 d'azur à 3 pointes renversées d'or qui est Des Martins de Maleissye : au 2 d'argent à 3 lions d'or passant l'un sur l'autre qui est de Caumont-La-Force : au 3 bandé d'argent et d'azur de 4 pièces, qui est d'Allamani : au 4 palé d'or et de gueules de 6 pièces, qui est de Briqueville ; et sur le tout : d'azur au chevron d'or accompagné de 2 croissants en chef et d'une croix pattée en pointe, le tout d'argent, au chef de gueules chargé d'une étoile d'or.

Thabouret de Crespy. — Lorraine.

D'azur au chevron d'or accompagné en chef de 2 coquilles d'argent, et en pointe d'un aigle essorant du même.

Thiesselin. — Barrois.

D'azur à 3 socs de charrue d'argent posés 2 et 1, à une molette d'éperon d'or posée au point d'honneur.

Ce sont les armes sculptées sur le linteau de la porte de la maison de Jeanne d'Arc à Domremy, avec la devise : Vive Labeur.

Tinseau. — Franche-Comté, Pays messin.

De gueules au dextrochère d'or tenant à la main un rameau à 3 branches du même.

Troismonts. — Normandie.

D'azur à 3 montagnes d'argent posées 2 et 1.

Tulle de Villefranche. — Bourgogne.

D'argent au pal de gueules chargé de trois papillons d'argent miraillés d'azur.

Turmel. — Pays messin.

D'azur à la tour d'argent entre 2 épées du même qui se touchent en haut par les pointes, et en chef 3 abeilles d'or.

Varennes de Montréal. — Languedoc.

De sable à 3 bandes d'argent.

Verrier (Le). — Normandie.

D'or à un lion d'azur lampassé et armé de gueules, et au chef d'azur chargé de 3 besants d'or.

Viansson-Ponte. — Piémont, Pays messin.

Coupé : en chef d'azur chargé de 3 étoiles d'argent posées 2 et 1 ; en pointe, parti à dextre d'argent au bras armé de sable tenant en main une branche d'olivier de sinople, à senestre également d'argent à une tour fortifiée ajourée et crénelée de sable.

Villebresme. — Orléanais.

D'or au dragon ailé de gueules membré d'azur.

Vidaillan. — Guyenne.

D'azur au chevron d'or accompagné en chef de 2 étoiles d'argent, et en pointe d'une tour du même crénelée et maçonnée de sable.

Viriot. — Lorraine.

D'azur à une fasce d'or chargée de 2 croisettes aux pieds fichés de gueules, accompagnée en chef de deux besants d'argent et en pointe de 3 bagues d'or, le diamant taillé en pointe.

ARMORIAL. 287

Depuis l'alliance avec les Pagel du Lys, les armes de la Pucelle.

WAREL DE BEAUVOIR. — Luxembourg.

D'azur au chevron d'or accompagné de 3 étoiles d'argent rangées en chef et d'un lion d'or en pointe.

Timbre des armes de Luc du Lys, d'après les lettres patentes de 1612.

TABLE

DES NOMS DES PERSONNES CITÉES DANS LES GÉNÉALOGIES

Albert, 95.
Alexandre, 114; *ibid.*, gén. S, 158.
Allier, 124.
Almoncourt, 160.
Ambly, 140; *ibid.*, gén. P, 146, 161.
Ancillon de Jouy, 128-129.
Angrezas, 99.
Arbamont, 102.
Arbigny, 149.
Arc, 91-92.
Archambault, 131-132.
Argenton d'Esnoms, 148.
Arnould d'Argent, 134.
Athis, 173.
Aubert, 109.
Aubervilliers, 135.
Aubry, 160.
Auricoste de Lazarque, 138.
Aydie de Guittinières, 173.
Badhère de Chambon, 147.
Baert, 120.
Baignault, 124.
Baillard du Lys, 153, 156; *ibid.*, gén. R, 156.
Ballet de Colomiès, 99.
Balthazar de Gachet, 149.
Bar, 110, 176.
Bardin, 146.
Barentin, 115.
Barillon d'Amoncourt, 117.

Barrault de Pourru, 138
Barrois, 170.
Baude de Latran, 114
Beaufort, 163.
Beausire, 134-135.
Béguignon, 101.
Belfort, 128.
Bellemont, 165.
Bergognié, 126.
Berteaux, 138.
Bertin de Fligny, 159.
Bertrand, 132.
Bertrand de Tourailles, 111, *ibid.*, gén. U, 160.
Besser, 133, 136.
Bethancourt, 156.
Bionneau d'Eyragues, 168.
Blaise de Rozérieulles, 137-138.
Blanchart, 167.
Blanchemin de Vé, 150.
Bobet, 138.
Boileau, 97.
Boisbérenger, 118.
Boissonneau de Chevigny, 139.
Bonnaire, 95; *ibid.*, gén. B, 101.
Bonneveau, 161.
Bony de la Vergne, 138.
Borrel de Casque, 98.
Boucher de Crévecœur, 167.
Boucher de Perthes, 168.
Boulanger, 107.
Boulet, 99.

Boullenc, 149.
Bourcier, 132.
Bourdon de Grammont, 153.
Bournon, 140.
Boutonnier, 98.
Bouzet, 97.
Brémond d'Ars, 100.
Brévillier, 131.
Bronne, 177.
Brou de Cuissart, 135.
Brunet, 94.
Brunet de Saint-Maurice, 150.
Buteau, 175.
Cailly, 105.
Callot, 176.
Capellis, 119.
Carmouche, 123.
Carrière, 138, 140, 147.
Certain de Germiny, 161.
Chanterel, 105.
Chantereine, 152.
Chappedelaine, 121.
Charuel, 126.
Chatillon, 129.
Chazelles, 132.
Chevalier, 165.
Chevillon, 136.
Chicoyneau de la Vallette, 128.
Clemens de Gravezon, 168.
Clugny, 117.
Coanet, 144.
Coëtlosquet, 127.
Coëtmenech de Lesguern, 137.
Colin, 91.
Collenel, 164.
Collenot, 131.
Collier, 105.
Collin de Bénaville, 159.
Collot, 141.
Combe ou Coulombé, 176.
Convers, 166.
Cordé, 98.
Cossée, 159.
Costé, 131.
Couere, 143.
Couët, 117.
Courtois de Morancourt, 113; *ibid.*, gén. Z, 162.
Crasny, 145.
Cruejouls, 148-149.
Curel, 112.
Daire, 156.
Daumesnil, 154.
Davy de Chavigné, 136-137.
Davy de Virville, 100.
Debonnaire de Gif, 139.
Dégrelle, 140.
Delmas, 99.
Demonville, 154.
Denis, 141.
Denizot de Thierriet, 127.
Desazars, 95, 98.
Deschamps, 167.
Deschamps de Raffetot, 119.
Des Chiens, 165.
Des Essarts, 154.
Des Gabets d'Ancemont, 100.
Des Hazards, 95; *ibid.*, gén. A, 96.
Des Nos, 120.
Desouches, 94.
Desprez de la Salle, 112.
Des Robert, 163.
Dodeman, 154.
Dorival du Houleux, 127.
Doublet de Persan, 117.
Doulcet, 97.
Doumenge, 165.
Drouel, 142-143-144.
Drouet, 165.
Drouot, 166.
Dubalay, 124.
Du Buisson, 154.
Du Bus, 150.
Du Castel, 148.
Du Chemin, 150-151.
Dufour de Sermonville, 156.
Du Lys divers, 178.
Dumaine, 136.
Dumollard de Bonviller, 139.
Du Parc, 168.
Du Parge, 114, 158.
Du Pasquier, 97.
Duplan, 101.
Du Pressoir, 100.
Durand, 128.
Durand de Dieulx, 110; *ibid.*, gén. P, 146.
Durand de Villers, 124-125.
Du Tour, 173.
Eloy de Vicq, 169.
Emel, 143.
Errard, 171.
Estienne, 107.
Evrard, 125.
Eudes Lemaire, 180.
Farouët, 150.
Fauvel, 154.
Féron, 124.
Fitz-Gérald, 135.
Flavigny, 108.
Flayssac, 173.

Fontalard, 140.
Foucquet, 134.
France, 133.
Fransquin, 101.
Frémy, 109.
Frépion, 145.
Fricourt, 176.
Fririot, 169.
Frogier de Pontlevoy, 126.
Fromentin, 142-143.
Fry, 156.
Galisselle, 170.
Galland, 144.
Gallet, 167.
Garin, 153, 156.
Garnier, 161.
Gaultier d'Arc, 152.
Gaultier, 177.
Gautrinot, 93.
Geoffroy, 131.
Georges des Aulnois, 136.
Georges de Cuvry, 138.
Georges de Schelaincourt, 137.
Georgin de Mardigny, 125-126, 133.
Gérardin, 112.
Gervaisot, 166.
Gillot du Lys, 101.
Gillot de Sainte-Eglise, 136.
Gobin, 93.
Godart, 150.
Gorcy, 136.
Goulaine, 118.
Gourilot, 175.
Goussaud, 133.
Gouvion, 132.
Gouy, 136.
Gouygnete, 104.
Gratas, 109; *ibid.*, gén. M, 140.
Grégeois, 131.
Grimaldi, 172.
Guerry, 151.
Guillemin, 112, 145.
Guillot, 109; *ibid.*, gén. K, 130, 132.
Guilloteau, 163.
Haldat du Lys, 103, 105; *ibid.*, gén. G, 110, 158, 160, 161, 162.
Hallot, 153.
Hautcour, 157.
Hébert, 151, 160.
Hébert du Buc, 110.
Heère, 116.
Henry, 109.
Hierosme, 95.

Hollier, 100.
Hordal, 104; *ibid.*, gén. E, 106, 122, 123, 139, 140, 141, 145 et 146.
Huart, 138.
Hubert, 137.
Hurault de Vibraye, 132.
Huyn de Verneville, 132.
Imbleval, 157.
Inguimbert de Pradmiral, 135.
Isnardi, 169.
Jacobbé, 166.
Jeandin, 148.
Jeannot, 97.
Jeusse, 109.
Jobal, 129, 137.
Jourdain, 111.
Jullienne d'Arc, 152.
La Berquerie, 157.
Laborie, 131.
La Brèche, 112.
La Croix, 142.
La Fresnaye, 121.
La Grange, 161.
La Grée, 172.
Lallemant, 111.
Lallouette de Vernicourt, 124.
Lamber, 140, 161.
La Madeleine, 145.
Lamothe d'Aunoys, 116.
Lanery d'Arc, 152.
Langres, 170.
Lannoi, 121.
Lannoy de Bissy, 126.
La Questerie, 105.
Lardenelle, 136-137.
Lassois, 169.
Latouche, 128-129.
Launoy, 161.
Laurens, 160.
Laurent, 131.
La Varenne, 172.
La Vaulx, 111.
Laxart, 92.
Le Besgue, 166.
Le Blant du Roullet, 155.
Le Clerc, 124, 141.
Le Comte, 153.
Lecomte d'Humbepain, 133.
Le Duchat, 108; *ibid.*, gén. J, 123.
Le Febvre, 166.
Le Forestier, 150.
Le Fournier, 110; *ibid.*, gén. Q, 149.
Le Gendre, 99.

Le Glayve, 166; *ibid.*, gén. EE, 174.
Le Liepvre, 130.
Le Moine, 142.
Le Moyne de Verdun des Marres, 138.
Le Pelletier des Forts, 120.
Le Picard, 96; *ibid.*, gén. C, 102.
Lépinau, 131.
Le Prud'homme, 149.
Le Royer, 170.
Le Rungette-Joubin, 146.
Lescure, 192.
Lespine, 96.
Le Turquier de Longchamps, 156.
Leury du Proye, 129.
Levallois, 150.
Le Verrier, 150.
Lévesque de Vilmorin, 146, 148.
Lohéac, 117.
Loison, 130.
Loménie de Brienne, 122.
Lostanges, 118.
Luc, 118.
Lugo, 100.
Macquart, 111; *ibid.*, gén. T, 160.
Mageron, 108.
Magnan, 130.
Mailheblou, 99.
Maillard, 111.
Mailly-Châlon, 122.
Malac de Phalays, 158.
Malherbe, 125.
Mandre, 108; *ibid.*, gén. I, 122.
Mangeot, 170.
Marchal, 103, 110; *ibid.*, gén. O, 145.
Marchand de Milly, 111, 147; *ibid.*, gén. V, 161.
Marchéville, 170.
Marconnet, 137.
Mareschal, 97.
Marguerie, 151, 154, 155.
Marguin, 165.
Marionnelz, 125.
Martinet, 112.
Massis, 96.
Mathis de Grandseille, 159.
Maud'huy, 136.
Mauljean, 107, 108, 109, 141; *ibid.*, gén. E, 139.
Maupeou, 122.
Maurin, 108.

Melissent, 149.
Mercastel, 157.
Mercier, 178.
Michaut, 112.
Michel, 165.
Minorville, 140.
Miscault, 159.
Montagnac, 137.
Montangon, 149.
Montebize, 122.
Montesquieu de Buger, 98.
Montegny, 96, 134.
Morel, 175.
Morin, 150.
Morise, 93.
Morizot de Marzy, 132.
Moslevn, 175.
Mouzon, 162.
Musset, 110.
Mutignies, 165.
Mynette, 96, 113; *ibid.*, gén. D, 103.
Naves, 96.
Nicollet de Haudainville, 147.
Noblesse, 95.
Noël du Lys, 145.
Nonancourt, 139.
Odam, 130.
Olry, 141.
Origny, 140.
Osmond, 119.
Ourches, 109, 170.
Pagel du Lys, 109; *ibid.*, gén. N, 141.
Paignon, 117.
Pancheron, 165.
Parcollet, 164.
Parisien, 175.
Parrel, 152.
Passerat de la Chapelle, 129.
Patras de Campaigno, 100.
Patris *ou* Patrix, 150, 153.
Pelletier, 127.
Périchon, 118.
Perrin de Cresille, 107.
Perrin du Lys, 102.
Perthes, 164.
Petit, 166.
Peytieu, 99.
Piat de Braux, 98, 114, 159, 163, 171.
Pichon, 106; *ibid.*, gén. DD, 173.
Picot, 115.
Piérat, 111.
Pierrot, 111.
Pietro di Lombardi, 100.

TABLE DES NOMS.

Pilotel, 123.
Pins, 138.
Pistor de Malincourt, 163, 171.
Poil-de-Cerf, 175.
Poirson, 129.
Pontbellanger, 120.
Potier, 150.
Potin, 94.
Pouget, 142.
Prouville, 104.
Quatrehommes, 106; *ibid.*, gén. H, 114.
Quirié, 154.
Raab, 113.
Radel, 151.
Raulin, 106, 107, 110.
Raullet, 170.
Raynal, 100.
Rébillot, 128.
Regnault, 158.
Remy, 111, 141, 161.
Remy de Cournon, 161.
Renaudeau d'Arc, 152, 178.
Rességuier, 129.
Ribault, 153.
Richard, 108, 140.
Richard d'Aboncourt, 128, 137.
Rivière d'Arc, 152.
Robert, 170.
Roblnet dit Turlot, 93.
Rochegude, 119.
Roger, 109.
Roger de Chesny, 125.
Romance, 120.
Romée, 91, 93; *ibid.*, gén. AA, 164.
Roussel, 114, 147, 158, 161, 167.
Rouyer, 171.
Roxard de la Salle, 159.
Sabenac, 98.
Saint-Blaise, 129.
Saint-Vincent, 127.
Salonne, 107.
Sauvage, 173.
Séjourné, 171.
Scraumont, 94.
Seyssel, 135.
Sorans, 138.
Spitalleri de Chateauneuf, 139.
Surtainville, 151.
Sylva, 117.
Symon de la Trèche, 131.

Taillefumyr, 108.
Tallevart, 94.
Tanon, 141.
Tardieu de Malcissye, 116 et suiv.
Terrenc, 98.
Thabouret de Crespy, 112; *ibid.*, gén. X, 162.
Thierrel, 94.
Thierret, 98.
Thierry, 140.
Thiesselin, 93.
Thirlot, 93.
Thiville, 94.
Thomas, 141, 174.
Thrèze, 135.
Tinseau, 126, 129, 133.
Trazegnies, 122.
Tréville, 97.
Trois-Monts, 153.
Turlot, 164.
Turmel, 134, 136.
Tulle de Villefranche, 131.
Vaillant, 112-113.
Valleron, 114.
Vallin, 123.
Vandenbrouck, 125.
Varennes de Montréal, 100.
Vaucelle, 131.
Vaultier, 113, 122.
Vaultrain, 142-143.
Vautrin, 113.
Vernet, 114.
Verteuil de Malleret, 173
Vexault, 145.
Vezines, 104.
Viansson Ponte, 139.
Viard du Lys, 157.
Vidaillan, 138.
Villebresme, 105, 149; *ibid.*, gén. P, 110.
Villiaumé, 123.
Vincent, 95.
Viomesnil, 161.
Virel, 120.
Virlot, 142.
Voyseul, 93; *ibid.*, gén. BB, 169.
Vouthon, 164.
Voynaud, 170.
Warel de Beauvoir, 129
Waas, 139.
Winther, 123.

TABLE DES MATIÈRES

Préface 1
Lettres de Jean Hordal et de Claude du Lys à
    Charles du Lys 13
        Notes et éclaircissements 53
La Famille de Jeanne d'Arc.
    I. Généalogie 89
    II. Preuves 181
    III. Armorial 263
Table des noms de personnes 289

EN VENTE CHEZ A. CLAUDIN, ÉDITEUR.

Les Voyages merveilleux de Saint Brandan, à la recherche du Paradis Terrestre, Légende, en ve[rs] du XII[e] siècle, publiée d'après le Manuscrit du Musée Britannique, avec une introduction et des not[es] par Francisque-Michel, de l'Institut. 1878. Un beau vol. in-12, tiré à petit nombre, imprimé av[ec] le plus grand soin par Motteroz, sur papier de Hollande, caractères antiques, lettres initiales hi[s]toriées en deux couleurs à l'imitation des anciens manuscrits. Prix : .... 6 f[r.]

(Ce prix de faveur ne sera maintenu que pendant les trois premiers mois de la mise en vente. Passé cette époque on ne pourra plus se procurer ce volume qu'au prix de 7 fr. 50, indiqué sur le dos de la couverture.)

La légende de saint Brandan, ainsi que le fait remarquer M. Ern. Renan, est « une des plus étonnantes créations de l'esprit humain » au moyen âge. « C'est l'expression la plus complète peut-être de l'idéal celtique. Tout y est beau, pur, innocent..... Au milieu de ces rêves apparaît avec une surprenante vérité le sentiment pittoresque des navigations polaires,... les phénomènes volcaniques de l'Islande, les jeux des cétacés, la physionomie si caractéristique des *fiords* de la Norwège, les brumes subites, la mer comme du lait,... etc... ». Partout on « voit une nature fantastique créée tout exprès pour une autre humanité », une « topographie étrange, à la fois éblouissante de fiction et parlante de réalité..... ». — Saint Brandan, apôtre d'Irlande, du pays de Galles et des Orcades, vivait au commencement du VIe siècle. Le poëme qui contient le récit de son odyssée merveilleuse fut composé par l'ordre d'Alix de Louvain, femme de Henri Ier, roi d'Angleterre, c'est-à-dire vers 1121.

Le texte le plus ancien que nous publions aujourd'h[ui] d'après le manuscrit du Musée Britannique ne doit p[as] être confondu avec la version romane postérieure [de] près de trois siècles, publiée par Ach. Jubinal sous [le] titre de « *Légende de saint Brandaine* ». — Notre v[o]lume est précédé d'une introduction qui occupe 25 [pa]ges d'un texte serré. C'est un morceau des plus in[té]ressants accompagné de notes curieuses, le tout dû à [la] plume de M. Francisque Michel, de l'Institut, un [des] érudits les plus connus parmi ceux qui se sont occup[és] de la littérature du moyen âge, et le premier, peut-êt[re,] qui ait pris à tâche de mettre en lumière les ancie[ns] textes, ensevelis avant lui, sous la poussière des bibli[o]thèques de France, d'Angleterre et d'Écosse. — Ce v[o]lume est du format de la Collection des *Romans* [des] *douze Pairs*, du *Roman du comte de Poitiers*, des *Aventu*[res] *de Tristan*, de la chanson de *Charlemagne* et d'autr[es] publications analogues sur le moyen âge.

L'Entretien des Musiciens, par le Sr Annibal Gantez, de Marseille, Prieur de la Madeleine [en] Provence, Maître de Chapelle à *Marseille, Aix, Arles, Avignon, Grenoble, Aiguesmortes, To[u]louse, Montauban, Aurillac, La Châtre, Le Havre, Paris et Auxerre*, publié d'après la rarissi[me] édition d'Auxerre, 1643, avec préface, notes et éclaircissements par Ern. Thoinan. 1878. U[n] charmant volume, très-pet. in-8 de tellière, imprimé avec luxe sur papier vergé, à la forme, [en] caractères antiques, fleurons, culs-de-lampe et lettres ornées, par Léon Lemaire, titre rouge [et] noir, et orné d'un ravissant *frontispice gravé à l'eau-forte* par H. Riballier, couverture teint[ée] remplié dans le genre des couvertures parcheminées. (Tiré à petit nombre). Prix : .. **10 f[r.]**

— Le même ouvrage, tiré sur véritable très-grand papier fort de Hollande, avec nouvell[e] imposition de formes, sans fausses marges d'aucune sorte, avec quatre états de l'eau-forte, [en] noir, en bistre et à la sanguine, et avant-lettre en noir sur papier fort du Japon. Tiré à ce[nt] exemplaires numérotés à la presse. Un magnifique volume format in-8 de bibliothèque, dit in[-8] de carré. Prix .... **18 f[r.]**

— Le même, sur véritable papier de Chine, format très-petit in-8 de tellière, avec les quat[re] états de l'eau-forte, en noir et en couleurs avec et avant-lettre comme ci-dessus. Tiré à quin[ze] exemplaires numérotés à la presse. Prix : .... **25 f[r.]**

— Sur véritable papier fort du Japon, format pet. in-8 de tellière, avec les quatre états [de] l'eau-forte, en noir et en couleurs comme ci-dessus. Tiré à quatre exemplaires numérotés [à] la presse. Prix .... **45 f[r.]**

— Parchemin-vélin, format pet. in-8 de tellière, tiré à six exemplaires numérotés à la press[e,] avec les quatre états de l'eau-forte, avec et avant-lettre en double épreuve, tirés sur pa[r]chemin-vélin et sur papier du Japon; en tout huit épreuves. Prix .... **70 f[r.]**

(N.B. — Trois mois après la mise en vente, on ne pourra plus se procurer ce volume qu'aux prix marqués sur le [dos] des couvertures : 12 fr. pour le papier vergé; 22 fr. pour le grand papier; 30 fr. pour le chine; 50 fr. pour le jap[on] et 80 fr. pour le parchemin-vélin.)

Le livre de Gantez est une curiosité littéraire de premier ordre. C'est une œuvre franchement originale, aux allures frondeuses et rabelaisiennes et d'une lecture vraiment désopilante. C'est réellement « un livre de bonne foy », comme disait Montaigne. Au point de vue des mœurs des chanoines et des musiciens d'église dans la première moitié du XVIIe siècle, il contient de véritables révélations et n'est pas le moins précieux pour les renseignements qu'il nous fournit sur les artistes du temps avec lesquels Gantez était en relations suivies. A côté de cela c'est une mine inépuisable de proverbes, de dictons populaires, de bons mots au point que l'« Entretien des Musiciens » peut-être placé parmi les conteurs et les li[v]res de facéties. — Le type de Roger Bontemps sembl[e] s'être incarné dans maître Gantez qui prenait toujou[rs] le côté plaisant des choses. Ce répertoire de franc[he] gaieté où l'utile est ainsi mêlé à l'agréable était dans [le] principe destiné seulement aux amis intimes de l'aute[ur] qui en retint par devers lui presque tous les exemplaires [à] la cause de l'extrême rareté de l'édition original[e,] devenue presque introuvable, que nous remettons a[u]jourd'hui en lumière, avec toutes les notes et éclaire[is]sements nécessaires, tels que le comportait un livre au[ssi] digne des bibliophiles délicats.

Paris. — Typ. Pillet et Dumoulin, 5, rue des Grands-Augustins.

www.ingramcontent.com/pod-product-compliance
Lightning Source LLC
Chambersburg PA
CBHW071520160426
43196CB00010B/1593